イングリッド・フェテル・リー
櫻井祐子 訳

Joyful
ジョイフル

感性を磨く本

The Surprising Power of Ordinary Things
to Create Extraordinary Happiness

Ingrid Fetell Lee

ダイヤモンド社

Joyful
by
Ingrid Fetell Lee

アルバートに捧ぐ

感情のないところに美はない。

――ダイアナ・ヴリーランド

はじめに――「10の美学」で感性を磨く

私は教授団を前に、ドキドキしながら立っていた。

私のうしろに置いた作品――ヒトデ形のランプ、丸底のティーカップのセット、カラフルな発泡体でつくった3つのスツール――を見る教授たちの顔つきは険しく、前途有望なデザイナーのキャリアを離れてデザイン系の大学院に進むという私の選択はまちがっていたのではないかと考えてしまった。

すると長い沈黙を破って、教授の一人が言った。

「あなたの作品には〝喜び（ジョイ）〟が感じられるね」

ほかの教授たちもうなずいた。

気がつくと、教授たちはみなほほえんでいた。私はホッと胸をなで下ろした。プラット・インスティテュート、インダストリアル・デザイン科の最初の審査に合格したのだ。でも安堵はすぐに困惑に変わった。

喜びは、はかなくとらえどころのない感情で、見ることも触ることもできない。なのに、なぜカップやランプ、スツールといった単純な物体が、喜びをかき立てることができるのだろう？

そう問いかけたが、教授たちはためらい、口ごもり、「ただそうとしか言えない」と答えただけだった。私は礼を言って引き下がったが、夏休み前の荷造りをする間も、この疑問が頭を離れなかった。

しあわせを生む「もの」を見つける

かたちのあるものが、どうやってかたちのない喜びの感情を生み出すのだろう？
最初、答えは考えるまでもないように思われた——ものは喜びなど生み出さないのだ。物質的なものに何らかのうれしさを感じることはあっても、それは表面的で一時的な感情でしかない。

ものが有意義な喜びを呼び覚ますことなどないと、私は長い間そう思わされてきた。これまで読んだ幸福に関する本には、喜びがクローゼットやキッチンの棚の中に隠れているなどと書かれたものは一冊もなかった。むしろ本当に意味のある喜びは、私たちの「外側」ではなく「内側」にあるというのが、多くの専門家の見解の一致するところだ。

この考え方は、古代の哲学的伝統にまでさかのぼる。ブッダの教えは、喜びは世俗的なものへの執着を捨てることから生まれると説き、古代ギリシアのストア派哲学も、自己否定と厳格な禁欲主義に立って、同様の考えを示している。

現代の心理学もやはり内面を重視し、しあわせな人生を送るカギは、世界や自分の立ち位置への見方を変えることにあると指摘する。マントラから瞑想、セラピーから習慣術に至るまでのすべてが、真の喜びは精神の問題であって物質の問題ではないと説いている。

それでも、あの審査のあとの数週間、数か月間に、人々が物質世界に真の喜びを感じているように見える瞬間にたびたび遭遇した。美術館で大好きな絵画を眺めながら、海辺で砂の城をつくりながら、人々はほほえみ、われを忘れて笑っていた。夕暮れ時のあかね色の光や、黄色い長靴を履いた毛むくじゃらの犬を見て、笑みを浮かべていた。

また周囲の世界にただ喜びを見つけるだけでなく、身近な世界をより楽しくすることに力を注ぐ人たちにもたくさん出会った。バラ園の手入れをし、バースデーケーキにロウソクを立て、クリスマスの電飾を取りつける人々がいた。しあわせに何の影響もおよぼさないのなら、なぜこんなことをするのだろう?

「本能」に素直になる

最近では、環境と心の健康の間に明確な関係があることを示す研究報告が相次いでいる。たとえば日当たりのよい職場で働く人は、薄暗い職場で働く人に比べてよく眠りよく笑うことや、花が人々の気分だけでなく記憶も向上させることが、研究で示されている。

こうした発見をくわしく調べるうちに、喜びはかたちのない抽象的なものではなく、より具体的で実体のあるものに思えるようになった。長年の内省や規律正しい生活からしか手に入らない、得がたいものには思えなくなった。世界にはいつでも好きなときに訪れることのできる、前向きな感情が湧き出る泉があるのだ。

角の明るいカフェや地元の毛糸店、窓辺に花があふれるアパートメントといった場所が活力を与えてくれることに気づき、毎日の道順を変えてそうした場所を頻繁に訪れるようにした。悪いことがあった日には、打ちのめされて無力感を覚える代わりに、ちょっとしたことで気分を上げる方法を見つけた。

そうして学んだことを自宅に取り入れ始めると、毎晩ドアに鍵を差し込むたび、ワクワクした気持ちになった。そして、喜びについて一般に考えられていることが、誤りであることを知ったのだ。

喜びを見つけるのは難しいことではない。喜びはどこにでもある――。

この単純な真理を自覚してからは迷いが晴れ、生活ががらりと変わった。そしてそれをほかの人たちにも教え始めると、あることに気がついた。多くの人が、身のまわりの世界に喜びを見つけたいという衝動を感じながらも、そんなことは間違っているのではないかという不安をぬぐえずにいるのだ。

ある女性は、切り花を買うとしばらくは気分がウキウキするが、うわついた道楽のように思えるから、特別なときだけで我慢していると話してくれた。毎週受けている心理療法一回分のお金があれば、一週間おきに一年間花を買えるとは、考えもしないのだ。

別の人は、リビングルームの壁を塗り替えたとき、部屋に入ったとたん、解き放たれたようなさわやかな気分になり、なぜもっと早くやらなかったのかと悔やんだという。

誰もが周りの世界に喜びを見つけたいと願いながらも、その思いに目をつぶるよう教えられてきた。喜びを感じたいという本能を呼び覚ましたら、どんなにすばらしいことが起こるだろう?

うれしくなるものには「共通の法則」がある

それを知るにはまず、物質世界が感情にどのような影響を与えるのか、なぜ特定のものごとが喜びの感情に火をつけるのかを、正確に理解する必要がある。

そこで私は、知人はもちろん、街角で出会った人たちにも片っ端から声をかけて、「どんなものや場所に喜びを感じますか」と聞いてみた。

答えはさまざまで、「おばあちゃんの台所」や「グレイトフル・デッドのサイン入りポスター」「ミシガン湖畔の別荘のカヌー」といった、具体的で個人的なものもあれば、好きな食べ物やスポーツチームといった、文化的伝統や育ちの影響を受けたものもあった。

だがそれ以外に、個人的でも文化的でもないものがあった。

ある友人は、夏の夕方、帰宅途中に突然大雨が降り出したときのことを話してくれた。傘を忘れた見ず知らずの人たちと、いつ止むだろうと話しながら軒下(のきした)で雨宿りをしていた。嵐は数分で過ぎ去り、みんなで歩道を歩き始めると、一人が「見て!」と叫んだ。エンパイアステートビルの真上の空に、美しい虹が架かっていたのだ。みんな足を止め、雨に濡れた服が体にまとわりつくのも気にせず、満面に笑みを浮かべて虹を見上げた。

この物語のありとあらゆるバリエーションを聞いた。人々は凍えるような日や蒸し暑い日に、友人や見知らぬ人たちと一緒に、コンサートや山頂やヨットで、虹を見ていた。虹はどんなところにも喜びを運ぶように思われる。

私はこういった、多くの人からくり返し聞くものをリストアップし始めた。ビーチボールや花火、プール、ツリーハウス、気球、動眼〔おもちゃの目玉〕、それにアイスクリームサンデーのカラフルなトッピング。

これらの喜びは、年齢や性別、民族の垣根を越えているように思えた。そこでそういったものの写真を集めて、スタジオの壁に貼っていった。毎日少しずつ時間をかけて写真を追加し、種類ごとに並べ替えてはパターンを探そうとした。

ある日写真を見ながらひらめいた。

棒付きキャンディとポンポン、水玉は、どれも丸い。

色鮮やかなキルトとマティスの絵画、虹色のキャンディは、どれも純色に満ちている。

大聖堂のバラ窓には、最初首をひねったが、雪の結晶とヒマワリの隣に並べるとわかった。どれも放射状に対称なかたちをしている。

シャボン玉と風船、ハチドリにも共通点があった。どれもふわふわと宙に浮かぶものだ。

こうしてすべてのものを並べて一覧することによって、喜びの感情は謎めいていてとらえどころがないが、その感情は実体的な物質的属性を通して呼び覚ますことができるのだと知った。

具体的にいえば、喜びの感情を引き起こすのは、デザイナーが「エステティクス（美学、美的特性)」と呼ぶ、物体の外観や質感を定義する特性である。

私はこのときまでずっと、美学を装飾的で、やや軽薄なものとさえみなしていた。私がデザインスクールで学ぼうと決めたのは、人々の生活をよりよくするものをつくりたかったからだ。人間工学的で機能的で環境に優しいプロダクトをつくる方法を探すことが、私の関心事だった。色や質感、造形、動きの扱い方の授業を楽しんではいたが、こうした要素を必要不可欠なものではなく、おまけのようなものとして扱っていた。

これは私たちの文化に一般的な姿勢だ。誰もが美学には少なからず注意を払っているが、気を使いすぎたり、外見に力を入れすぎたりするのは見苦しいと考えられていて、へたをすると「浅い」とか「中身がない」などと思われかねない。おしゃれな友だちをほめたとき、「ああ、このお古? ありあわせのものを着てきただけよ!」と言われたことが何度あるだろう?

だがスタジオの壁に貼った美学の集まりは、たんなる装飾をはるかに超えて、深い感情的反応を引き起こす何かを持っていた。

感情を刺激する「10の美学」

私が特定した「喜びの美学」は10に上る。その一つひとつが、喜びの感情と、身のまわりのものの実体的な性質との結びつきを明らかにしている。

エネルギー：鮮やかな色と光
豊かさ：みずみずしさ、数の多さ、多様さ
自由：自然、野生、広々とした空間
調和：均衡、シンメトリー、流れ
遊び：円、球、泡のかたち
驚き：コントラスト、斬新
超越：上昇、軽やかさ
魔法：見えない力、幻想
祝い：同期性、きらめき、はじけるようなかたち
新生：開花、拡大、曲線

これらの美学は、私たちの感情とどのように関係しているのだろう？　またこれらの美学が喜びの感情を促すのはなぜだろう？

こうした疑問に触発された私は、世界中のとくに喜びにあふれる場所をめぐった。これからの章で、ツリーハウスのB＆B（民宿）や、色によってつくりかえられた都市、老化を防ぐ住宅、球だけでできた海辺の邸宅に旅しよう。

日本の桜の開花のような自然の驚異や、アルバカーキの砂漠上空に一斉に飛び立つ数百

機の気球のような人工の驚異を見ていこう。

またそうした旅をしながら、なぜこれらの場所や経験に、喜びを解き放つとてつもない力があるのかを説明する、心理学や神経科学の分野の新しい研究の知見を紹介しよう。

IDEOで知った「人を変える」ものたち

だが本書がめざすのは、世界各地の喜びを探すことではない。いまあなたがいるその場所に、より多くの喜びを見つけてほしいのだ。

これからのページで、建築家やインテリアデザイナー、カラースペシャリスト、園芸家、キルト作家、日曜大工愛好家、フラワーデザイナー、バルーンアーティストなどのすばらしいアーティストやデザイナーに出会い、物質世界のあらゆる面に喜びを見つけ、つくりだすための秘訣を学ぼう。

また、コテージやキャンピングトレーラー、リビングルーム、オフィスの個人スペース、歩道、娯楽センターなど、自宅や地域社会の空間で喜びを生み出している市井（しせい）の人々のことを知り、ほんの少しの変化によって、何でもないものや場所を、とてつもない喜びで満たす方法を見ていこう。

喜びあふれる世界は、あなたの手の中にある。何かのメソッドを学ぶ必要もないし、規律正しい習慣もいらない。必要なのはあなたがいま持っているものだけ――身のまわりの喜びを進んで発見しようという意欲さえあればいいのだ。

イノベーションで名高いデザイン会社ＩＤＥＯ(アイディオ)でデザインディレクターとして働いた年月と、私的な活動、またデザインブログ「喜びの美学」の運営を通じて、私はものの美的特性が、人々の考え方や行動を外側から変える様子を目の当たりにしてきた。

こうした美的特性を知ることによって、なぜ活気に満ちた店やレストランがある一方で、ひっそりと静まりかえった店があるのかを理解できる。

またなぜ不安をかき立て、競争心を煽(あお)る環境がある一方で、にぎやかで温かい環境があるのかもわかる。飛行機の殺風景な客室で、人々がどうふるまうかを考えてみよう。座席の背もたれのリクライニングをめぐって喧嘩になったり、ひじかけの支配をめぐって小競り合いが始まったりする。

では、和気あいあいとした雰囲気の音楽祭で、人々はどうふるまうだろう。楽しげな装飾や音楽に囲まれて、食べ物や飲み物をシェアし、新しく来た人のために芝生の場所を詰め、見知らぬ人と踊る。

「喜びの美学」には、無意識の心に直接訴えかけ、気づきもしないうちに私たちの最善の部分を引き出してくれる力があるのだ。

「９つの質問」に答える

あなたの身のまわりの世界が喜びに満ちているか、いないかを知るには、どうすればいいだろう？　厳密な判断基準はないが、次の問いを考えてほしい。

●毎日どれくらい笑いますか？
●最後に心からの喜びを感じたのはいつですか？
●一日を終えて帰宅したとき、どんな気持ちになりますか？　それぞれの部屋に入るときの気持ちは？
●あなたのパートナーや家族にとって、喜びはどれだけ大切ですか？
●仕事でよく喜びを感じますか？
●あなたの会社は喜びに賛成／中立／反対のどの雰囲気ですか？　職場で声を出して笑えますか？
●いちばん喜びを感じるのはどんな活動をしているときですか？　その活動をどれくらい頻繁にしますか？　それは自宅や近所でできることですか？
●いまの街に暮らすことにどれくらいの喜びを感じていますか？　隣近所についてはどうですか？
●あなたがしあわせを感じる場所はどこですか？　自宅から15キロ以内にありますか？　最後に訪れたのはいつですか？

どんな人も、生まれながらに喜びの能力を持っている。喜びは窯（かま）の中の種火と同じで、しばらくつけていなくても、心の中で燃えたたせることができる。いまあなたが手にしているこの本は、喜びの炎を再び燃やし、周囲の世界への考え方を大きく変える助けになる。

「日常」の見え方が大きく変わる

本書の中心となる考えは、喜びはただ見つけるだけでなく、自分のため、周りの仲間のためにつくりだすことができる、というものだ。

本書をガイドブックにして、周りの世界にどんどん喜びを見つけ、味わってほしい。なぜ特定のものや場所に、あなたを内側から照らす力があるのかを理解してほしい。またこの本をパレットにして、より多くの喜びをデザインし、あなたの世界に工夫して取り入れてほしい。

各章はつながっているので、最初から順に読んでいくのがいちばんわかりやすいだろう。でも心に響く美学があったら、先に読んでも大丈夫、飛ばしたところはあとで戻ってもかまわない。

これから紹介する美学の中には、あなたがとくに惹かれるものもあれば、そうでないものもあるだろう。自然愛好家なら、とくに「自由の美学」が気に入るかもしれないし、高所恐怖症の人は、「超越の美学」を合わないと感じるかもしれない。

また、住んでいる場所や生活状況に応じて、好きな美学が変化することもあるだろう。殺風景なオフィスには「エネルギーの美学」を注入するといいかもしれないし、多忙な家庭には「調和の美学」が喜びを運ぶかもしれない。でも子どもが巣立ったら、活気を取り戻すために「遊びの美学」が少々必要になるかもしれない。

これらの美学を自由に選び、組み合わせたり重ね合わせたりして、あなたが喜びを得られるような経験を生み出してほしい。特別なルールなどはないが、直感的に取り組みやすいように、本書ではとくに相乗効果のある美学と、衝突し合う美学を指摘している。

暮らしに喜びの美学を取り入れるのに役立つ、具体的なものを紹介した章もあるが、高価なものを買わなくても喜びに満ちた空間をつくることはできる。巻末には、本書のアイデアをあなた自身の空間や生活に取り入れるためのヒントやワークシートを満載した「ジョイフル・ツールキット」があるので活用してほしい。

私たちは、この物質世界があたかも日常活動の無音の背景、いわば舞台装置であるかのようにして、日々を過ごしている。だがその世界は、ひらめきや驚き、そして喜びの機会に充ち満ちている。本書をきっかけにして、周りの世界にそうした機会を見つけ、自分のものにしてほしい。

喜びには、小さな瞬間を大きな変化に変える力がある。風変わりな服装が誰かのほほえみを呼び、それを見た誰かが見知らぬ人にちょっとした親切をし、それが心が折れそうな誰かを励ますかもしれない。ほんの小さな喜びの行為が積み重なるうちに、わずかな人だけでなく、世界中が、いつしか真の喜びに満ちあふれるだろう。

Joyful
感性を磨く本
目次

第2の扉 豊かさ――「たくさん」のもので囲む

第3の扉 自由――「野生」を呼び覚ます

第4の扉 調和 ——「美しい秩序」に気づく

(continued)

第5の扉

遊び ——「まじめ」から踏み出す

第6の扉 驚き――「日常」を打ち破る

第7の扉

超越——「高み」に目を向ける

第8の扉 魔法 ——「不思議」に心を開く

第9の扉

祝い──感情を「爆発」させる

第10の扉 新生——「新しい自分」になる

※本文中の〔　〕は訳注を表す。原注へのアクセス方法は455ページに示した。

第1の扉 エネルギー

ENERGY

「パワーの源」を見つける

２０００年の晩秋、ペンキ塗り職人の一団が、アルバニアの首都ティラナの歴史的建造物を鮮やかなオレンジに塗り替えた。

ミカンとオレンジの中間の色調が、窓だけを残して、石であれセメントであれ、もとの外面を覆い尽くした。

塗装は朝に始まり、正午には見物人が群がって、通りから呆然と見つめていた。交通はストップした。当惑して叫ぶ人もいれば、灰色の街への大胆な差し色に驚いて笑い出す人もいた。

これほどの騒ぎを巻き起こすとは、大胆不敵ないたずら者と思われるかもしれない。

だがこれは落書きではない。塗装を指揮していたのはただのストリートアーティストではなかった。市長だった。

エディ・ラマは、アルバニアの首都を復興させた功績が認められ、ティラナ市長に選出されてからわずか4年後の2004年に、「世界の市長賞」を受賞した。今日のティラナには、ラマが就任時に引き継いだ、あの薄汚れた危険な都市の面影はほとんどない。

1990年末のティラナは、数十年間の抑圧的な独裁政治のせいで荒廃し、共産党支配崩壊後の10年間にわたる混乱のせいで資源が欠乏し、汚職と組織犯罪の温床になっていた。街角にはスリや売春婦がたむろし、収集されないゴミが通りに積み上がっていた。ラマ自身こう語っている。「都市は死んでいた。待ち人だけが滞在する乗り換え駅のようだった」

建物の塗り替えは、枯渇した基金と消沈した市民に苦慮する市長が取った、切羽詰まった行動だった。芸術家であるラマは、最初のデザインをみずから考案し、わびしい都市景観に刺激を与える鮮やかな色相と派手な模様を選んだ。オレンジの建物に、ほかの色の建物が一つ、また一つと加わるうちに、ラマのプロジェクトはたちまち都市全体に拡大し、公共、民間の区別なく建築物を包み込んでいった。

当初は賛否両論だった。怖がる人、おもしろがる人、歓喜する人もいた。だがやがて不思議なことが起こり始めた。ゴミのポイ捨てが減った。税金が支払われるようになった。店の窓の鉄格子が外された。警官の数は増えていないのに、通りは安全になったように感じられた。人々は再びカフェに集い、新しい街で子育てをすることについて話し始めた。

変わったのは建物の表面だけだった。赤、黄、ターコイズ、紫の帯が加わっただけ。なのにすべてが変わった。都市は活気と勢いを取り戻した。喜びに満ちていた。

喜びという「強烈な感情体験」

──喜びとはいったい何か？

ティラナの物語を初めて聞いたとき、奇跡としか思えなかった。巨額の資金が注入されたわけでも、大規模な公共事業が行われたわけでもない。あたかも都市が純粋な「喜びの力」によって復興したかのように思われた。だが喜びがいったいどうやって都市全体の活気を取り戻したというのだろう？

このころ私はちょうど喜びの研究を始めたところで、より根本的な疑問に頭を悩ませていた──喜びとは何だろう？　最初は糸口が見えなかった。喜びに対する考え方は人によって違うし、科学者でさえ定義について意見の一致を見ていない。

だがおおまかにいうと、心理学者のいう「喜び」には、「強烈で瞬間的なポジティブな感情体験」という意味がある。喜びはほほえみや笑い、それにピョンピョン跳びまわりたくなる感情という、明確な兆候によって認識できる。

「充足」がソファの上で丸まること、「至福」が静かな瞑想に耽（ふけ）ることだとすれば、「喜び」はスキップし、小躍りし、クルクルまわり、ゲラゲラ笑うことにあたる。喜びはこのうえなく熱狂的な感情であり、幸福感の高エネルギー版である。

したがって、「エネルギー」のみなぎる感覚が、生気や活力、喜びと同一視されるのも当然といえる。エネルギーは物質を動かす。それは生命の源であり、生気のないものを、息づき脈打つ有機体に変える。つまり生きているとは、生命の本質である躍動感をもって振動することだ。エネルギーを多く持てば持つほど、もっと遊び、創造し、愛し、導き、探検し、楽しみ、周りの世界と深く関わることができる。

ティラナが喜びによって復興されたのだとすれば、エネルギーに満ちた喜びの性質がそれに一役買ったのかもしれない。だが喜びのエネルギーはどこからやってくるのだろう？またどうすれば増やすことができるのだろう？

もっと「エネルギー」を手に入れる

エネルギーは飲んだり食べたりするもの、たとえば泡たっぷりのカプチーノや甘いバタークリームなどから得られると、一般には思われている。でも考えてみれば、エネルギーはいつでもどんなところにもある。ほとんどの場合、気づかれずに周りを流れているが、私たちはつねに目に見えないエネルギーの輪やさざ波に包まれているのだ。

電球が発する光の分子や、ステレオから流れる音楽の音波、窓から吹き込むそよ風、ラジエーターから送られる熱波。あまりにも目立たないからいつもは忘れているが、乾燥した冬の日に金属のドアノブに触れて、ピリッとくる感覚で思い出したりする。

もちろん、私たちは植物ではないから、環境から吸収するエネルギーだけでは生きていけない。それでも身のまわりのエネルギーは、内なるエネルギーにたしかに影響を与える。たとえば激務の一週間を終えて、よれよれの体でパーティに顔を出し、一杯飲んだら帰るつもりが、音楽のビートを聴いたとたんに元気を取り戻したことが何度あるだろう？晴れた日はくもりの日よりもベッドから出やすいことに気づいたことはないだろうか？

そんなわけで私は考え始めた。

なぜ一部の環境には私たちを元気にする効果があるのだろう、また生活に喜びのエネルギーをもっと取り入れるにはどうすればよいのだろう？

色には「人を引き寄せる力」がある
――人は「明るい色」を必死に求める

喜びを研究し始めてすぐ、最も活気のある場所やものには共通点があることに気がついた。明るく、鮮やかな色である。派手なキャンディカラーで塗られた家並みであれ、文具店に並ぶマーカーペンであれ、鮮やかな色は歓喜の感情を呼び起こす。

明るい色は世界中の祝祭を彩り、色が鮮明であればあるほど、強い喜びを呼び起こすようにも思える。中国では色鮮やかな龍の舞で新年を祝い、ブラジルのカーニバルでは見事な羽飾りの衣装が人々を魅了する。インドのホーリー祭では、飾りつけをする代わりに色とりどりの粉を投げ合い、カラフルな煙で頭のてっぺんからつま先までの全身を染めた、笑顔の人々が見られる。

「色」と「感情」との関係を意識して考えることはめったにないが、両者は切っても切れない関係にある。言語でも両者は結びついている。気分は明るくなったり暗くなったりする。悲しい日には暗雲が立ちこめ、ブルーな気分になる。ものごとが順調に運んでいるときを、黄金の日々という。ものごとには暗い面もあれば明るい面もある。

それぞれの色が象徴する意味合いは文化によって異なるが、明るさはものごとの喜びあふれる側面として、普遍的に認識されている。子どもたちはこの関係を直感的に感じ取る。就学前の児童が描く絵に関する研究で、明るい色は幸福感や興奮を、茶色や黒などの暗い色はネガティブな感情を表すために使われることが多かった。

大人も同じだ。グラフィックデザイナーのオーラ・オブライエンは、イギリスとアイルランドの人々に、感情を色で表してもらった。喜びの色をまとめたグラフは明るく鮮やかな色相で、黄金色やオレンジがほぼ半分を占めた。

明るい色が気分を高揚させるのだとすれば、人間が最も明るい色相を得るために多大な労力を費やしてきたのもうなずける。

オーストラリアの先住民アボリジニのディエリ族は、金褐色の染料を求めて、毎年ブカートゥーの黄土（オーカー）採取場まで１０００キロ近くの道のりを往復していた。近くにオーカー採取場はたくさんあったが、ディエリ族は儀式のためのボディペインティングに、最も明るく輝くオーカーを必要としたのだ。

古代ローマ人が切望したのは、軟体動物の内臓のパープル腺からひどく臭う工程で抽出される、紫の染料だった。植民地時代、最も明るい色素はしばしば国家の重要機密になり、フランスのある植物学者は、深紅の色素の原料となるコチニールカイガラムシ一箱分を、命がけでメキシコから持ち出した。

今日でさえ、色を得るために壮大な旅をする人はあとを絶たない。赤い岩の峡谷をハイキングし、ピンク色の砂浜に横たわるために長旅をする。毎年秋になるとニューイングランドやカナダには、すばらしい秋の色を求める紅葉狩り客が押し寄せる。

敏感な「色覚」のおかげで食料を得られた

作家のオルダス・ハクスリーは、幻覚剤のメスカリンを服用した体験をもとに、色を感じる力は人間には必要でないと断言した。

「人間の高度に発達した色彩感覚は、生物学的には一つの贅沢(ぜいたく)である」と彼は書いている。「知的、精神的存在としての人間にとってはこのうえなく貴重だが、動物としての生存にとっては不必要である」

それでも私たちの目はわずかに異なる色を見分けることができ、700万もの色を識別できるといわれる。紫外線をも識別できる一部の鳥ほど幅広い波長の色は見えないにしても、驚異的な幅であることに変わりはない。

これほど多くの色を知覚する能力が、喜びを得るためだけに発達したとは考えにくくないだろうか？

じつのところ、人間の色覚は贅沢どころか、生存――とくにエネルギー源を探す必要性

――に直結する、必要不可欠な感覚である。私たちの遠い祖先は夜行性で、ほとんどの哺乳類と同様、色覚をほとんど必要としなかった。柔らかい肌をした恒温動物である祖先たちは、闇に紛れて食料を集め、視覚よりも嗅覚に依存していた。

だがいまから約2500万年前に、向こう見ずな夜行性のサルの集団が日光の中に飛び出し、私たちが今日も守っている昼行性の生活スタイルを取り入れた。この新しい生態学的ニッチでは、色を識別する能力がぜん強みになった。

夜行性のサルが、色を知覚する錐体細胞を2種類しか持たなかったのに対し、祖先はスペクトルの中間の光に感受性を持つ、第3の錐体細胞を進化させ、その結果として劇的に多くの色を識別できるようになったのだ。

この追加の錐体細胞によって、人間は赤と緑を識別する能力を手に入れ、魅惑的な多くの新しい色調を得た。この能力は、信号の「進め」と「止まれ」の違いを見分けるのに役立っているが、祖先の霊長類には、それよりずっと重要な直接の利益をもたらした。

なぜならこの能力のおかげで、彼らが暮らす木の上のうっそうと茂る葉の中で、糖分の豊富な果実や栄養価の高い若葉を識別できるようになったと考えられているのだ（若葉はアントシアニンという赤い色素が、まだ葉緑素によって覆われていないため、赤く見えることが多い）。

祖先にとって色覚はあまりにも大きな優位性になったため、脳は嗅覚処理能力を削り、視覚情報の処理能力を高めるように進化した。色覚はハクスリーが信じていたように贅沢などではなく、生存に必要不可欠だからこそ、脳はほかの感覚を犠牲にしてまでそれを発達させたのだ。

色を見ると「報酬」を予感する

単細胞のゾウリムシであれ、体重200トンのクジラであれ、あらゆる生命体にとっての重要な関心事は、食料を集め、安全なすみかを探し、捕食動物を撃退し、交尾し、子どもを育て、テニスをし、ルンバを踊るといった活動に必要なエネルギーを探すことにある。とくに人間のような大型の恒温動物にとっては死活問題だ。顕微鏡レベルで見ると、ただ生き続けるだけでも目のまわるような取り組みだとわかる。

細胞は24時間休みなく働いている。染色体を分配・結合し、糸のようなメッセンジャーRNAをつくりだし、アミノ酸をタンパク質に結合し、自己修正・複製する。こうした代謝機能を働かせ続けるために、人間は食料の追求をたえまなく促すためのメカニズムを進化させた──食料の追求を促すための空腹感と、食料を見つけた報酬としての喜びの感情である。

明るい色は、栄養のありかの確実なヒントになったため、数万世代にわたる進化のうちに、喜びと深く結びつくようになったのだ。

色とは、エネルギーを可視化したものである。色は、甘い食べ物を見つけたときに喜びというかたちで活性化する、古来の神経回路を作動させる。

人工色にあふれる現代世界では、鮮やかな色のものは肉体に必要な栄養をもはや含まないが、それでも私たちはそうした色を見ると、太古の昔と変わらない喜びを感じる。

より広くいえば、色は周囲の環境の豊かさを示す。それは直接の食料だけでなく、長期的に生命を維持できる環境の存在をも知らせる、無意識のシグナルなのだ。

スイスの画家ヨハネス・イッテンは言った。「色は生命である。なぜなら色のない世界は、われわれの目には死んでいるように映るからだ」

「エネルギーの美学」の中心にあるのは、周囲の環境が生きていて、繁栄を支えるものであることを知らせる、鮮やかさなのだ。

企業数は3倍、税収は6倍に増えた

こうしたことを考え合わせると、アルバニアのティラナの魔法のような転換を、違った視点からとらえ直すことができる。エディ・ラマ市長の色彩は、死んだように見える場所に生命を吹き込み、自分たちの暮らす場所がもはや「ゴミの街」ではなく、はじけるような活気にあふれた生きている場所になったことを市民に知らしめたのだ。

私は、人間が色を、生命とそれを支える条件の存在を示す重要なシグナルとしてとらえてきたことを知ったおかげで、ティラナの人々の環境との関わり方が、色によって無意識のうちに変わったことを理解できるようになった。身の危険を感じるときの「戦うか逃げるか」の反応から、安心を感じるときの「ここにとどまって成長しよう」の反応へと変わったのだ。

5年間でティラナの企業数は3倍になり、税収は6倍に増えた。増収によって公共事業が賄(まかな)われた。公共空間を占拠していた5000軒の違法建築物が取り壊され、4000本の木が植えられた。

最初の塗装から1年ほど経って市を訪れたジャーナリストは、かつて犯罪の温床だった荒廃した通りが活気にあふれ、人々がカフェにすわったり公園を散歩したりする様子を報告している。アルバニアのアーティストのアンリ・サラは、この変化が独自の勢いを持ち始めたと指摘する。「最初の変化は色だったが、いまでは色を中心に、市が変化しつつあるのがわかる」

壁の色彩は、まるで都市の中心に灯された火のようだった。それが触媒となって転換を促し、やがて当初の衝撃をはるかに超える変化をもたらしたのだ。ある住民はこう書いている。「目が見えない人でも、ティラナの大転換を証言できる」

表面を見て「本質」を感じ取る

色にこれほどの力があるとは、にわかには信じがたい。大変貌を間近に見てきたラマでさえ、そのスケールに当惑しているように見えるときがあるし、同様の壁面プロジェクトの多くが、ただの「美化プロジェクト」にすぎない公金の無駄遣いだとして、却下されている。

色の影響力が過小評価されているのは、色には実用性がなく、装飾の手段でしかないとみなされているからだろう。人工物の世界での色は、たとえばベニヤや仕上げのタッチなど、表面に付着するものだ。これは英語の「カラー」という言葉の語源にも表れている。カラーはラテン語で「隠す」を意味する「ケラーレ」に由来する。

だが自然界では、色はものの厚み全体に行き渡る。柿の皮と実は同じくらい柿色だし、茶色いヘラジカは肉まで茶色い。自然界の色は、成長の段階やミネラルの含有量など、何らかの意味を表している。

私たちは頭では、色を何かを「覆っているもの」として見るが、本能では「何かを露わにするもの」として反応する。エディ・ラマもこのことを認識して、「普通の都市」は色をドレスや口紅のようにまとうかもしれないが、基本的な市民生活がおざなりにされてきたティラナでは、色は「臓器」に似た機能を果たすのだと語っている。色は表面的に見えるかもしれないが、ものの本質を表しているのだ。

色は人の「行動」を変える
——「豊かな色」は自信をもたらす

ティラナを知ってからしばらく経ったころ、色には殺伐とした場所とそこで過ごす人々を活気づける力があると信じる人が近くにいることを知った。

ルース・ランド・シューマンは1990年代初めにイーストハーレムの中学校を訪れたとき、学校が別の施設に似ていることに気がついた。「どの学校も例外なく、見かけも感じも刑務所にそっくりだった」と彼女は言う。

この気づきをもとに、彼女は非営利団体パブリカラーを立ち上げ、ニューヨーク市の貧しい公立学校を、鮮やかな色で塗り替えることによって生まれ変わらせている。

私は自分の知っている公立学校のことを考えた。コンクリートの外壁に、赤鈍色（あかにびいろ）のロッカーが並ぶ窓のない廊下、砂色のリノリウムの床。

「人を寄せつけないように見える」とシューマンは首を振って言った。「子どもたちがドロップアウトしていくのもあたりまえ。教師が燃え尽きるのも、親が足を踏み入れないのもあたりまえよ」（ニューヨークの市立高校では、入学から4年以内に卒業しない生徒が、全体の約24%を占める。シューマンが学校を塗り替え始めた当時、この割合は50%を超えていた。現在でも黒人とヒスパニックの生徒の3人に1人が、卒業せずにドロップアウトする）

シューマンはビッグアップル・サーカスで働いていた経験があり、カラフルな空間に足を踏み入れた人たちが喜びを感じるのを目の当たりにしてきた。色彩理論を学んだこともあり、エディ・ラマと同様、色は行動に大きな影響を与えうるという信念を持っている。

彼女が初めて塗り替えたのは、貧困層が住民の半数近くを占めるブルックリン区イーストニューヨークの学校だった。当初は学校管理者から反発を受け、鮮やかな色を嘲笑された。しかし20年後のいま、パブリカラーは400を超える学校やコミュニティセンターを塗り替え、ホワイトハウスとニューヨーク市から表彰され、多くの学校長をファンに持っている。

学校はシステムの複雑さから、色が学業成績に与える影響を分離して考えるのは難しい。それでもパブリカラーの介入後に著しい変化が起こることが、事例証拠によって示されている。落書きはほぼ完全になくなり、また生徒の出席率と教師の出勤率が上がったという校長の報告がある。テストの得点に変化が見られたという校長もいる。

だがおそらく最も驚くべき発見は、教師と生徒がパブリカラーによって塗り替えられた学校を、より安全に感じるということだ。窓から鉄格子を外したティラナの店主のように、生徒と教師は、明るい色に塗り替えられた壁によって、ここは危険な空間だという認識が和らぐ。そうして安全だと感じることによって、指導や学習に使える脳の領域が増え、集中力が高まる結果、学業成績も向上するのだろう。

明るいオフィスの方が「集中力」が上がる

私には、もう一つ別の作用も働いているように思える。明るい色は、目にカフェインのような刺激剤として働き、私たちを安住から引っ張り出すのだ。

アーティストのフェルナン・レジェは、ロッテルダムの改装されたばかりの建物について、こう語っている。「古い工場は暗くて陰鬱だった。新しい工場は明るく色とりどりになった。すると何かが起こった。労働者は人事には何も言わずに、みずから進んで清潔できちんとした服を身につけるようになった。……自分たちの周囲と内側で、何か重要なことが起こっているのを感じ取ったのだ」

レジェが気づいたことがさらに大きなスケールでも起こることが、色と職場に関する包括的研究によって示されている。スウェーデン、アルゼンチン、サウジアラビア、イギリスの約1000人を対象とする研究で、明るく色彩豊かなオフィスで働く人は、薄暗い場所で働く人に比べ、より集中力が高く、喜びにあふれ、友好的で、自信に満ちていた。

ほとんどの学校の校舎やオフィスビルは、殺風景な色合いで刺激に乏しいため、心が落ち着かず、集中するのが難しい。生き生きとした色は、学習や生産、成長に必要なエネルギーを奮い立たせるのだ。

パプリカラーは学校の生徒や管理者とともに校舎の色選びを行っているが、長年のうちに柑橘（かんきつ）系の黄色と緑、オレンジのベースに、ターコイズとサーモンピンクの差し色、という色合いをトレードマークにするようになった。明るい純色の、喜びのパレットだ。こうした鮮やかな色をもっと大きな建物に塗ったら、人々は圧倒されてしまうだろうか？

「くすんだ色」と「鮮やかな色」の真ん中に立つ

この好奇心に駆られた私は7月のある昼下がり、ローラーを片手にブルックリン区ブラウンズヴィルのホームレス保護施設（シェルター）「ヘルプ」を訪れ、アルバブルーのペンキをドアに塗っていった。

パプリカラーは夏の間、午前中は高校生に算数と読み書きを教え、午後に高校生とともに貧困地域の公共空間を塗り替えるプロジェクトを運営している。私たちは午後早くに施設に着き、シューマンはペンキだらけの作業服であちこち飛びまわり、色彩や資材を確認し、子どもたちに夏の予定やプロジェクトの進捗を尋ねまわった。

彼女は参加者全員の名前を知っていた。グループがそろうと、施設の5つの建物に囲まれた庭に集まり、シューマンは私の案内役を紹介してくれた。ブルックリン区サンセットパークに住む16歳のキヤナだ。

キヤナはパプリカラーですでに5つのプロジェクトを経験したベテランだから、ドア枠の難しい部分は彼女に任せ、私はドアの表面にペンキをむらなくのばすことに専念した。キヤナに、これまでの塗り替えプロジェクトでどれがいちばん気に入っているかと聞くと、彼女は思い出すようにほほえんで言った。

「断然、うちの学校。学校が本当にずっといい感じになったの」。この「本当に」という言葉が、驚きを表していた。「色のおかげで、学校にいるのが前よりずっと楽しくなった」

キヤナが持った感情を理解するための手がかりは、すぐ目の前にあった。

このときシェルターは、ちょうど真ん中で「作業前」と「作業後」に分かれていた。施設の西側の建物は、黄色とオレンジの夕焼けの彩りで塗り替えられていた。1階は最も明るい柔らかな金色で、最上階は熟したアプリコットの色相、そして私たちが塗っていた青いドアがトロピカルな雰囲気を加えていた。これに対し、生徒たちが翌週塗り始める予定の東側は、上から下まで漆喰（しっくい）の茶色だった。

真ん中に立つと、その対比に驚かされた。右を向くと、そこにはわびしく陰鬱な、行き場のない人々の住まいがあった。だが左を向くと、マイアミの住宅街で友人宅のパーティに向かっているような気分になった。暖色は日の光と、そして私の目には、少しの明るい希望を発しているように見えた。

大人らしい「無難な選択」をやめる
――あなたは「色恐怖症」に陥っている

灰色やベージュをお気に入りの色に挙げる人は少ないが、住宅は味気ない中間色で覆われていることが多い。私たちを活気づける色と周囲の色は、なぜこれほどかけ離れているのだろう？

「色恐怖症だよ」と即答してくれたのは、カリフォルニア州パームスプリングスのカラフルなサグアロホテルを建築した、ピーター・スタンバーグとポール・アフェリアットだ。サグアロホテルはその刺激的な色相で、２０１６年に「世界で最もインスタグラムでシェアされたホテル」の第3位にランクインした。

「みんな色を恐れている」とスタンバーグは話してくれた。彼の言う「みんな」とはもちろん、彼自身とアフェリアット以外の人々のことだ。二人が暮らす、壁の代わりに黄と緑、青、オレンジのパネルで仕切られた開放的なロフトは、鮮やかさの殿堂だ。

二人は私の向かいの紫のソファにすわり、その横には朱色のイスが置かれ、足元にはピンクのラグが敷かれていた。窓際のテーブルにはガラスと陶の器が暖色のグラデーションに並べられ、琥珀色の光を床に落としていた。

「選択する恐れだ」とアフェリアットは言った。「誤った選択をし、それを我慢しながら暮らさなくてはならない恐れ」

私も身に覚えがあった。当時はそんな名前がついていることも知らなかったが、私はかつて自他共に認める〝色恐怖症〟で、室内のすべてを白とクリームの中間色で統一していた。ソファはアイボリー、本棚はオフホワイト、ベッドリネンとタオル、カーテンはすべてすがすがしい清潔な白。特大のインスピレーションボードは生成り（きなり）のファブリックで覆い、寝室の片隅の、そう、白いキャンバス地を張ったディレクターズチェアの上に服を重ねていた。

新しい家具が入り用になるたび、カラフルなカタログを熟読し、マスタード色のベルベットソファやピンクストライプのスリッパーチェアをためつすがめつするが、結局はいつもの白い家具を選ぶのだった。

そんなある日、夢のアパートメントに引っ越した。ブラウンストーンの最上階、レイルロードの〔ドアがなく部屋が鉄道車両のようにつながった〕間取り、傷ひとつないフローリング、緑の庭を見下ろす窓、そして小さな天窓のあるバスルーム。唯一の問題は、壁がバターのような黄色で塗られていたことだ。

ひと目見た瞬間から、塗り替えたいと思った。でも不思議なことが起こった。アパートに帰ると、真冬でさえ太陽に照らされているような気分になり、旅行から帰宅すると胸が躍った――それも毎回だ。結局この家には6年も暮らし、最初の1週間が過ぎると、塗り替えを考えることは二度となかった。

世界は「知らない色」であふれている

これで私の色恐怖症が終わったといえればよいのだが、実際には、私と色との関係を本当の意味で変えたのは、デザインスクールだった。色紙を切り抜いて並べ、絵の具を混ぜ、色相の相互作用を研究しながら過ごすうちに、世界がじつに多くの色で――私が見るように教えられてこなかった色で――満ちあふれていることを知った。

影は灰色だとずっと思っていたが、紫がかった色に見えるようになった。リンゴは赤だと思っていたが、キッチンカウンターではなく窓辺に置かれると、その赤が劇的に違って見えることに気づいた。この新しい見方が、筆舌に尽くしがたい喜びを与えてくれたのだ。

色彩の研究は芸術家の領域と考えられているが、それは比較的最近の考えである。歴史家のジョン・スティルゴーは、教養ある人々は20世紀になるまで、情景における光と色の相互作用を扱う「色彩学」を学ぶことが多かったと書いている。人々は読み方や数え方を学ぶのと同じように、ものの見方を教わっていたのだ。そうした教育を受けていない私たちが、色を前に途方に暮れるのも無理はない。

「色恐怖症」を克服する

エネルギーや喜びに満ちあふれた色と、くすんだ色相との違いは、色素の純粋さと明るさに関係がある。デザイナーはこれらの特性を表すために、「彩度（飽和度）」と「明度」という用語を用いる。初めてこれを学んだとき、ちょうど足し算と引き算を学ぶことで数の世界の神秘が取り除かれたときのように、色の世界全体が開かれたように感じた。

純色（飽和色）とは、子どもの積み木セットにあるような最も純粋な色をいう。真っ青や、日光に最も近い黄といった、強烈で濃い色だ。

色の彩度を下げるには、灰色を混ぜてくすんだ色にする。若草色はオリーブに、セルリアンブルーは青灰色になる。ベージュとは彩度を下げた黄、喜びをすべて吸い取られた黄なのだ！

灰色は白と黒だけでできた、究極の不純色だ。不純色はカラースキーム（配色計画）の一環としての利用価値はあるが、辺りを見まわして灰色やカーキ、ベージュしか見えなかったら、あなたの環境はかなり殺風景だといわざるを得ない。

他方、色の明度は、白または黒がどれだけ含まれているかによって決まる。白は光を反射し、黒は吸収する。そのため白を加えると明るくまぶしい色になり、黒を加えると暗く落ち着いた色になる。ライトピンクとスカイブルーが、バーガンディとネイビーよりも元気をくれるのは、より多くの光を反射して空間に息吹を吹き込むからだ。暗い不純色は光を吸収するため、空間のエネルギーを下げる。

迷ったときは「マティス」を見る

色に自信を持てるようになるには、少々練習が必要かもしれない。さいわい、喜びあふれる色の組み合わせを見つけ、目を訓練して色の喜ばしい深みをとらえ、活用するための近道がある。

カラフルなホテルを建築したスタンバーグとアフェリアットが、あるとき設計中の家の色選びに迷い、親しい友人で画家のデイヴィッド・ホックニーに相談したところ、こう教えられたという。「私が色に困ったときと同じやり方をするといい。マティスを見るんだ」

二人はアンリ・マティスの鮮やかな絵画にインスピレーションを得て、ぴったりの青を選ぶことができ、クライアントにも同じ方法を勧めるようになった。大胆な色がキャンバス上に仲よく共存しているのを見ると、家に取り入れても大丈夫だと自信が持てるようになる。

マティスの明るく鮮やかな彩りは、配色のインスピレーションとして理想的だが、私はほかにもヘレン・フランケンサーラー、ソニア・ドロネー、ピエール・ボナール、そしてもちろんデイヴィッド・ホックニーの作品を参考にすることが多い。

それでもまだ自信を持てないという人は、伝説的インテリアデザイナー、デイヴィッド・ヒックスの叡智から勇気をもらおう。色と色が衝突するという考えは、1930年代の「上品ぶった婦人たち」がでっちあげた虚構にすぎないと、ヒックスは考えていた。「色は衝突しない」と彼は言った。「共鳴するのだ」

「すべてが生きている」と感じられる生活

――自分のエネルギーを調節する

色恐怖症では断じてない人を、私はもう一人知っている。ロサンゼルスに本拠を置くエプロンメーカー、ヘドリー&ベネットの30歳の創業者、エレン・ベネットだ。「色が大好き」と、9月のある雨の午後にベネットは話してくれた。「だあいすき」と伸ばすその言い方に、愛の深さが表れていた。

「うちではすべてが虹の色よ」と言って、ベネットはざっと挙げた――色分けした本棚に、青い寝室、ケリーグリーンの玄関ドア、そして初デートのたった3か月後にボーイフレンドのために買った明るい黄色のコンロ。

自称「ハグ魔」で、会った2秒後に私をギュッとハグして頰にキスしてくれた元気いっぱいのベネットにとって、色と温かさが関係しているのは当然のことだ。

「心温まる空間にしたくて」と彼女は言う。「部屋に抱きしめられるような感じの空間に」

ベネットが鮮やかな色を愛するようになったのは、生い立ちの影響もあるという。彼女はメキシコ人とのハーフで、メキシコとカリフォルニアを行き来して育った。

「メキシコでの生活は原色だった。祖母の家は明るいターコイズブルー。道路コーンから食料品店のマンゴーまでの何もかもが色にあふれていた。でもアメリカの暮らしは、すべてがずっと茶色に近かった。茶色い砂に、茶色い学校……茶色だらけ。またメキシコに戻ると、そこは黄、緑、赤で、家という家が違う色だった。すべてが生きているように感じられた。子どもながらにそのエネルギーを自分の中に感じて、こう思ったの。このエネルギーがほしい、これが好き、って」

ベネットが幼いころに二つの世界をどう感じていたかを聞いて、私は「色嫉妬」としかいいようのない感情を覚えた。私もベネットと同じで、鮮やかな色が環境に溶け込んでいる東南アジアやラテンアメリカ、カリブ海地域に暮らしてきた。こうした色彩に満ちた場所は、もっぱら看板や広告から色を得ているように見える現代のアメリカの都市にはない、温かさと活気を発している。

「生命の波長が長いのよ」とベネットは言う。色は喜びを表面に引っ張り出すのだ。

色彩が主に祝祭の機会にしか使われない文化と、日常の一部になっている文化があるのは、いったいなぜだろう？

色を使うと「幼稚」に見られる？

それはたんなる好みの問題で、色を好むように発達した文化もあれば、グレースケールの暮らしを好む文化もある、と結論づけるのは簡単だ。だが本当の理由は、喜びから遠ざかり洗練に向かおうとする、西洋社会に深く根ざした文化的偏見にあるように私は思う。ヨハン・ヴォルフガング・フォン・ゲーテも、1810年にこの偏見を強い調子で述べている。「未開の国々や無教養な人々、それに子どもは、鮮やかな色を大いに好む」が、「洗練された人々は、服装や周囲のものに鮮やかな色を避け、そうした色を目の前から完全に追放することが多いようだ」。

この傾向は、私たちの気づかないうちに、欧米の大部分で生活に浸透している。色彩や喜びは幼稚で軽薄なものと片づけられ、上品さと成熟した趣味の表れとして中間色が称えられる。現代の住宅の色調は、めざすべき真の理想は自己抑制であって、活気など堕落だとする行動基準に支配されている。その意味することは明らかだ――社会的に認められたいのなら、喜びを求める自然な欲求を卒業するか、抑制することを学ばなくてはならない。

この文化的偏見のせいで、多くの人が生活に色を取り入れることをほとんど恥ずかしいと思うまでになっている。最近出会ったある女性は、色は大好きだが、気にせずに使えるのは子ども部屋だけで、家全体にはとても取り入れる気にならないと言った。また一般に女性は年をとると若づくりだと思われないように、抑えた色を身につけるよう言われる。

これは自信のなさではなく世論の暴虐が生み出した、無意識的な色恐怖症だ。もしも私たちが愚かに見られることを恐れなければ、世界はいまよりずっとカラフルになるのではないだろうか？

仕事着を「ギア」に変える

喜びあふれる色を真剣なビジネスに結びつける方法を見出した、エレン・ベネットのような人たちの存在は励ましになる。ベネットは18歳のとき完全にメキシコに引っ越し、メキシコのテレビで毎週宝くじの当選番号を読み上げるアルバイトなどで生計を立てながら、料理学校を卒業した。だが数年後、メキシコでの生活の活気を保とうと誓いながらアメリカに戻り、レストランで部門シェフの仕事に就いた。

仕事は大好きだったが、一つだけ大嫌いな点があった。エプロンだ。不満を訴えると、同僚たちも同じ思いでいることがわかった。「見た目もサイアクで気分もサイアクだと、みんな思っていた」と彼女は言う。

ある日、上司がスタッフ全員分の新しいエプロンを注文しようとしたとき、ベネットは自分につくらせてもらえないかと頼み込んだ。型紙も布も、ミシンさえ持っていなかったが、このとき彼女のエプロン会社、ヘドリー&ベネットが誕生したのだ。

初めてつくったエプロンは黄のリネン地で、まもなくほかの色が加わった。エプロンは見た目だけでなく使い勝手も重要だと知っていたから、機能性には妥協しなかった。「本格的な仕事着だけど、本当に楽しくて遊び心が利いている」と彼女は言う。「それでいて身につけると安心で誇らしく、気品が感じられる」

カラフルだが機能性が高く、とてもよくできているのだ。実用性に裏打ちされているからこそ、愉快で楽しそうに見える仕事着を安心して選ぶことができる。この組み合わせは明らかに成功していて、ヘドリー&ベネットは現在４０００軒を超えるレストランにエプロンを納品している。

ベネットの究極の目標は、エプロンを超えたところにある。彼女のビジネスがめざすのは、ユニフォームの概念を、強制的に着せられるみっともなくて安っぽい仕事着から、仕事に誇りと、そう、喜びを感じさせる装備（ギア）に変えることだ。

ベネットは「あなたの小さなマント」という、スーパーヒーローを連想させる言い回しでエプロンを形容する。最初に聞いたときは不思議だったが、考えるうちに腑に落ちた。

クラーク・ケントはクリプトン星でつくられた、スーパーマンの青と赤のクールなスキンスーツに着替えると、冴えないツイードのジャケットを着ているときからは考えられないほどのエネルギーと力を持った別人になる。

ベネットは、エイプリル・ブルームフィールドやデイヴィッド・チャンといった有名シエフをはじめ、多くの部門シェフやサービス従事者、職人に「ギア」を提供し、これから取りかかろうとしている仕事のために、外見だけでなく心の準備もさせているのだ。

「身につけるもの」が力をくれる

ベネットとの会話をきっかけに、私はほかの衣服についても考え始めた。自分の就きたい仕事に見合った装いをしましょうと、よくいわれる。なら、自分のほしい喜びに見合った装いをしたらどうだろう?

喜びの美学について考え始めたころ、気の滅入る状況で明るい色を身につけたらどうなるかを実験してみた。タクシーのような黄色のゴムのレインブーツを買い、大雨の予報が出ると大喜びで履き、同じく黄色い傘をつかんで外へ飛び出し、雨を蹴散らしながら職場まで歩いた。

独身時代、ぎこちないブラインドデートをやみくもにくり返していたころ、気合いを入れておしゃべりにのぞむために、明るいプリント柄のワンピースを買った。また最近、ライムグリーンのフィットネスウェアをプレゼントされた。目覚めてすぐその鮮やかな色を見ると、ベッドから起きてヨガをしようという気になる。いまではフィットネスウェアがくたびれると、大胆な色に買い換えるようにしている。

友人のベスは、私の知っている人の中で最もカラフルな服を好んで着る人だが、鮮やかな装いが自分だけでなく、他人に与える影響まで考えて服選びをしている。ベスは身長が

178センチと高く、とびきり聡明で、はっきりものを言うタイプだ。「生まれてこの方、威圧的だとか怖いとか言われ続けてきた」と彼女は言う。

鮮やかな色を身につけることは、人に親しみを持ってもらい、先入観で判断されないようにするための、彼女なりの工夫だった。

ベスは暗い色のコートを1枚も持っていない。黄や緑のような鮮やかな色合いのものばかりだ。憂鬱な冬の日には、道行く人たちがほほえみかけてくるという。カラフルな服装は、わびしい風景の中の小さな贈り物、喜びの輝点のように感じられるのだ。

ベスと同じ職場で働いていたとき、同僚が「ベスになりきる日」を企画した。全員がピンクの水玉のパンツや黄色いセ

自分のほしい喜びに見合った装いをする

ーター、ターコイズのドレスでやってきたものだから、まぶしくてサングラスが必要なほどだった。あの日は記憶に残る最高の一日になった。職場全体が活気づいたのだ。

「光」はエネルギーのかたまり
――光で気分を盛り上げる

色のない世界に喜びはあるだろうか？　私がこの問いへの手がかりを見つけたのは、オリヴァー・サックス博士が1994年にピンゲラップ島を訪れた経験について書いた本を読んでいたときのことだ。

ピンゲラップ島は、先住民の多くが先天性の持続的欠損のせいで、色をいっさい識別できないことで知られる。サックスの旅行に同行したノルウェーの科学者クヌート・ノルドビーも、島民と同じ先天性の色覚異常だ。

あるとき大嵐が一行を襲い、すばらしい虹を残して去っていった。サックスは、ノルドビーが虹の印象を「光が空に弧を描いているようだ」と表現し、それまでに見た二重の虹や完全な円形の虹のことを、楽しげに語ったと書いている。最終的にサックスは、色覚異常の人の視覚世界は「何らかの面で色彩を欠いていたとしても、ほかの面では私たちの視覚世界と同じくらい豊かなものにちがいない」と結論づけている。

喜びは、色がなくても見つけられるかもしれないが、光がなければ見つけるのはずっと難しくなる。日の出から赤ちゃんの顔まで、私たちが喜びを感じるすべての光景は、物体に当たって反射した光を目がとらえることによって見えている。

光は、いわば「色の電源」である。だがそれ以上に、光はエネルギーの純粋な形態として、みずから喜びを生み出している。

私たちのエネルギーレベルを決定する24時間周期の概日（がいじつ）リズム（体内時計）は、日光によって調整される。また日光は皮膚におけるビタミンD生成を促し、免疫システムを調節し、感情のバランスを保つ神経伝達物質セロトニンのレベルに影響を与える。日照時間の短い高緯度地方では、多くの人が季節性情動障害として知られる（SADという、ぴったりの略称で呼ばれる）冬の鬱症状に悩まされる。光と気分は同じ軌跡をたどることが多い。光を減らせば喜びも減るのだ。

光は「気分」「集中力」「生産性」に影響する

世界中どこでも、人は暗がりを避け、光あふれる場所を探し、住まいに自然光を取り入れ、太陽あふれる南国に旅行する。建築家のクリストファー・アレグザンダーと共同研究者は、人々の空間の使い方に関する画期的な論説集『パタン・ランゲージ』（鹿島出版会）の中で、建物に関する最も重要な事実として、次の点を指摘している。「砂漠を除くすべての気候帯で、日当たりのよいオープンスペースは利用され、そうでないオープンスペースは利用されない」

アレグザンダーが行った、カリフォルニア州バークレーの住宅街での実験で、通りの北側の住人は裏庭〔北向き〕を使わなかった。代わりに歩道に面した小さな前庭にすわり、裏庭はガラクタ置き場と化していた。日陰の庭や広場は人の寄りつかない場所になり、南に面した「建物や庭は、活動と笑いにあふれるしあわせな空間になる」と彼は書いている。同じことが屋内についてもいえる。太陽は北半球では空の南側を通るから、居間が南向きの家は陽気で和気あいあいとするのに対し、居間が北向きの家は暗く陰鬱なことが多く、住人は居間を出て、反対側の明るい自室に引っ込んでしまう（南半球の場合は太陽が空の北側を通るから、南北が逆になる）。

日当たりのいい部屋で感じられる喜びは、健康の具体的な尺度とも一致する。日光を浴びると血圧が下がり、気分が向上し、集中力が高まり、生産性が上がることが、研究により一貫して示されている。窓際に席がある従業員はより精力的で、仕事でもそれ以外でも身体活動量がより高いことがわかっている。

小学校での実験では、最も日当たりのよい教室の生徒は、1年間で読み書きの進度が26%も速くなり、算数は20%速かった。病院では日当たりのよい病室の患者は、日当たりのよくない病室の患者に比べ、退院が早く、鎮痛剤の必要量も少なかった。

日光で「生気」を取り戻す

日光がいちばんだが、それが無理な場合は、広域スペクトルの人工光でも同様の効果を得ることができる。1日に2500ルクスの光を1時間ほど照射することによって、季節性の鬱を軽減できることは、以前から知られている。20件の研究のメタ分析により、光療法は抗鬱剤と同等の効果が期待できるという驚くべき結論が導かれている。

また長期療養施設のアルツハイマー病患者を対象とする研究では、明るい光を浴びた患者は、鬱と認知機能低下が改善した。だが光は医薬品ほど利益が上がる治療法ではないために、光療法に関する研究はあまり進んでいないのだ。

それでも、光の健康効果は数世紀も前から理解されている。

「青白くしおれた植物と人間は、日光に当てなさい」とイギリスの著名な看護師フローレンス・ナイティンゲールは書いている。「もし手遅れでなければ、どちらも健康と生気を取り戻すだろう」

ナイティンゲールは1860年に、どの患者も自然と光に顔を向けて寝ていると報告している。傷ついた側を下にして寝ると痛いと訴えながら、そうしている患者もいる。

「なぜ痛いのにわざわざそっちを向くのですか?」と彼女は尋ねる。「患者はわからないと答えるが、私たちはわかっている。それが窓のある方だからだ」

人は「虫」のように光に集まる

こうした話を聞くと、科学技術のおかげで私たちの健康や幸福度が大きく向上している半面、環境がダイヤルや文字盤を通してコントロールされていなかった時代に存在した知恵が奪われてしまったことを実感させられる。

いまでは火をおこしたり窓を開けたりする代わりに、サーモスタットのノブをまわす。薬草を食べる代わりに、錠剤を飲む。

利便性と効率性は手に入ったが、その代わり言語化されない知恵が失われた。体内の変化はもはや環境とは関係がないように感じられ、そのせいで私たちは、「人間は環境に依存せず、環境の影響も受けない」という幻想を持つに至った。そうして心身の健やかさに欠かせない、色や光などの要素が欠けた環境が生み出されたのだ。

明るさは重要だが、喜びとエネルギーに満ちた光をつくるには、光量だけに気を配ればいいというものではない。デザイナーのリック・シェイバーに、「喜びにあふれた光とは？」と尋ねると、彼はまず、喜びのない光がどんなものかに気づかせてくれた。

彼が最近訪ねたあるオフィスは、蛍光灯が何列も並んでいたのに、「どんよりした空」に覆われているように感じられたそうだ。オフィスは均一な照明が得られるよう設計されているから、どこにすわっても読書に必要な光は得られる。だが均一で一様な光が生み出すのは、鈍いエネルギーである。

ゲティ美術館や数々の個人住宅の照明デザインを手がけてきたシェイバーによると、「喜びに満ちた環境」を生み出すのは「差し込んでくる日光」だという。

一般に、人は均一な照明よりも揺らぎのある照明を好むことが、研究によって裏づけられている。光の山と谷は、私たちの目を空間内の注目すべき点に向け、またさらに重要なことに、私たちを引き寄せるのだ。

アレグザンダーが『パタン・ランゲージ』の中で強調するように、人は無意識に光に引きつけられるため、空間内の最も明るい場所は、人々が集う最も活気と喜びに満ちた中心地になる。

空間に活気がないと感じるなら、人を集めたい場所に光を集めるといい。暖炉のそばのソファや、窓辺のイス、暖色のペンダントランプに照らされたダイニングテーブル。こうした場所につねに活気があるのは、私たちが蛾と同じで、明るい場所に集まらずにはいられないからだ。

身のまわりに光を「塗る」

——光のダンスで毎日を輝かせる

色を愛する建築家のスタンバーグとアフェリアットに会いにいったとき、二人があるカップルのために設計した、ロングアイランドの海辺の家の写真を見せてもらった。カップルはほぼモノトーンのアパートメントに長年暮らしていたが、あるとき突然、家に色がほしいと思ったのだという。

スタンバーグとアフェリアットは、まずカップルがなじみやすい真っ白な壁と、大きな白黒の模様をデザインした。次に、家の近くに生えるトキワアワダチソウに合わせて選んだ、明るい黄色の玄関ドアを加えた。

外から見たドアは陽気な灯台のようで、通行人に向かって家がほほえんでいるような印象を与える。だが内側から見たドアは、まったく別の効果をおよぼしている。ドアそのものが光源のような働きをするのだ。白い壁のおかげで、黄色が家の中心になる。ドアは文字どおり輝いている。

色は物体の属性とみなされているが、じつは色は「できごと」である。色とは、光と物質のたえまない相互作用（ダンス）なのだ。

一筋の光が物体に――たとえば多色ガラスの花瓶に――当たるとき、実際にはフォトン（光子）と呼ばれる微小なエネルギー粒子が、花瓶の表面にぶつかっている。フォトンのエネルギーの一部は吸収されてガラスをかすかに温めるが、残りのフォトンは跳ね返されて環境に戻ってくる。こうしたフォトンが私たちの網膜に到達し、色の感覚を起こさせるのだ。

私たちの目に見える色相は、フォトンのエネルギーと関係がある。高エネルギーの短い波長の光は青く見え、低エネルギーの長い波長の光は赤く見える。花びらや葉、市販の顔料の多くに含まれる最も鮮やかな色素は、より「励起性（れいきせい）」の高い分子構造を持っている。ごくわずかな光で電子が励起されるから、目に鮮明な色に映るのだ。

「エネルギーの美学」の究極の目的は、こうした振動する微粒子の活動を、空間内で高めることにある。光だけ、色だけの問題ではなく、両者の相互作用が問題なのだ。

明るい色は、それを照らす光を活性化させ、光を空間に反射させて効果を増幅させる。

だからこそ、スタンバーグとアフェリアットの設計した家の黄色いドアは、あれほど強力なのだ——目に見えない光を金色に変えるのだから。

黄色は、空間を明るくする効果がとくに高い。純色の黄色は、すべての色相の中で最も明度が高いため、明るく暖かい性質を持っている。パブリカラーはまさにこの理由から、黄みがかったペンキを使う。明るい暖色のペンキは空間に光を取り込み、貧困地域の環境のわびしさを和らげるのだ。

「私たちは光を塗っている」と、パブリカラー創設者のルース・ランド・シューマンは言う。

都市の暗い路地や地下道、その他の暗がりに明るいペンキを塗ったら何が起こるだろうと、私は考える。

光を反射させて、部屋をよみがえらせる

自宅や職場、その他の場所を、より明るくエネルギーに満ちた空間に変えたいとき、最初の一歩としてお勧めなのは、壁や床、戸棚、カウンターなどの広い面を明るくすることだと、多くの専門家が言う。

暗い壁はおしゃれだが、光を吸収するため、室内に跳ね返るフォトンの量が少なくなる。私が話を聞いた多くのデザイナーは、白い壁というキャンバスを出発点として、家具や装飾物によって空間に色を取り入れる方法を好んでいた。

それができなくても、ちょっとした純色の差し色を入れるだけで、薄暗い空間を活性化するには十分な光を反射させることができる。明るい差し色を利用するこの手法は、色恐怖症の人にとって魅力的な戦略になり――私の経験からいっても――驚くほど効果が高い。

イギリス国民保健サービス（NHS）と組んで仕事をしているカラースペシャリストのヒラリー・ダルクは、つねにこの戦略を使っていると教えてくれた。イングランド南部の病院から、患者を動かさずに病室のデザインを一新してほしいと依頼されたダルクは、ベッドの毛布だけを、中間色のものから鮮やかなフューシャピンクのものに替えて、病室のビフォア・アフターの写真を撮った。

新しい寝具が反射する光は生気にあふれ、部屋全体に一気に暖かみを与えたうえ、改装コストも低く抑えられたという。

光を生み出す効果が最も高い色は、蛍光色だ。蛍光色は、人間には見えない紫外線領域の高エネルギーの波長でフォトンを吸収し、目に見える波長で跳ね返すため、普通の色よりも鮮やかに、輝いているかのように見える。道路コーンやテニスボールにも使われ、物体の表面にとても明るい雰囲気を与える。でもほんの少しで絶大な効果があるから、ほどほどにしておこう！

「空港の鏡」で自分がくたくたに見える理由

私たちは色が空間の光に与える影響に気づくことはあっても、その逆、つまり光が色に与える影響にはめったに気がつかない。照明デザイナーのリック・シェイバーにいわせると、これにはもっともな理由がある。

昔の白熱電球は、どの電球も同じ色の光を発した。「スーパーで買った電球を照明器具にねじ込めば」とシェイバーは言う。「必ず色温度2700K(ケルビン)で発光するとわかっていた。これは暖かみのある、肌をとてもきれいに見せてくれる色温度だ」

だが照明メーカーがエネルギー効率の高いLEDや蛍光灯などの新しい技術を開発するうちに、いつしか電球は何でも同じではなくなった。でも私たち電球の買い手には、誰もそのことを教えてくれなかった。

「暖色と呼ばれる3000Kの電球を探すべきだと知らずに、4000Kや5000Kの寒色の電球を買っている人が多いんだ」

色温度の情報はパッケージに印刷されているが、それを見てから買うべきだと知っている人はほとんどいない。そのせいで、バラバラな色の光の下で、何かがおかしいと感じながら暮らしている人をよく見かけるとシェイバーは言う。

光の色がバラバラなのは、可視スペクトルの全波長を含む太陽光とは違って、人工光はスペクトルの一部しか再現できないからだ。薄暗い楽屋や空港のトイレの鏡を見て、「こんなに疲れた顔をしてたっけ!」と思ったことは誰にでもあるだろう。

なぜこんなことが起こるかというと、目が色を正確にとらえるために必要な波長が、その空間の光に含まれていないからだ。周りの人たちの顔色が悪く見え、明るい色が青白い色合いに見えるような環境では、元気で明るい気分になれるはずがない。

だからシェイバーは、「太陽光を100としてどれだけ自然光に近いかを示す」「演色指数（CRI）」で電球を選ぶことを勧める。白熱電球はCRI100だから、多くの国で「省エネ推進のために」廃止されているいまもなお需要が高い。だが最近では、昔のエジソン電球と同じくらい暖かく活気あふれる光を放つ新しいLEDが開発されている。CRIが100に近い電球を選べば、空間は明るく、色に満ちあふれるはずだ。

これまでの人生、私は人からどう思われるかという基準で色を選んできた。赤い靴を履きこなせるだけの自信が自分にはあるだろうか？　ピンクのドレスをクライアントとの会合に着ていったら、ふざけていると思われないだろうか？

私が白い家具や黒い服に落ち着くことが多かったのは、おそらくそのせいだ。でも「エネルギーの美学」を研究したおかげで迷いが晴れ、人にどう思われるかではなく、自分がどう感じるかをもとに、色選びができるようになった。

色と光に注意を払うようになってから、周りの世界が変わった。

交通標識や自転車専用道路、窓辺の植木箱、落書きなどに見られる都市景観の中の明るい色相が、空間に少しの暖かみと息吹を吹き込んでくれる小さな贈り物になった。エネルギーは自分の暖炉、自分の太陽をつくる力を与えてくれるのだ。

第2の扉
豊かさ
ABUNDANCE

「たくさん」のもので囲む

セロファンの袋を抱えた、緑のリトルリーグのTシャツ姿の二人の少年が駆け抜けていくのを見ながら、あごひげの男性がやれやれと首を振ったが、その顔はほほえんでいた。

「ザック、パパはママに殺されちゃうよ」と、男性は年長の子のうしろ姿に向かって叫んだ。

落ち着きなさいという呼びかけのようだったが、ザックは父親の懇願などおかまいなしに、魚形のグミキャンディやチョコレートボール、鶏の足形キャンディの入った透明な瓶の間をジグザグに走っていく。着心地の悪い衣装とご近所さんとのおしゃべり抜きの、いいとこ取りのハロウィンを、彼は存分に楽しんでいた。

弟も凧（たこ）のしっぽのように、ふらふらとあとをついてきた。手に持ったセロファンの袋にはあまりお菓子が入っていなかったが、ザックはニコニコ笑っていた。そして巨大な棒付きキャンディのディスプレイの前に来ると、目を見開いて立ち止まった。

「過剰なもの」の抗いがたい魅力
――なぜ、たくさんだと「うっとり」するのか？

「お菓子屋さんで目移りする子どものよう」とは、アメリカ文化で喜びを象徴するイメージの一つで、ものがあふれる世界に解き放たれたときに湧きあがる、強烈な有頂天の喜びを表している。

どんな場所に喜びを感じるかを、周りの人たちに聞き始めてすぐ、そうした場所の多くが、このめくるめくような「豊かさ」の感情を呼び起こすことに気がついた。カーニバルやサーカス、100円ショップやノミの市、それにウェス・アンダーソン監督の映画「グランド・ブダペスト・ホテル」のような、昔ながらの大規模な高級ホテル。

この感情は小さな規模でも存在する。虹色のトッピングシュガーをちりばめたコーンのアイスは、手の中のお菓子屋さんのようだ。紙吹雪のシャワーや、多色のキルト、カラフルなビーズは、すべてこの魅力にあふれている。

喜びを表す言葉にさえ、この過剰な感じが表れている。「大喜びする」「しあわせでいっぱい」「喜びがあふれ出る」。これが、喜びの瞬間に感じる気持ちだ。歓喜が大きすぎて、体の境界に閉じ込めておけないように感じるのだ。

だが、なぜ豊かさには、こうしたはじけるような喜びがあるのだろう？「必要をはるかに超える量のものがある」と感じるとき、こんなにうっとりするのはなぜだろう？

これらの疑問に背中を押されて、私は7000種を超えるスイーツを取りそろえる、ディランズ・キャンディバーの旗艦店に向かった。着いたとたん、ちょうど学校が休みに入る時期だと気づき、しまったと思った。子どもたちは恍惚（こうこつ）として走りまわり、お菓子が宙に舞っていた。

騒ぎを逃れようとして一歩下がったとき、足の下で何かが砕けた。粉々になったペパーミントキャンディのスッとした香りが、辺りを漂うチョコレートの香りと混じり合った。子どもたちが色とりどりの商品をめぐって押し合いへし合いする――かがみ、つかみ、手を伸ばす――様子は、不思議と心の奥の原風景を呼び覚ました。

その年の初夏にニューヨーク州北部の田舎道を歩いていて、絡まった藪（やぶ）の中に濃い紫のベリーの房を見つけたときのことを思い出した。一つ食べてみると、完熟のブラックベリーだった。さっそく摘み始め、すぼめた手に集めていった。

イバラの奥深くになった実もあれば、ドクウルシのような蔓（つる）に囲まれた実もあった。でもやめられなかった。私は舞い上がり、突然の激しい飢えに我を忘れ、手からこぼれ落ちるまでベリーを摘み続けた。

ディランズ・キャンディバーの子どもたちの顔にも、同じ恍惚とした貪欲（どんよく）さが表れていた。彼らは買い物をしていたのではない。食料を漁っていたのだ。

十分なものを前にして「本能」が喜ぶ

お菓子屋（やスーパーやショッピングモール）がどこにでもある現代の社会では、そうした豊かさが最近になるまではまれだったことを忘れてしまいがちだ。生き延びるために狩猟採集を行っていた初期の人間の目から見れば、現代のガソリンスタンドの小さなコンビニでさえ、富の宝庫だ。

彼らの生活は、いつやってくるかわからない充足期と、壊滅的な欠乏期のくり返しだった。こうしたシーソーゲームのような日々を送るうちに、人間が豊かさを偏愛するようになったのも不思議ではない。この偏愛のおかげで、思いがけない恵みを十分に活用し、その後必ず訪れる欠乏期に備えて資源を蓄えることができた。豊かさを享受した人々は、それに関心を払わなかった人々よりも生き残る確率が高かったため、この選好は遺伝子に深く刻み込まれた。

狩猟採集民の祖先とはかけ離れた世界に暮らす私たちが、ビュッフェで食べ過ぎたり、在庫一掃セールで買いすぎたりするのは、祖先の脆弱（ぜいじゃく）な暮らしの名残なのだ。豊かさへの愛は、糖分と脂肪分への愛と同様、ものが欠乏した不確実な世界を生き抜くのに役立った、生物学的衝動の残滓（ざんし）である。

お菓子屋を自然にたとえるなら、さしずめ青々とした草木が生い茂り、肥沃（ひよく）な土壌と豊かな水、食用の動植物に恵まれた場所だろう。実際、心理学者のジョン・ボーリングとジョン・フォークの研究によれば、これは今日でさえ人々が暮らしたいと考える環境である。ボーリングとフォークは、アメリカとナイジェリアの8歳から70歳以上の人を対象に風景の好みを調べ、砂漠のような乾燥した、植生がまばらな生息環境よりも、草原や森林のような緑豊かな生物圏が一貫して好まれることを明らかにした。

とくに子どもにこの傾向が強いことを考えると、緑豊かな環境への選好は年齢とともに薄れるのかもしれないが、それは生得的なもの、いわば人間のデフォルト設定と考えられる。

この仮説をさらに裏づける研究として、植物と鳥類の密度と種多様性の高い公園で過ごした人は、生物多様性が低い環境で過ごした人よりも元気を取り戻し、心理的充足感が高かった。もちろん、私たちはいまでは身のまわりの植物や鳥に生存を頼ってはいない。それでも環境に豊かさを感じ取ると、無意識のうちに安心するのだ。

豊かさを詰め込んだ「寿命を延ばす家」

豊かさの喜びが太古の昔にまでさかのぼるという考えに、私は説得力を感じたが、この喜びに限界があることにも気づき始めた。趣味のコレクションや持ち寄りパーティ、チョコレートの詰め合わせは、満杯の埋め立て地や肥満、ゴミ屋敷を招きかねない。「エネルギーの美学」で度を越すことはなくても（色を取り入れすぎて死んだ人がいるとは思えない！）、豊かさはまさにその性質上、行き過ぎてしまうことがあるのだ。豊かさへの衝動は、欠乏の世界で発達した。ものであふれかえる世界には、「豊かさの美学」は合わなくなっているのだろうか。もはや豊かさを求める必要はないのかもしれない。

こうして私が豊かさのメリットとデメリットを比較検討していたころ、友人が新聞に載った地元の家の写真を送ってくれた。子どもが描いた家のように見えるが、実在する建造物だ。家のすべての面が色画用紙のような明るい色で覆われていた。ピンクに紫、オレンジに青、それに少なくとも3階調の黄の、大きな長方形。緑のドアがあれば、赤のドアもあった。

家の中も同じくらい色彩にあふれ、天井は明るい緑、壁はクレヨン箱に入っている全色。普通の家具は一つもなく、おかしな具合に傾いた床と原色の柱しかない。あらゆる色とかたち、角度があり、まるで家のかたちをした「豊かさの美学」を見ているようだった。

これが「バイオスクリーブハウス」、寿命を延ばす家という不思議な副題のついた家である。クリエイターは荒川修作とマドリン・ギンズの建築家と詩人のカップルだと知った。彼らはこの家が、ただ住むのが楽しいだけでなく、住む人の寿命を延ばすのだと主張する。

私は興味をそそられた。もしかするとこの家が、豊かさをデメリットなしで享受する、いわば豊かさのいいとこ取りをするための手がかりになるかもしれない。

バイオスクリーブハウスはちょうど所有者が代わろうとしていて、訪問することは叶わなかった。だが数か月後、荒川とギンズが東京近郊に集合住宅を設計していたことを知った。しかも見学するだけでなく、住戸の一つに宿泊できることになったのだ！

家は「クスリ」になる
――住む場所が人を変える

荒川とギンズが建てた集合住宅のある東京近郊の三鷹に到着したとき、私は時差ボケで疲れ果てていたうえ、2本の電車とバスを乗り継ぎ、傘を持たずに雨の中を歩いたため、びしょ濡れだった。4月の空には灰色の平らな雲が広がり、私は不機嫌で、歩くたび靴の中で冷たい足がじゅくじゅくするせいで、ますます機嫌が悪くなった。

でも角を曲がって目的地が目に入ったとたん、思わずほほえんでしまった。写真で見たとおりだ。明るい色の立方体や円筒の重なりに、大きさのまちまちな窓がつぎはぎのようについている。嫌な気分は道を渡る前に消えてしまった。

木の門の掛け金を外すと、門にカラフルなガラス玉が埋め込まれ、ステンドグラスのように光を反射しているのに気づいた。無数の色で縁取られた廊下の突き当たりにオフィスがあり、そこで少々忙しそうだが愛想のよい、支配人の松田剛佳（たけよし）さんに会った。松田さんは私と同年代、シャギーの入った銀髪で、あごひげを少し蓄えている。

松田さんはお茶を淹（い）れ、一見普通に見える賃貸契約書と施設の背景情報、地元飲食店の地図、その他の住宅のパンフレットの入ったフォルダーを渡してくれた。そして、私の宿泊する部屋のある上階に案内してくれる前に、謎めいた灰色のパケットを差し出し、「これが住戸の使用法です」と言った。

私がそれを不思議そうに見て説明を待っていると、「荒川とギンズは、建築が体に薬のような効果をおよぼすと考えていました」と松田さんは言った。「だから薬のように、使用法をつくったんです」

私はパケットを受け取り、おもしろい夜になりそうだと思った。

「快適な家」は身体を衰えさせる

松田さんは302号室のすりガラスのドアを解錠し、中を駆けずりまわって電気のスイッチやサーモスタット、レンジと冷蔵庫の英語の説明書の場所を示してくれた。そしてあっという間にいなくなり、私は一人残された。

見るべきものはたくさんあった。住戸の中央に明るい若草色の柱があり、その周りにミントグリーンとロイヤルブルーに塗られた小さな簡易キッチンがあった。クローゼットは住戸のどこにもなく、代わりにピンクの天井に金属製のリングがたくさんついていて、そこにものをぶら下げられるようになっていた。

隅の天井からブランコが下がっていた――この空間で普通の家具に似たものはこれだけだった。中央を囲むようにして「部屋」が配置されていた。カギ括弧(かっこ)をつけた理由は、あなたや私が部屋だと認識できそうなものは、一部屋しかなかったからだ。

いちばんシンプルな部屋は寝室で、くすんだ茶系でまとめられた簡素な立方体の部屋に、赤鈍色（あかにびいろ）の毛足の長いカーペットが敷かれていた。

　2つ目の部屋は、その隣に配置された黄色い円筒だ。それはドアのないバスルームのような空間で、中にＳＦの転送装置のような円筒形のシャワーブースがあり、床はでこぼこで、裏側にあるトイレに這っていかなくてはならなかった。

　3つ目の部屋はただの空洞の球体で、外側は赤、内側は光沢のあるひまわり色だった。住戸内には、色のない面は一つとしてなく、どの壁や柱もつやのあるオレンジや紫に塗られていた。あとで知ったのだが、荒川はどの角度から見てもつねに6色以上が目に入るように設計したという。まるですべての楽器を同時に奏でるオーケストラを、視覚的に表現したような住戸である。

　そして床だ。突風に吹かれてあちこちが盛り上がった砂丘や、表面全体に細かな硬いぶつぶつがある巨人の鳥肌を想像してほしい。歩くというよりは這い進み、動くたびにバランスを取り直さなくてはならない。

　住戸内を動きまわり、つま先をあちこちにぶつけるうちに、ふだんの生活でいかに平らな表面があたりまえになっているかを思い知らされた。だがバランス感覚を少々失ったり、圧倒されたように感じるのは当然のことで、それにはより大きな目的があるのだとパンフレットには書かれていた。私はただ集合住宅で一晩過ごしているだけではなかった。自分の体に「死なないための方法」を教え込んでいたのだ。

　この言い回しは突飛に思えるかもしれないが、その背後には、より地に足の着いた考えがある。荒川とギンズは、現代建築の退屈な安楽のせいで、人間の体が無感覚に陥(おちい)り、それが死を早めていると考えていた。平らな床や白い壁は、感覚と筋肉を鈍らせ衰えさせる。

この問題に立ち向かうために、彼らは「天命反転」という挑発的な思想を提唱した。身体がつねに鍛えられる、刺激に満ちた環境に暮らすことで老化を防ぎ、死を食い止めることができるというのだ。

私は日々の暮らしで身体を意識することがほとんどなくなっていることに、改めて気がついた。本を読みふけりながらニューヨークの地下鉄を乗り継ぐことさえある。私たちは、何も考えずに自動操縦モードで動ける世界を設計してしまったかのようだ。「簡単」と「快適」は、コーヒーショップからｉＰｈｏｎｅに至るまで、現代生活のほぼすべてのデザインの二大目的になっている。それはよいことだとずっと思ってきたが、突然確信が持てなくなった。

「真っ暗」な中を歩きまわる

この住戸での一夜を満喫するには、使用法を開いた方がいいだろうと思った。中には1から32までの番号が振られた32枚のカードがあった。適当に1枚を選ぶと、使用法その9にはこうあった〔渡辺桃子訳より一部を改変〕。

「少なくとも1日1回は、真っ暗にした住戸の中をのんびり歩きまわりましょう」

思わず吹き出してしまった。私は真っ昼間でさえ、そろそろと動くのがやっとだったのだ。日本の救急隊にケガを説明している自分の姿が浮かんできたから、これは飛ばすことにして、もう1枚引いた。

「月ごとにいろいろな動物（たとえばヘビ、シカ、カメ、ゾウ、キリン、ペンギンなど）のふりをして、住戸内を動きまわりましょう」

この方が安全に思えたが、一晩しかなかったから、立て続けに飛び跳ね、よたよた歩き、這いまわり、スキップしてみた。突然恥ずかしくなったが、窓は全部すりガラスで、即興の動物セッションを誰にも見られる心配はなかった。

なぞなぞのような項目もあった。その12はこうだ。

「太陽の光を産出するために、床と相互に影響しあうようにしましょう」

何をすればいいのかさっぱりわからなかったが、その8はできそうだった。

「この床は、これからキーボードとなっていくも

のです。いったいどんな楽器のキーボードになるのか考えてみましょう」

住戸全体が巨大な楽器だと想像して、踊りまわった。ハミングし、歌を歌った。

「五感」は感覚のほんの一部にすぎない

使用法のとおりにするには、大人の慎みをかなぐり捨てる必要があったが、それこそが求められていることなのだと、すぐに気がついた。荒川とギンズの活動を推進する団体の代表を務める本間桃世さんに、荒川がよくこう言っていたとあとで聞いた。「赤ん坊だったときのことを思い出すんだ。自分の体を通して世界を理解していたときのことを」

赤ちゃんが天命反転の住戸の床をハイハイし、ベタベタした手で色とりどりの表面を触っている様子を想像してしまった。赤ちゃんは、世界と親密な関係にある。何でも口に入れたがる。一方、大人は言語を獲得することによって、手探りで世界を渡っていく能力を妨（さまた）げる壁を、世界との間につくってしまうと荒川は考えていた。

天命反転は、新しい感覚的刺激に満ちた世界で、子どものような驚きをよみがえらせる試みでもあるように思われる。本間さんによれば、荒川は私たちの言う「感覚」の概念は狭すぎると考えていた。「五感しかないなんてナンセンスだ」と荒川は言ったという。「ただ名前がついていないだけで、感覚は何千とある」

少し調べてみた結果、荒川の言う「何千」という数は過剰なような気がしたが、それでも科学者は一般に12から21という数を挙げる。たとえば時間感覚、平衡感覚、方向感覚。

そのほか満腹を知らせる伸縮センサーのような感覚や、空間の中での自分の体の位置を教えてくれる固有覚といった、深部感覚もある。五感の一つである触覚は、じつは痛覚、温度覚、圧覚、触覚の4種類の受容器から得られる感覚で、私たちはこれらの組み合わせを通して、世界を驚くほど確実に理解している。

住戸を動きまわるうちに、これらすべての感覚が研ぎ澄まされていった。住戸内では平衡感覚がつねに働いていた。存在すら知らなかった筋肉が足にあるのを感じた。歯を磨くときでさえ、感覚を無視するわけにはいかなかった。洗面台が設置された床は傾斜していて、ソックスを穿いた足がうしろにすべっていきそうで、壁にしがみついていた。

大変だったが、普通のアパートで過ごすよりずっと楽しかった。住戸の一つに4年間住んでいる辻真悟さんという男性の友人は、この家を「心底悲しんだり怒ったりできない場所」と評したという。私は生物多様性の高い公園で過ごした人の気分が向上したという研究を思い出し、豊かな環境には精神を刺激し、憂鬱を長引かせないようにする何かがあるのだろうかと思った。

この奇想天外な住宅と、それに輪をかけて奇想天外な設計者たちのおかげで、気づいたことがある。それは、本当に意味のある「豊かさ」とは、物質的蓄積ではなく感覚的豊かさだということだ。サーカスやノミの市があんなに楽しいのは、豊かで歓喜に満ちた感覚的刺激が得られるからだ。「豊かさの美学」とは、色と質感、パターンを重ねることであり、それを実現するのに多くのものは必要ないのだ。

刺激は「感情」を活性化する
――脳はあらゆる感覚的刺激を求める

天命反転住宅は極端な例かもしれないが、豊かな感覚的刺激にさらされることが、ただ楽しいだけでなく、神経の健全な発達に欠かせないことを示す明白な証拠がある。

視覚的刺激を与えられずに育てられたサルとネコは、視覚情報を処理する脳の部位が正常に発達せず、成体になると永久的な視覚障害を生じる。マウスは選択肢があれば必ず、刺激のない環境よりも刺激の豊富な環境を選び、後者の環境で成育されたマウスは、通常のケージで育てられたマウスに比べ、学習・記憶能力のテストではるかに高い成績を挙げる。

人間を対象とする研究では、赤ちゃんは発達のさまざまな段階で音や模様に引きつけられ、そうした刺激にさらされることで脳に新しい神経接続ができることがわかっている。神経生物学者のジーン・ワレンシュタインによれば、乳児は「快楽本能」に駆り立てられて、感覚からのインプットを求めるのだという。このインプットは、「シナプス刈り込み」〔必要なシナプスが強化され、不要なシナプスが除去される現象〕と呼ばれるプロセスにおいて、ニューロン間の結合を微調整するのに役立てられる。

脳をはかりのようなものと考えるとわかりやすい。はかりで正確に重量を量るためには調整が必要だ。子宮内で得られる感覚的刺激は限られているから、知覚能力の大部分は出生後に発達させる必要がある。脳は何もないところでは発達することができず、とくにさまざまな触感や色、かたちにあふれた環境とのたえまない相互作用を必要とするのだ。

子どもが「豊かさの美学」を受け入れやすいのは、おそらくこのためだろう。朝、水玉とストライプの服を学校に着ていくと言ってだだをこねたり、スタイリッシュな親のリビングルームに合わないおもちゃをほしがったりする。数年前、雑誌の特集で、装飾をそぎ落としたモダニズムのドールハウスを見て、これをクリスマスツリーの下で見つける子どもはなんてかわいそうなのだろうと思った。

さいわい、小さな子どもはミニマリストの型にはまらず、ものを拾ってきたり独自の飾りつけをしたりして、その豊かな装飾感覚に見合った空間をつくっていく。脳が最も刺激を求める時期は脳が発達する子ども時代だが、人はいくつになっても感覚的刺激への渇望を失わない。このことはマッサージやテイスティングメニュー(少量の料理を多種類出すコース)、スカイダイビングなどの人気からも明らかだ。

じつはこうした活動は無為な快楽というだけではないことが、研究からわかっている。大人の脳も、多様な感覚的刺激にさらされることで利益を得るのだ。

大人の脳は触覚、味覚、嗅覚の刺激を受けると、感情を司る部位が大いに活性化される。とくに触覚は、ストレス軽減や気分改善、集中力向上を促すことがわかっている。

最近では感覚遮断タンクが、電子機器のない静かな空間へのひとときの逃避として人気を博しているが、人間は基本的なレベルの感覚的刺激なしでほとんどの時間を過ごすと、正常な認知機能を維持することができなくなる。たった15分間、感覚を遮断するだけで、幻覚や妄想、抑鬱感が生じるという研究報告もある。

ある研究では、何の装飾もない部屋で15分間一人で過ごした被験者は、何もせず何も見ずに一人で過ごす状態を避けるために、電気ショックを自分に与えることを選んだという。人間にとって感覚とは、世界を理解するための重要な手段なのだ。脳に情報が入ってこなければ、精神はゆっくりと異常をきたしていく。

部屋が「認知症」を改善する

感覚的刺激に治療効果があることは、ヨーロッパでよく知られている。とくにオランダでは、発達障害や脳損傷、認知症の治療に、「スヌーズレン」と呼ばれる感覚刺激療法が用いられている。

スヌーズレンとはスヌッフレン（クンクン匂いを嗅ぐ）とドゥースレン（うとうとする）という、2つの魅力的な擬音語を合成した造語で、多くの感覚を刺激する環境を提供し、患者自身が心地よいと感じる刺激をみずから選べるようにする取り組みをいう。

スヌーズレン室は1970年代のサイケデリックラウンジに少し似ていて、ふかふかした家具や回転するホログラム、動くイルミネーション、カラフルな泡を出すバブルチューブなどが置かれている。オレンジやイチゴといった香りや音楽などの刺激が含まれることも多い。

奇抜に感じるかもしれないが、スヌーズレン室が提供するすばらしく心地よい刺激は、患者の気分や行動に実際に効果をおよぼし、そのうえ薬物療法のように副作用の心配もない。感覚的刺激が、認知症患者をぼんやりした状態から覚醒させる——カッと目を見開く、ものに手を伸ばす、笑うなど——という、介護者の報告もある。

スヌーズレン療法に関する研究はまだ初期段階にあるが、一般的な精神治療にスヌーズレンの治療セッションを加えることによって、高齢の認知症患者の無気力と行動障害が改善したり、脳損傷患者の神経活動が瞑想時に近い状態に変化することが、研究で示されている。カナダの長期療養施設は、スヌーズレンを導入したおかげで、抗精神病薬の副作用である異常行動に対処する必要が薄れたと報告している。

典型的な養護施設を見てみると、患者がぼんやりしてしまうのもよくわかる。私たちを世界につなぎ止める感覚と記憶は、加齢とともに衰える。そして高齢者は身のまわりのことが自分でできなくなり始めるちょうどそのころに、活気もなく、環境との積極的な関わりも促さない、殺風景な病院の施設に入れられるのだ。

イギリスのカラースペシャリスト、ヒラリー・ダルクによれば、患者が自由に動ける範囲が限られていると、状況がさらに悪化する場合があるという。

「介護施設の入居者は、ごく単純な経路を行き来するだけで終わっている」とダルクは話してくれた。「寝室から廊下を通ってラウンジに行く。彼らが目にする空間はそれだけかもしれない」

この問題に対処するために、彼女は介護施設をデザインする際には、多様な種類のペンキと壁紙を使って空間に違いを持たせ、高齢の入居者を刺激豊かな環境に置こうとする。ある施設では、入居者自身が刺激を渇望し、最も過ごす時間が長い寝室を明るい色にしてほしいと希望したそうだ。

刺激の欠乏は、囚人から精神療養施設の入院患者、国際宇宙ステーションの飛行士までの、狭い空間や単調な環境にとらわれたすべての人が関心を持つべき問題だと、ダルクは指摘する。

「免疫」と「環境」は直結している

一般に周囲の環境は、みずから変化せず命を持たない〝容器〟のようなものと考えられている。だが私は感覚に関する研究を通して、なぜ荒川とギンズが、住宅とその住人を合わせて一つの生命体、彼らの言葉で言えば「建築する身体」とみなしていたかを理解できるようになった。

天命反転住宅の使用法その6には、「この住戸に入る時は、これから自分の免疫システムに入るのだと堅く信じ込んでみましょう」とある。一見、無茶にも思える。だが、最近では免疫システムと環境は不可分の関係であることがわかっている。私たちの身体は環境中のアレルゲンにさらされ、細菌によって免疫を絶えず攻撃されたり高められたりしている。また免疫反応は外からの光によっても制御されている。心の健康も同様に、外界から受ける刺激に影響を受けている。

がらんとした環境は麻酔薬のように感覚や感情を麻痺させる。「豊かさの美学」にはその逆の作用がある。感覚を呼び覚まし、私たちをよみがえらせてくれるのだ。

こうしたことが頭にあったから、翌朝、天命反転住宅で荷物をまとめ、東京の下町の殺風景なビジネスホテルに戻るとき、ちょっと不安だった。茶色いドアとベージュのカーペットのホテルに戻ったら、滅入ってしまわないだろうか？

でも錠に鍵を差し込んでドアを開けると、前日に出ていった部屋とはまったく別の空間に足を踏み入れたように感じられた。

私の目はかすかな光と影を、指先はわずかな凸凹をとらえた。部屋の隅の窓辺に置かれたバーガンディのビロード張りのイスには日が射し、燃えるように輝いていた。腰を下ろしてビロードの襞に沿って指をすべらせると、生まれて初めて柔らかさの感覚を体験しているように感じられた。くすんだ色合いや平凡な質感さえ、活気づいて振動しているように思えた。この感じは、ドラッグでハイになったときに似ているのかもしれない。

三鷹の住戸の影響は数日間続いたが、ハイの影響のように、次第に薄れていった。だが本間桃世さんと同僚たちが、建築を通して健康に働きかける短期滞在が可能な施設、天命反転ホテルの計画に取り組んでいることにはワクワクさせられる。スパに似ているが、身体感覚をほぐす代わりに、最大限に研ぎ澄ましてくれる施設だそうだ。

刺激は「栄養」である
——のっぺりした家では「感覚飢餓」が起こる

感覚的刺激の必要性を再認識すると、栄養素のように思えてきた。ビタミンCは足りているだろうか？　カルシウムは？　それと同じで、生を実感するために必要な色や質感、模様を十分取り入れているだろうか？　周りを見てまわったところ、残念ながら答えはノーだった。

私たちを取り巻く建造環境のほとんどは、必要最低限のミニマリストの美学に則り、緑豊かな森林というよりも、寒々しい砂漠にずっと近いように見える。郊外のビジネスパークやショッピングセンターは、空間を灰色の箱で覆い、刺激の真空地帯をつくっている。ほとんどの空港や駅、公共建築物は、のっぺりとしたコンクリートの塊で、感覚を魅了するというよりはかき乱す、巨大な共鳴洞窟と化している。

これはモダニズムの影響でもある。モダニズムとは20世紀初頭にヨーロッパで起こった芸術運動で、虚飾と伝統を捨て去り、シンプルな素材と幾何学的形状を用いて新しい建築様式を生み出すことをめざした。モダニズムにより、建造環境には機械生産された構造と、ガラスや鉄鋼、コンクリートのような硬質素材が取り入れられた。そうしてできあがった建造物にはきわめて美しいものもあるが、不安をかき立てる一面を持っているように私には思われる。

映画の悪役がモダニズム住宅に暮らしていることが多いのは、このためかもしれない。デザイナーのベンジャミン・クリットンは、007シリーズの「ダイヤモンドは永遠に」から、リドリー・スコットの「ブレードランナー」、コーエン兄弟の「ビッグ・リボウスキ」までのさまざまな映画を調べ、悪役がつねに無機質な外観の隠れ家に住んでいることを発見した。あらゆる装飾を排除した光沢のない外観には、むき出しの岩や休耕地と同じ、人を寄せつけない性質があるのだ。

モダニズム住宅は禅のような静穏を約束するが、そうした環境に住み続けるのは人間の本質に反しているように思える。

モダニストとみなされるフィリップ・ジョンソンでさえ、有名な自邸のグラスハウスに常時暮らしていたわけではない。わずか数年後には隣接するブリックハウスを、睡眠と読書のための贅沢な安息所に改築している。ビロードのカーペットにアーチ形天井、壁には柄のファブリック。こうした話を聞くと、刺激への渇望は、一定期間しか制御することができない、揺るぎない衝動のようにも思えてくる。

建築家のオスカー・ニーマイヤーも、計画都市ブラジリアを通じてこのことを思い知らされた。ブラジルの秩序正しく平等主義的な未来の象徴として計画された新しい首都には、巨大で画一的な高層住宅が、整然とした幾何学的な列に並んでいた。スラム街も交通の往来もなくなり、代わりに清潔で広々とした現代都市が敷かれた。

だがここに引っ越してきた住民は、巨大な高層住宅を殺風景で現実離れしたものに感じた。都市計画専門家のチャールズ・モントゴメリはこう書いている。

「住民は、無秩序と混乱が思いがけない光景や匂い、人々との偶然の出会いをもたらした、昔のごみごみした露店の立ち並ぶ通りを懐かしんだ」

やがて都市が広がるうちに、ものにあふれたかつての住まいに似た新しい居住区がつくられていった。

刺激がないから「だらだら食べ」をしてしまう

刺激への渇望が満たされないまま放置されると、本物の飢餓を招きかねない。

数年前ハワイのカウアイ島に旅したとき、不思議なことに気がついた。5日目だというのに、まだ一度も間食をしていなかったのだ。

なぜ不思議かといえば、私はふだん四六時中ものを食べているからだ。デスクの上にはほとんどいつでもナッツ＆フルーツやポップコーンを入れたボウルがある。でもこの旅行中に限っては、ただの一口も間食していなかった。

考えてみればハワイでは一日中、ジャングルのみずみずしい質感や、潮騒の音、磯の香りに包まれていた。足を火山砂(かざんさ)に浸(ひた)し、首にはプルメリアのレイをかけ、頭のてっぺんからつま先まで刺激に満たされていたのだ。

そして案の定、職場に戻った日の午前11時には、スナックの戸棚に頭を突っ込んでアーモンドを探していた。人はこれを習慣のせいにして、「だらだら食べ」などと片づけがちだが、それは根本原因を見過ごしていると私は思う。単調な環境に暮らす私たちは「感覚の飢餓状態」にあり、それを満たす方法がほかにないとき、食べ物で満たそうとするのだ。

この経験を機に、栄養に対する考え方が変わった。食べ物は物理的栄養だけでなく、感覚的充足も与えてくれる。そしてお腹にも目にも満足な料理をつくるには、それほど手間はかからない。

この分野で私が参考にしているのが、写真家で料理本『鮮やかな食べ物』(未邦訳)の著者、キンバリー・ハッセルブリンクだ。ハッセルブリンクは、友人が庭で育てた紫カリフラワーが、食べ物に対する「新しい目」を与えてくれたという。

それをきっかけに、旬の食材の驚くべき色鮮やかさに目を向けるようになり、たとえばニンジンでオレンジに染めたフムスに、ビーツの汁で酢漬けにしたデビルドエッグ、真っ白な冬サラダといった、鮮やかな色を取り合わせた料理をつくるようになった。

色を料理に取り入れるには、手の込んだ道具や盛りつけは必要ない。見過ごしがちなつけ合わせに注意を払うだけでいいのだ。

ハッセルブリンクは食感の大切さも説いている。食材の切り方などの簡単な工夫で、食事体験を劇的に変えることができる。たとえばニンジンを長いリボン状に切れば、見た目がきれいなだけでなく、ただ丸く切るよりも軽くてしゃきしゃきした食感を楽しめる。

「こんまりメソッド」の意外な効果

私はむしょうにスナックが食べたくなると、自分はお腹を満たしたいのか、感覚を満たしたいのかと自問自答し、後者の場合は、食べること以外に感覚を満たす方法はないかと考えるようになった。

また仕事場にも「豊かさの美学」をふんだんに取り入れている。壁には数珠つなぎにした明るいポンポンや、カラフルな信号旗、気に入った美術展の絵はがきのコレクション。デスクの上には12色のペンや、香り付きハンドクリームとリップバーム、エッセンシャルオイルのボトルを並べ、デスクの下にはお気に入りの雑誌を重ねている。

休暇に対する考え方も変わった。以前は休暇といえば、多忙な生活を離れ、のんびりくつろげる静かな場所に行くためのものだった。でもいまでは燃え尽き（バーンアウト）の原因が疲労だけでなく退屈にもあると知っているから、日常とは違う感覚に思いっきり浸り、帰ってきてからもそれを呼び出せるようにするための機会と考えている。休暇は前よりカラフルになった。お土産もだ。

洋服でいっぱいのクローゼットや、常時接続の刺激過剰な生活から逃れようとする人たちの間で、ここ最近ミニマリズムが人気を盛り返している。私は最初はこの流行、とくに近藤麻理恵の著書『人生がときめく片づけの魔法』が火をつけた、お片づけブームには懐疑的だった。

近藤が提唱する、ときめく家をつくるための5つのステップは、すべて家からものを減らすための方法だ。でも新婚のわが家には必要な量の2倍のものがあり、「ゴミ屋敷」の危険領域に近づいていた。

そこで私たちは律儀に、家にあるもの一つひとつについて、近藤式の「ときめきを感じるか」という問いかけを行った。「ときめき」を感じないものは袋や箱に詰めて車に運んだ。クローゼットの中身を半分に減らし、新生活向けの台所用品一式を、初めて二人暮らしをするカップルにあげた。

正直いうと、とても気分がよかった。でも気づいたことがある。近藤が説いているのは、じつはミニマリズム（ものを減らす方法）ではなく、健全さを保つ方法なのだ。

私たち夫婦はそれでもまだものを持ちすぎている。そしていまではすっきりして、持っているものが目に見えるようになったために、豊かさが減るどころか、かえって強く豊かさを意識している。なぜなら豊かさとは、ものを蓄積することではなく、感覚を活性化するさまざまな質感の中に身を置くことなのだから。

純粋なミニマリズムが森林伐採のようなものだとするなら、近藤の手法は庭から雑草を除くことに近い。背景のノイズを取り除き、喜びにあふれた家を築くキャンバスをつくるプロセスである。とはいえ、雑草を取り除くだけでは美しい庭をつくれないことを忘れてはいけない。花も植える必要があるのだ。

まず、何から始めればいいか？
――紙吹雪とレインボーの力

では、どんな「花」を植えるべきだろう？　つまり、周りを見渡して思った以上に地味な環境に気づいたら、まず何をすればいいだろう？

この問いに答えるために、「豊かさの美学」のとめどない喜びを、身をもって表している女性（と少数の男性）のミューズたちをお手本にした。

「多ければ多いほどいいわ、少ないのは退屈よ」をモットーとする白髪のスタイルアイコン、アイリス・アプフェルがその一人だ。アプフェルは3種類の柄を組み合わせて着るのがつねで、刺繍や縁飾りが大好きで、7本ものカラフルなバングルを両腕を埋め尽くすように重ねづけする。

90歳をとうに超えたいまも、ケイト・スペードからハッピーソックス、メイシーズまで、数々のブランドの広告塔を務めている。だが彼女についてさらに重要なことは、どんなときでも楽しそうに見えるということだ。

イギリスのデザイナーで、バスローブから自転車のサドルまでのあらゆるものを、トレードマークのカラフルなストライプで覆い尽くすサー・ポール・スミスも、私のミューズの一人だ。蒐集家として知られるスミスは、旅先で出合った珍しいものを集めるのが趣味で、自宅の地下室を「くだらないもの部門」と名づけた空間にしている。

東京では、100種類もの色を使って上品だが歓喜に満ちた空間を生み出すフランスの建築家、エマニュエル・ムホーを見つけた。そしてブルックリンには、奇抜なタトゥーシールをつくる会社タトリーの創業者、ティナ・ロス・アイゼンバーグがいる。ティナは「紙吹雪の力を深く信じている」と、真顔で語った。

ほんの少しでも「インパクト」が出る

ティナがオフィスの引き出しいっぱいに紙吹雪を常備していることを知ったのは、友人になって数年経ってからのことだ。もちろん私は見せてほしいとせがみ、ある朝オフィスを訪ねると、ティナはクロワッサンでもてなし、世界一楽しい収納キャビネットの中をのぞかせてくれた。

タトリーを立ち上げた当時から、ティナは顧客に送る小包を、親友からの便りに負けないほどの喜びを招くものにしたいと考えていた。郵便料金別納の味気ないバーコードを使う代わりに、ティナたちは郵便局の列に並び、いろいろな額面の切手を何千枚も購入し、ときには一つの小包に10枚もの切手を貼って送ることもあった。

だがその後、小包の追跡を可能にするためにこの方法が使えなくなったため、代わりに楽しい封筒をデザインし、紙吹雪を同封するオプションを用意したのだ。「紙吹雪ですべてがうまくいく」と彼女は言う。

ティナが紙吹雪専用の引き出しを開けて見せてくれたとき、思わず手を入れてかきまわさずにいられなかった。すると「注意！　紙吹雪在中！」と書かれた赤いラベルシールが出てきた。ティナは笑いながら説明してくれた。「失礼がないようにしなくてはと気づいたのよ。紙吹雪を送るなら、小包に注意のステッカーを貼って、心の準備をしてもらわないとね」

ある日、会社に届くはずの荷物が紛失して紙吹雪の在庫を切らしてしまったが、ティナのチームは彼女が気づく前に補充してくれた。いまでは突然の祝い事に備えて、非常用紙吹雪の瓶をデスクに置いている。

またタトリーでは新入社員を歓迎するために、デスクに紙吹雪でハートの山をつくるのだそうだ。おふざけのように思うかもしれないが、紙吹雪を振りまくことにはより深い意味がある。

「会社はまじめすぎるのよ」とティナは言う。「仕事にもっと楽しみを取り入れなきゃ」

ティナの紙吹雪の引き出しが気づかせてくれたことがある。それは、「豊かさの美学」は、ほんのわずかでも大きなインパクトを与えられるということだ。

全身黒ずくめでも、水玉のスカーフをしていれば、喜びの使者のように見える。レストランのストライプ柄の日よけは、通り全体を引き立てる。

「豊かさの美学」を活用すれば、あなたが照明や壁の色を変える権限を持っていない場所、たとえばオフィスなどにも、ほとばしるような喜びを取り入れることができる。

ストライプ柄のデスクランプやイスのカラフルな掛け布には、空間の雰囲気をがらりと変える力がある。洗面所や差し入れの小包、お弁当箱の中などの小さな空間にも、この手法を使って思いがけない喜びをもたらすことができる。

「レインボー」は強烈な喜びを生む

少し時間はかかったが、なぜ紙吹雪や水玉模様、ストライプにこれほど大きな効果があるのかを理解できるようになった。理由は意外にシンプルだ。小さなものが何度もくり返されると、一つひとつのかけらよりもずっと大きな、はじけるような喜びになるのだ。

こんなふうに考えるとわかりやすい。ひとひらの紙吹雪は、ただの紙片にすぎない。靴の上に落ちていたら何も考えずに拾って捨てるだろう。

でもそれを1000倍にすれば、手のひら一杯分の世界一強力な「喜び製造機」を、「ポケットに入る歓喜」を、手に入れたことになる。

グリッター〔ラメパウダー〕や虹色のトッピングシュガー、クリスマスの電飾などの喜びは、くり返すという単純な行為から発している。

実用品でさえ、たくさん集めると共鳴して喜びを発する。ニューヨークで最も喜びあふれる店の一つに、CWペンシル・エンタープライズという小さな店がある。この店では壁一面に、世界中から集めた数百種類もの鉛筆を並べている。

デザイナーのポール・スミスも、このテクニックをストアやショーに活用している。最近の展示では、スミスは7万個ものカラフルなボタンを縫いつけた、触れることのできる壁をつくっていた！

多様性を少々加えることで、豊かさの感覚をさらに増幅させることができる。お菓子屋を考えてみよう。M&M'Sやスキットルズ、マイク&アイク［ソフトキャンディ］、ジェリービーンズはどれも、多様な風味や色によって楽しみを何倍にも増している。

かたちや大きさのバリエーションは喜びをもたらす。一つひとつが微妙に異なる手づくりビーズをあしらったアクセサリーがその例だ。

でも最大のインパクトを出すには、色相の違う大量のものを、できればいちどきに集めるといい。

虹は強烈な喜びに満ちあふれているから、かすかな細い虹でさえ、空を一変させ、群衆を釘づけにする。虹は大量の光子（フォトン）が結集したもので、「エネルギーの美学」と「豊かさの美学」の完璧な融合といえる。

虹色の集まり以上に喜びを与えてくれるものを私は思いつかない。虹色は、最近ではベーグルからパンケーキまで、あらゆる食べ物に使われている。なかでも最も色彩豊かな流行りの食べ物といえば、レインボーボウルだろう。ニンジンやビーツ、ラディッシュ、カボチャ、キャベツなどの多種多様な野菜をカラーチャートのように並べた、キャンディボックスのように喜びあふれるヘルシーな一品だ。

「長くいたくなる場所」をつくる

私が虹色を愛しているのは、どんな場所にも──喜びにあふれているとは思えない場所にさえ──喜びをもたらす力があるからだ。

東京23区北西部の地味な一角に、色とりどりのミルフィーユのような層状のモダンな建物がある。各層が少しずつずらして重ねられているため、シャーベット色に塗られた各層の下面が見えるようになっている。最初写真で見たとき私は、これまでに見たなかで最も喜びにあふれる建物だと思った。塗料会社か、玩具会社の本社だろうか。

そうではなかった。このカラフルなお菓子のような建物は、銀行の支店なのだ。銀行の顧客も、最初見たときは驚いたという。私はここを訪れ、ラズベリー色のイスにすわっていた白髪交じりの男性客に話を聞いた。

この支店が新装開店したとき、彼を含め、近所の人たちは戸惑ったという。「この建物は何だろう？　銀行には見えないな」と。でもおかげで楽しい気分になったと、彼はほほえんでつけ足した。銀行の融資担当者や責任者も同意見だった。

私がいちばん興味深く感じたのは、誰もがとてもくつろいでいるように見えたことだ。貧乏ゆすりや腕組みのような苛立ち（いらだ）のしるしは見られなかった。4、5人の顧客が色とりどりのイスに腰掛け、静かに読書していた。金融機関というより個人経営の書店の雰囲気に近かった。

この銀行、巣鴨信用金庫の4つのカラフルな支店の1つ〔志村支店〕は、色のとりこになった東京在住の建築家、エマニュエル・ムホーの設計だ。ムホーは彩り豊かな彼女のオフィスでお茶を飲みながら、少しでも長くいたくなるような空間づくりを依頼されたと語ってくれた。

そう聞いて私は驚いた。そんな課題を与えられたら、普通は無料のコーヒーやＷｉ－Ｆｉ、テレビでニュースを流すなど、実用的なサービスの提供を考えるだろう。

だがムホーは、ほとんどの建築家が気づいていないことを知っている。虹色には人を引き寄せる磁力があるということだ。

この意味からいえば、「豊かさの美学」は一種のもてなし、寛大さに思える。私がこれまで訪れた銀行の支店は、どこも銀行名のオンパレードで、まるで広告看板でできた建物のように感じられた。だが巣鴨信金のこの支店には、正面の看板すらない。色使いが名刺代わりになっているのだ。

どんな状況でも「充足感」を生み出せる

虹はどんな状況にも、また（おそらくとくに）難しい状況にさえ、あふれんばかりの充足感をもたらす。ゲイプライド運動を象徴する虹色の旗は、喜びあふれる行動主義の大義の下に、多様な活動家の結束を促している。写真で見るＬＧＢＴＱ（性的マイノリティ）

の大会は、どれも抗議運動というよりはお祭りのように見える。虹の広がりのある性質は、外部者を歓迎するとともに、偏見を払いのける効果があり、運動の発展に一役買っている。虹は透けるほど薄くて明るいため、取るに足りないものに思われがちだが、人々の心を深く揺り動かすのを私は見てきた。

数年前、私のもう一人のミューズである、幼い息子さんを悲劇的な事故で亡くした読者が、虹にまつわる物語をメールで教えてくれた。

彼女は赤ちゃんのお葬式を計画し、真っ白な棺に装飾を施すことにして、家に届けてもらった。お葬式の前日、お子さんたちと一緒に棺を虹色で塗り、彼女は夜遅くまでかかって上面に虹色の菊を描いたという。家族は悲嘆と喪失感に暮れたが、虹色の何かが、頑張り続ける力を与えてくれたという。

黒を喪の色とみなす文化は多くあるが、愛する故人の生涯を色で称（たた）える文化もある。グアテマラのチチカステナンゴなどの町では、残された家族が故人の生前好きだった色で墓を塗り、故人を偲んで毎年塗り直す。そのため墓地が虹色になり、慰霊の場というよりは活気ある町や、生を称える場のように感じられるのだ。

虹は深い絶望に風穴を開け、喜びの大義を推進する、不屈の兵士だ。

虹は私たちの生活にぽっかり空いた隙間――荒廃したスラム街や、抑圧された社会、喪失でずたずたになった心――を埋め、希望を象徴する旗を掲げるのだ。

豊かさを「極限」まで追求する

――「究極のマキシマリスト」の教え

私の手本とするミューズたちは、「豊かさの美学」の力を示してくれた。模様や質感、虹色の爆発が感情に大きなインパクトを与えうることを教えてくれた。でもまだ一つ疑問が残っていた。豊かさの美学を極限まで追求するとどうなるのだろう?

これに答えるために、私の最後のミューズ、アメリカ初の室内装飾家ドロシー・ドレーパーの助けを借りた。ドレーパーはミニマリストの対極の、飽くなきマキシマリスト〔最大限主義者〕で、大胆なデザインと柄模様、斬新な色彩感覚――たいていはこれらすべての組み合わせ――を特徴とする独自のスタイルをたちまちのうちに確立した。

彼女のスタイルはモダンバロックと称された。これはおもしろい表現だ。というのも、モダニストが最も強く反対したものといえば、バロックだからだ。

ドレーパーは1969年に亡くなったが、彼女の最も有名なプロジェクトである、ウエストバージニア州のグリーンブライヤーリゾートは、いまも彼女がデザインした、このうえなく過剰な様式そのままに維持されている。

グリーンブライヤーは、近くのホワイトサルファースプリングズ〔乳白色の硫黄泉〕から「水を汲む」ための施設として、200年以上前に建設されたが、現在ではゴルフやクロケット、アーチェリーなどの活動を楽しめる、大人のサマーキャンプのような雰囲気のホテルである。第二次世界大戦中は軍の病院として収用され、戦後ドレーパーが内装を改装するために雇われたときには荒れ果てていた。彼女は16か月かけて、照明器具から陶器、家政婦の制服までのすべてをデザインした。

　ニューヨークからホワイトサルファースプリングズまで11時間の電車の旅を経て、駅前に送迎用の小さな緑のバンが待っているのを見たとき、私は疲れて目がしょぼしょぼしていた。ホテルが通りを渡ってすぐのところにあることに気づかずにバンに乗り込み、1分もしないうちに到着して拍子抜けした。ホテルの柱廊の下でバンを降りた。グリーンブライヤーのフェデラル様式の巨大な建物の前で、バンはおもちゃのように見えた。

　フレンチドアを開けてロビーに足を踏み入れると、そこには別世界が広がっていた。まるでおしゃれなおばあちゃまの宝石箱を開けたような気分だった。一つひとつの仕切りに、その手前の仕切りよりもますますカラフルで手の込んだ宝石がしまわれているかのようだ。

　中央の部屋は、壁がフォレストグリーンと青緑色（アクア）に塗られ、天井まで届くアーチ形の開口部があらゆる方向に開いていた。側面に目を向けると、アーチはバラ色の壁にはめこまれた一組の丸窓を縁取っているように見えた。カーペットは緑の虎柄で、巨大な鳥かごのようなシャンデリアが天井に星屑のような光を投げかけていた。湾曲した天井へ、さらにその上へと延びる階段は、両端を緑の太いストライプで縁取られていた。

　ドレーパーの改装のテーマは「ロマンスとシャクナゲ」だったが、むしろ「ＬＳＤをキメタスカーレット・オハラ」という通称の方がしっくりくる。私は点滴を受けたかのように元気を取り戻し、カクテルアワーにのぞんだ。

「視覚」と「触感」が渾然一体となった世界

グラスを片手に、上階のロビーを囲む天井の高い部屋を歩きまわった。その一つ、「格子柵（トレリス）の部屋」は、壁がチョコミントアイスの色で、カーペットは一面ピンクの花模様だった。部屋にはさまざまな大きさの花や貝殻、ゆるやかな格子模様など、数えただけでも7種類の柄があった。

「ヴィクトリア朝の書斎」では、ドレーパーお気に入りの「ファッジエプロン」と呼ばれる、赤いバラと黄色いユリの柄のファブリックで布張りされた袖イスに一目ぼれした。腰を下ろしてみると、フラワーパレードの山車（だし）に乗っているような気分になった。

同じ花柄が、ほかのイスや長イス、ドレープカーテンにも使われていた。すてきだが目がチカチカして、すべてを感じ取ろうとしていると息苦しくなった。でもペースを落とすとクラクラした気分は収まり、デザインの奥深さが見えてきた。

ドレーパーはひとことで言えば、レイヤリング（重ね使い）の達人だった。中間色の地色から始める代わりに、強いコントラストをベースに使った。格子柄の床に幅広のストライプ、そしてフラミンゴピンクとケリーグリーン、チェリーレッドとパウダーブルーなどの大胆な配色。模様の重ね使いも——キャベジローズとトロピカルリーフなど——各部屋に少なくとも2つか3つは見られた。

それらに加えて、無数の細かなディテールが施されていた。カーテンにトレリス、燭台に時計、炉棚に枠装飾（モールディング）。部屋のあちこちに視線が飛びまわり、さまよった。ドレーパーの世界ではすべてに触感が重ね合わされていた。無地ではなく柄入りの額装マット、コーヒーテーブルのガラス天板の下にディスプレイされた雑誌、飾り房（タッセル）で束ねられたカーテン、フリンジとプリーツを施したランプシェード。

これらすべてが合わさって、華やかで気まぐれで奔放な雰囲気を醸し出していた。まるで大人版のキャンディショップだ。

家を「喜びと空想の場」に変える

ドレーパーと荒川／ギンズとはこれ以上ないほどかけ離れているが、「豊かさには気分を高揚させ、身体を活性化させる力がある」というドレーパーの信念は、荒川らに通じるものがある。

ドレーパーがデザインしたイリノイ州セントチャールズのデルナー病院は、彼女のトレードマークの花柄の更紗と、松模様の洗える壁紙を組み合わせた、まるで病院らしくない施設だ。「患者の生きる意欲をかきたて、健康を取り戻す闘いへの復帰を促す環境をつくるために、いったい何が行われているでしょう？」と、彼女はナイティンゲールのように問いかけた。

フロリダ州ネープルズの別の病院は、外観はセルリアンブルーで、建物の周りにピンクのキョウチクトウが植えられている。病室の床はスカイブルー、壁は緑のストライプで、ドレーパーは標準仕様の病院家具を、無難なベージュの代わりに珊瑚色でつくらせた。

ドレーパーのデザインが喜びに満ちているのは、偶然ではない。1929年のウォール街大暴落が起こったその週に、夫が若い女性と家を出ていったとき、ドレーパーは鬱に見舞われ、セラピストの勧めでノーマン・ヴィンセント・ピールの講義を聴いた。ピール牧師は、のちに大ベストセラー『積極的考え方の力』（ダイヤモンド社）を著した人物である。ドレーパーはこの講義を聴いて、装飾と感情のつながりを確信し、こう宣言した。

「単調な時代は終わりました。……くっきりしたすてきな色が心の幸福に大きな影響をおよぼすことが、いまではわかっています。現代の医師や精神分析医は、この効果を確信しているのです！」

ドレーパーのデザインは贅沢に見えるが、彼女はデザインにお金をかける必要があるとはけっして考えなかった。「グッドハウスキーピング」誌のコラムや、著書『装飾は楽しい！　自分のデコレーターになる方法』（未邦訳）の中で、大恐慌で削られた予算内で華やかなインテリアをつくるための、取り入れやすいヒントを紹介している。

豪華なラグを買う余裕のない人には、床に格子模様や「楽しい風船のように見える」大きな水玉模様を描くよう勧めた。人から譲り受けたちぐはぐな家具しかないという女性には、色調をそろえすぎるのも野暮だと言って慰め、バラバラな家具に白いペンキを塗ったり、柄物の更紗で覆ったりして統一感を出すことを提案した。花が高すぎるなら、月桂樹や松の葉を花瓶に飾れば、すてきな代用品になる。新しいカーテンがほしいなら、眠っている古い服を利用して、パッチワークの布をつくってはどうだろう？

ドレーパーのインテリアは、どんなに質素な環境にあっても、宮殿のような雰囲気がある。彼女はつねに家に豊かな質感を取り入れることを勧め、完璧ではなく喜びをめざすべきだと諭した。

家を喜びと空想の場だと考えましょうとドレーパーは女性たちに言った。世間一般の考えにとらわれずに、思考ではなく感情のおもむくまま家をつくっていくよう勧めた。

グリーンブライヤーを見ると、私たちがいかに欲望を抑え、自分の判断に自信を持てず、周囲の反応を気にして真の自分を表現できずにいるかを思い知らされる。

私自身、数週間前にひらひらのドレスを試着したとき、頭の中の声に「派手すぎる」と冷やかされてあきらめたのを思い出した。あの声は、これまで私の生活からどれだけの喜びを奪ってきたのだろう。

豊かさを「不純」と考える人たち

ミニマリズムは崇高さを装い、「豊かさの美学」を華美で自堕落なものと片づけようとすることが多い。「装飾からの解放は、精神的な強さのしるしである」と、オーストリアの建築家アドルフ・ロースは1910年に、まさに「装飾と罪悪」と題した講義で宣言している。

モダニストによる色の拒絶と同様、こうしたミニマリストによる純粋さの追求は、より成熟した文明へと向かう道としてもてはやされたが、その根底にはあからさまな民族的、人種的偏見があった。

ロースは一部の民族――「アフリカの黒人、ペルシア人、スロバキアの小作人の女性」――を野暮と決めつけ、住宅や衣服を飾り立てるしか能のない人々と軽蔑した。刺繍やかぎ針編み、機織りなどの細かい柄にあふれた（また女性によって担われることの多い）伝統工芸を、二流の芸術と片づけた。

ドロシー・ドレーパー自身も、同様の批判にさらされた。建築家のフランク・ロイド・ライトはドレーパーを揶揄して、インテリアデザイナーをもじった「インフェリア・デセクレイター（二流の冒瀆者）」と呼んだ。モダニストが豊かさに対して持っていた、ほとんど宗教的ともいえる――豊かさは不純だといわんばかりの――軽蔑を如実に表している。

こうした美学と価値観の間のせめぎ合いは、歴史を通じてくり返し見られ、美学の選択が、あたかも内面の美徳を映す鏡であるかのように扱われることがあった。

この考え方は今日も根強く残っている。安価で入手しやすいものにあふれたこの世界では、飾り気のないシンプルな商品を選ぶことが、やせることや体を清潔に保つことと同様、正しいとされる。

ほとんどの人がこの固定観念にとらわれ、模様や質感、豪華さへの愛が露呈して自己中心的な快楽主義者だと思われることを、無意識のうちに恐れている。

虹を愛し、「大喜び」するために生きる

しかし進化の歴史という長い目で見れば、生物が豊かさを誇示するのは、健康と活力の表れであることが多い。クジャクが扇のように広げる目玉模様の羽は、生存には不要だが、メスのクジャクに対し、このオスがすばらしい繁殖相手であることを力強く明瞭に伝える。ニワシドリのオスは、花や葉、貝殻、プラスチックゴミの破片までをもせっせと拾い集めて手の込んだすみかをつくり、求愛相手に精力をアピールする。

ミニマリストは自然が簡素さの上に成り立っていると吹聴(ふいちょう)するが、じつは自然は過剰さに満ちているのだ。

ミバエがダンスをしたり、ヘラジカがコートかけのようなツノを生やしていたりするのは、無駄をそぎ落とした世界といえるだろうか？　カラフルな模様や過剰な動きといった、多大な労力の投資を必要とする〝見せもの〟は、それほどのエネルギーを費やせるほど活

力に満ちていることを誇示しているのだ。

進化論者のデニス・ダットンは、アドルフ・ロースがあれほど侮蔑した、絵画から音楽、民俗模様に至るまでのあらゆる人間の芸術形態にも、同じ論理が当てはまると考えた。美しく豊かさに満ちた手のかかる芸術作品は、いわばハンドメイドのクジャクの羽のようなものだ。エネルギーと活力が満ちあふれていて、純粋な装飾の喜びに使えるほどありあまっている、ということを知らしめているのだ。

「派手(ゴーディ)」という言葉の語源であるラテン語の「ガウデーレ」は、何かを「喜ぶ」「うれしがる」などを意味し、それは「喜び(ジョイ)」という言葉の語源でもある。

豊かさを選ぶのは不道徳なことではない。それは心の奥底から湧き出る、人間的な喜びの表現なのだ。私たちはただ生きて雑事をこなして死んでいくだけの存在ではないという宣言である。

ダイアン・アッカーマンが書いているように、私たちはただ長いだけの人生ではなく、奥行きのある人生を送るためにこの世に存在している。虹を愛でてそれを描くために、大喜びして魅了されるために、食べたいときに2つ目のカップケーキを食べるために、そしてメエ・ウェストの名言「度が過ぎることはよいこと」の真理を実感するために、この世に存在しているのだ。

第3の扉 自由 FREEDOM

「野性」を呼び覚ます

ある夏の朝、ウィンドブレーカーと、食料庫から取ってきたスナック、北米の樹木のガイドブックをバックパックに詰めて、「私の夕飯の席はもう用意しなくていい」と父に言ったとき、私は8歳だった。家を出て森に住むつもりだった。

この冒険のきっかけは、古典的な成長物語の『ぼくだけの山の家』（偕成社）にあった。主人公のサム・グリブリーは、自宅での快適な生活に背を向けて、森のベイツガの大木のうろに暮らし始める。

北国での生活は楽ではない。ドングリをつぶしてつくった粉でパンケーキを焼き、罠でとらえたシカの皮をなめして服をつくり、ハヤブサをつかまえてフライトフルと名づけ、獲物を狩る訓練をする。

だが安楽を手放した代わりに、サムは喜びを手に入れる。カエルやモリツグミの見守る中、冷泉で水浴びをする。ハイカーと知り合い、ヤナギの笛のつくり方を教わる。夜には心地よい木の家にこもり、カメの甲羅に獣脂を注ぎ、そこに芯を入れてつくったランプを灯して、カバノキの皮に日記を書く。

私はサムのように森の中でやっていけず、その日の夕飯どきにはもう家にいた。でも自給自足のもくろみが数時間で頓挫（とんざ）したとはいえ、つかの間の冒険はスリリングだった。

道の突き当たりの三角地帯のぬかるみではしゃぎまわり、マムシグサの中をのぞきこみ、ガマの根っこを棒で掘り出した。庭の端で摘んだ野イチゴを食べた。オオバギボウシとチコリを腕いっぱいに摘んで、つくりかけの掘っ立て小屋の飾りにした。夕暮れ前に裏口からこっそり戻った私は、長靴にべったり泥をくっつけて、満面に笑みを浮かべていた。

それ以来、よく思うのだ。郊外の野趣（やしゅ）あふれる自然を走りまわることの、いったい何があれほど楽しかったのだろう？

「自由」で喜びが弾ける
――すべてを追求できる最高の状態

喜びの瞬間を表す表現には、屈託のない、気楽、足の向くまま、気の向くままなど、自由を表すものがある。人生のとくに喜びに満ちた瞬間は、何かの自由を手に入れたときだ。夏休みの前日、校門を出るときの舞い上がるような気持ちや、金曜に時計が5時を告げたときの職場のざわめきを考えてほしい。

制約からの解放は、喜びを勢いづかせる。長時間のドライブの途中、車を停めて外に出て脚を伸ばしたときに感じる快感は、喜びあふれる自由だ。星空の下で眠るのも、コンバーチブルを運転するのも、素肌に冷たい水を感じながら裸で泳ぐのもそうだ。

自由への愛は幼いころに芽生える。幼児は自由を求める不屈の運動家で、窮屈なチャイルドシートやちくちくするミトンを強制されれば、最大級の癇癪を起こすことも厭わない。喜びには、押しつぶされたり抑えつけられたりすることを好まない、力強さがある。

私たちが自由のために激しく闘うのは、自由があれば喜びを――また人生で大切なその他のすべてを――追求できるからだ。私たちの祖先は、歩きまわれる空間があれば、食料源や快適な住居、求愛相手を発見できる確率が高まった。だから懲役刑は死刑に次ぐ重刑だし、より日常的な例でいえば、飛行機の真ん中の席は誰にとっても悪夢なのだ。

体が広がり、心が解き放たれる

自由はエネルギーと同様、見ることも味わうことも触ることもできないが、それでも私たちは世の中を渡るうちに、自分がどれだけ自由なのかを肌で感じ取る。自分が自由であることを、私たちの感覚はどうやって知るのだろう？

自由には度合いがあり、私たちはそれを相対的に感じとっているように思われる。遊び場は教室よりも自由で、ピクニックは晩餐会よりも自由だ。

だが両極には絶対的な状態がある。一方の極には、誰もが抑制されていると感じるような場所、たとえば円筒形のMRI装置や刑務所の独房などがある。もう一方の極には、何の制約もないと感じられるような場所、たとえば原っぱや湖、公園、海辺などがある。考えてみれば、最も解放的な場所は、少数の例外を除けば、自然にある。

私がこれを改めて実感したのは昨年の夏、夫のアルバートと一緒にニューイングランド沿岸部の自然保護区の近くに住む友人を訪ねたときのことだ。夕暮れどきに、ヤマモモの茂みと高草に挟まれた、草が刈られた小道をみんなで歩いて草原に出た。

私たち大人4人は、近くの海辺の潮がかすかに混じった草木の香りを胸いっぱいに吸い込みながら、ぶらぶら歩いていた。友人の息子たちの6歳のヘンリーともうすぐ3歳のチャーリーは、叫んだり笑ったりしながら前を走っていた。角の向こうや藪のうしろに小さな体を隠し、飛び出しては私たちを脅かそうとした。行ったり来たり駆けまわり、拾った棒を振りまわし、私たちをかけっこに誘った。

私は旅行の数週間前から残業続きで、早朝から深夜までラップトップをのぞきこむ生活だった。でもこの草原では、まるで握った拳が開くかのように、自分の体が広がり、心が解き放たれるのを感じたのだ。

もちろん、私たちが自然の中で解放されるということ自体は、特段目新しいことではない。でも私は、自然環境に心身を解放する力がある理由を理解しようとするうちに、それよりはるかに興味深いことを学ぶことになった。

世界中の人の「理想の風景」

――最も好まれる絵画の共通点とは？

ロシアの反体制派アーティスト、ヴィタリー・コマールとアレグザンダー・メラミッドの二人が、1993年に一風変わったプロジェクトに乗り出した。世界中の人々の多様な芸術的嗜好（しこう）に興味を持った二人は、10か国を対象に、各国の人々が好む色や様式、テーマなどを調べ、それをもとにどのような絵画が好まれるのかを調査した。

調査が完了すると、二人は結果を視覚的にまとめた、各国で「最も好まれる絵画」を描いた。できあがった絵画はお世辞にもうまいとはいえず、またこのプロジェクトは美術界によって、高尚なジョークのようなものとして一蹴された。

だが美術作品としての質はさておき、これらの絵画には特筆すべき点がある。中国からトルコ、アイスランド、ケニアまでの人々に最も好まれたのはすべて風景を描いた絵だった。しかもそのすべてが同じ風景を描写していたのだ。

「最も好まれる」絵画は、少数の例外を除けばすべて、青空の下に木がまばらに生えた草原が広がる、気持ちのよい戸外の風景である。なだらかな丘と水辺、それに少数の動物と人も見える。

コマールとメラミッドの不思議な調査結果について、草原の風景画が広く親しまれているからだと分析する批評家もいる。「最も好まれる」絵画とまさに同じ風景が、ハドソンリバー派からオランダ黄金時代に至るまで欧米のあらゆる風景画に描かれているほか、世界中の家の壁に掛けられた安価なポスターや壁掛けカレンダーにも用いられていると、彼らは指摘する。

もしかすると「最も好まれる絵画」の草原の風景が広く愛されているのは、美学の帝国主義のようなもののせいかもしれない。欧米で生まれた風景への好みが、ビッグマックやコカ・コーラへの好みのように世界を席巻したのだろうか。

だが各国の「最も好まれる絵画」に驚くほどの共通性が見られることに、別の意味を読みとる進化理論家もいる。この種の風景は美術作品だけでなく、実生活でもよく見られるというのだ。

ランスロット〝ケイパビリティ〟ブラウンの設計した有名な英国式庭園や、フレデリック・ロー・オルムステッドがデザインしたニューヨーク市のセントラルパークとプロスペクトパークが、その一例だ。

人間は土地をこのような風景につくり変えるために、多大な労力を費やしてきた。たとえばブラウンとオルムステッドは、愛される公園をつくるために木々を取り払い、草を植え、池を掘り、土地を造成した。セントラルパークだけでも、190万立方メートルもの岩と土、泥を搬入した。こうした風景は、正確にいえば自然ではなく、むしろ世界の別の場所、それらを生み出したデザイナーやアーティストが一度も訪れたことのない場所、すなわちアフリカのサバンナに似ているのだ。

人は無意識に「サバンナ」を求めている

東アフリカの大部分はサバンナに覆われている。サバンナとは、なだらかな起伏のある草原とまばらな樹木で構成される生態系をいう。サバンナでどれだけの人類進化が起こったかについては、古生物学者の間で議論があるが、初期の人間にとってサバンナが重要な生息環境だったことに疑問の余地はほとんどない。

サバンナは祖先の狩猟採集民にとって明らかな利点があった。食料が主に樹冠に集中している森林に比べ、食料源が地面に近く、地球上のほかのどの生息地よりも、面積当たりのタンパク質量が多いのだ。また構造的にも魅力があった。開けた草原となだらかな丘のおかげで、捕食者も被食者も遠くを見渡すことができ、まばらな樹木や低木のおかげで、日光を避け、危険からすばやく逃げられる場所がある。

イギリスの地理学者ジェイ・アップルトンは、サバンナがこうした魅力的な特質を兼ね備えていることに最初に気づき、「見晴らしと隠れ場」という用語で、広い視界（見晴らし）と簡単に見つけられる避難所（隠れ場）の両方を提供する風景を説明した。私たちはこのような環境に、安全と自由の理想的なバランスを見出すのだ。

こうした特性への嗜好が、やがてＤＮＡに刻み込まれ、私たちがどこへ行っても無意識に求め、再現しようとする、心の中のエデンの園になったと考える進化理論家もいる。

この仮説を裏づけるものとして、人は文化にかかわらず、サバンナのような風景の特徴

(視界がさえぎられない、地平線を視認できる、移動と視界を妨げる下層の植生がない、など)に親しみを覚えるという研究がある。

生物学者のゴードン・オリアンズと環境心理学者ジュディス・ヘーアヴァーゲンの研究も、豊かなサバンナに繁茂するアカシアに似た――地表近くで幹が分かれ、樹冠が傘のように広がる――樹木を、あらゆる文化の人々が好むことを明らかにしている。自生の木をこのようなかたちに剪定(せんてい)する文化さえある。

窓外の風景は「回復効果」をもたらす

「見晴らしと隠れ場」理論は、人間の自然観を説明するために生まれた考え方だが、建造環境にも当てはまる。美しい風景を見渡す大きな窓があれば、靴箱のような狭苦しいアパートが城のように感じられるし、ほとんどの人は見晴らしのいい家やホテルの一室にならお金を奮発するだろう。

これはとくに水辺の風景についていえる。泳ぐつもりも船出するつもりもないのに、そうした風景をほとんどの人が切望する。また中庭やバルコニーにも、空間を開放的にし、内と外の境界をぼかす効果がある。

こうした風景には、ただの装飾以上の意味がある。1980年代の有名な研究で、胆嚢(たんのう)手術を受けた患者を調べたところ、病室に外の木々を見晴らせる窓がある患者の方が、レンガの壁しか見えない窓がある患者よりも、必要とする鎮痛剤の量が少なかった。

また教師は教室の窓が生徒の気を散らすことを心配するかもしれないが、自然の風景にはむしろ生徒の集中を高め、ストレスを軽減する効果がある。自然環境を見ることで、画面や仕事の資料を凝視する合間に目を休め、目の焦点を変えることもできる。そうした風景は、疲労を和らげ集中力を取り戻す、いわゆる「微小な回復効果」を精神におよぼす。

当然のように、窓の近くにすわる従業員はそうでない従業員に比べて全体的な健康状態がよく、仕事への満足度も高いことがわかっている。アップルやキックスターター、アマゾンなどの企業が、新しいワークスペースのデザインに緑豊かな風景を取り入れているのは、おそらくこの効果を狙っているのだろう。

窓が上級管理職のためだけの特典になっているオフィスが多いなか、これらの企業はすべての社員に広々とした眺望を与えることの大切さを認識しているのだ。

窓の外に開放的な風景がなくても、空間のインテリアに開放感を取り入れることで、「見晴らし」と「隠れ場」をつくり出すことができる。

家なら非構造壁〔建物の支えにはなっていない壁〕を取り払えば、視界を広げ、広々とした感覚を得ることができる。それが無理なら、室内の家具の大きさを抑えることで開放性を高められる。かさばるソファや大きなたんすを小さなものに取り替えたり、不要なものを撤去する。家具を小さくすることで、いわゆる「ネガティブスペース」を生み出すことができる。これはデザイナーが使う用語で、もので埋まっていない空間を指す。

家から家具を「撤去」する

空間を広げることで得られるもう一つの効果は、動きやすくなることだ。バイオメカニズム研究者のケイティ・ボウマンは、数年前に新しい家に引っ越したときにこれを発見した。彼女と夫は家具が配送されるまでの間、床にすわって生活することになった。すると体を動かす機会が増えたため、ソファを置かないことに決めた。

2年ほどして子どもがよちよち歩きを始めると、食事中にじっとさせておくことがいかに難しいかを知り、またテーブルにつかせるには子ども用の補助イスや道具が必要だとわかった。そこで彼らはイスを捨て、テーブルの高さを低くして、みんなで床にすわれるようにした。

家具のない家を「おかしい」と批判する人たちへの反論として、ボウマンはこう書いている。「じつはそんなにおかしなことじゃありません。わが家は狭いうえに、二人の幼児がいます。それに私は運動の健康効果の研究者です。家に家具を置いたら、子どもたちがすわる時間が増えるうえ、空間をカウチ（やテレビやコーヒーテーブルなど）が占領して動けなくなってしまいます」

家具を撤去したおかげで、室内にうんていのバーを設置して、家族でいろいろな楽しいことができるようになった。「わが家では、リビングルームで私たちがエクササイズをする間、子どもたちがでんぐり返しや宙返りをしていることがよくあります」と彼女は書いている。

室内のうんていは行き過ぎだと思う人は、同じ遊び場の道具でもブランコの方が取り入れやすいかもしれない。もう驚かないと思うが、タトリーの創業者で紙吹雪をこよなく愛するティナ・ロス・アイゼンバーグも、オフィスの真ん中にブランコを設置している。ブランコのおかげで、従業員は仕事の合間に楽しみながら視点を変えることができる。そうした愉快な方法で、空間の開放性を高めているのだ。

「バイオフィリア」の秘密

――人は「生きているもの」を愛してしまう

映画「プリティ・ウーマン」の終わりの方に、喜びあふれる短いシーンがある。リチャード・ギア演じる企業乗っ取り屋のエドワード・ルイスが、ビジネス会議を抜け出し、道向こうの小さな芝生に入ってズボンの裾をまくり上げ、裸足で歩きまわる。彼は芝生を踏みしめながら、長らく埋もれていた衝動を思い出すかのように、一人そっとほほえむのだ。

広々とした空間では走りまわることができるが、小さな自然でも同じくらいの解放感を得られることがある。人工環境の中にも、無数の裏庭や市民公園、中央分離帯、それにポケットパーク（小公園）が点在する。身動きできないほどの広さのものもあるが、それでも喜ばしい解放感を味わうことはできる。

小さな緑地の力に興味を持った私は、マンハッタン・ウエストサイド〔ハドソン川沿岸地域」の古い高架鉄道上につくられた小さな帯状の緑道、ハイラインのリードデザイナーを務めた、ジェームズ・コーナーに話を聞くことにした。

彼はフレデリック・ロー・オルムステッドの現代の後継者、あるいは景観建築という成長著しい新分野のロックスターとも称される人物だ。自然が狭い空間に喜びをもたらす方法を知る人がいるとしたら、コーナーをおいてほかにはいないだろう。

コーナーに会ったのは、ある月曜の昼下がりだった。彼はまじめな雰囲気を漂わせ、眉間に深いしわを寄せていたが、喜びについて話し始めるとパッと明るい顔になった。コーナーにとって景観の喜びとは、視覚以外の感覚によるところが大きいという。

「写真にはけっして表れない要素がいろいろある」と彼は言い、詩を朗読するかのような瞑想的な口調で説明を始めた。「植物、香り、色、光と影の効果、水、水の音、周囲湿度、質感、温度、霧の効果、天気と大気の効果……」と言って、いったん言葉を切った。「こういったものは目には見えないが、非常に強力だ。そして喜びをもたらす」

彼の話を聞きながら、私は1時間ほど前にこのオフィスに向かってハイラインを散策していたときのことをぼんやり考えていた。彼が感覚を説明するうちに、記憶はどんどん膨らんでいった。

それはうだるように暑い夏の日で、私はノートを手に持ち、三つ葉カエデの木陰でしばらくたたずんでいた。そこは日陰のため少し涼しく、そよ風もあった。歩道の上にできた浅い水たまりで、子どもたちが水を蹴散らしていた。草むらがさわさわと揺れ、真昼の暑さの中でもひとときも静止することはなかった。青々しい草の芳香に、日光に照らされたアスファルトの都会の香りが混じったものが、波のように押し寄せてきた。

北に行くと芝生があり、人々が身を寄せ合い、肩を出して裸足ですわっていた。歩道を外れ、湿った草の上を歩いた。コンクリートの歩道に戻ったとたん、熱の壁に包まれた……。

そのときは意識していなかったが、コーナーの話を聞くうちに、自分がこうした刺激をどんなに深く感じていたかを知った。そして「名もなき何千もの感覚がある」と言った荒川修作の言葉を思い出した。コーナーが挙げた感覚の中には私の知らなかったものもあり、おかげで私はごく身近な自由をとらえる目を――遠い地平線にあるものではなく、周囲のかすかな刺激をとらえる目を――手に入れることができた。

そしてそのとき、なぜ小さな庭や温室にさえ自由を感じるのかがわかった。室内にいるときは厚い断熱壁や空調システムで外から遮断されているせいで、戸外を喜ばしいものにしている温度や香り、空気、湿気のかすかなゆらぎを感じられないのだ。自然の中にいれば、全身の感覚が解き放たれる。

自然に触れると「寿命」が延びる

この野生の感覚への愛は、生物学者のＥ・Ｏ・ウィルソンが「バイオフィリア」と呼ぶものの重要な部分をなしている。バイオフィリアとは、人間に先天的に備わった、生きとし生けるものを愛好する性質をいう。

ウィルソンは、初期の人間がほかの生物に関心を抱くようになったのは、進化の過程で獲得した適応行動だったと主張する。生物は無生物に比べ、人間の生存を助ける、または脅かす可能性が高かった。

時が経つうちに、バイオフィリアは実際的な関心から楽しみへと変わった。たとえば2015年だけでも3億5000万人もの人々がアメリカの国立公園を訪れ、またウィルソンによれば毎年の動物園の訪問者数はプロスポーツの観戦者数を超える。アメリカの家庭の68%以上が、少なくとも1匹のペットを飼っている。こうした動植物との触れ合いは健康に不可欠だとウィルソンはいう。

ウィルソンの主張を裏づける研究が次々と報告されている。自然に触れることで睡眠の質が向上し、血圧が下がり、寿命まで延びることが示されている。緑豊かな地域の住民は緑の少ない地域の住民に比べ、不安神経症と鬱病の発生率が低く、ストレスに満ちたできごとからの立ち直りが早いことが、アメリカ、イギリス、オランダで行われた大規模研究で証明されている。

その理由として考えられるのは、自然の中で過ごすと、脳内の脳梁膝下野と呼ばれる、問題を思い悩む傾向と関係のある部位の血流が減少することである。自然環境は、私たちを実際に気苦労から解放してくれるのだ。

私はハイラインを歩いたときのことと、ジェームズ・コーナーが指摘してくれたおかげでようやく気づいたすべての刺激を比べてみた。最初は自分の至らなさを痛感した。私はいつもぼんやりしていて注意が足りないせいで、周囲にある豊かさを見逃しているのではないだろうか？　でもぼんやりすることに害はないし、たとえ何かに没頭していても、自然は私たちに影響をおよぼしている。

「その意味では、音楽に近いね」とコーナーは言う。「人は注意を払っていないときも、美的特性を強く感じ取っている」

コーナーと仲間たちは、ハイラインの自然と人工物の境界を溶かし、どこにいても自然に触れられるようにした。このことは、ハイラインの最も基本的な特徴の一つ、歩道のコンクリート舗装にも表れている。コーナーのチームは、境界部分のコンクリートを先細りのクシの歯のようなデザインにして、植栽と歩道とが混ざり合うようにした。

この単純なデザインによって、人々は通勤で通ったり、木の下で読書をしたり、友人たちとピクニックをしたりしながら、ほとんど無意識のうちに自然に浸ることができるのだ。

大自然の「映像」を見るだけで暴力が減る

もし自然がそれほどたやすく私たちを健康にし、自由を感じさせるというのなら、生活にあまり取り入れられていないのはなぜだろう？

風景理論家のJ・B・ジャクソンのエッセイに、この疑問を解く手がかりが見つかった。ジャクソンによれば、人は昔から動物界の一員であることに居心地の悪さを感じ、人間をその他の種から区別する特性を強調することに努めてきた。建造環境はこの懸念に対処するために、人間の文化的欲求に十分な空間を割く一方で、生物学的必要をないがしろにしてきた。都市は、人間が自然から分離しているという感覚を得るために設計されていると、ジャクソンはいう。

だが人間は、本来自然の一部である。人類進化の大半の時期、8万世代もの間、自然は人間が訪れる場所ではなく、暮らす場所だった。農耕が起こり、定住と地域社会の形成が始まってからまだ600世代、硬い表面と機械音にあふれる現代の都市が誕生してからはまだ12世代しか経っていない。進化という観点から見れば、現在の住居はまだ実験の初期段階にある。

世界人口の過半数が都市に居住するいま、自然に触れる機会を取り戻す必要性はますます切迫している。この問題がとくに顕著なのが、低所得者層向け住宅のデザインだ。

都市の貧しい地域社会が抱える、きわめて困難で体系的な問題を、環境だけで解決できるというのは甘い考えだが、それでも小さな自然空間が生活の質を大きく高めうることを、新興の研究分野が示唆(しさ)している。

イリノイ大学の景観と人間の健康研究所の創設者、フランセス・クオとウィリアム・サリヴァンは、シカゴの大規模公営住宅団地での研究により、緑の空間の欠如と暴力との間に有意な相関関係を確認した。とくにアイダ・B・ウェルズ公営住宅団地での注目すべき研究で、団地の98棟について警察の犯罪報告書を調べたところ、周囲に植物の多い棟は、緑がほとんどない棟に比べ、犯罪発生件数が50％も少なかった。

同様の効果が、刑務所でも観察されている。大自然の映像を見た受刑者は攻撃性が弱まり、その結果として暴力的事件の発生件数が26％減少した。別の研究では、庭で時間を過ごしたアルツハイマー病患者は、病気の進行とともに見られる敵意の表出頻度が低下した。自然の刺激が暴力を減らすうえでなぜ有効かといえば、喜びをもたらすとともに心を落ち着かせる（この研究を行った心理学者の言葉でいえば、「感情的に好ましい」とともに「刺激がやさしい」）からだ。

だがこれらのほかにも、まだ研究を通して解明されていない要因があるのかもしれない。貧困や禁固、介護施設での居住は、どれも有形無形の境界が存在する拘束的な状況だ。自然の中にいるとき、人々はそうした制約から一時的に自由になることができる。自然の中では、どんな人も自由に世界を堪能することができるのだ。

都会に「ジャングル」をつくる
――毎日の小さなことを見直す

サマー・レイン・オークスは作業着を着て、肩に赤褐色のニワトリを乗せて戸口に出てきた。「うちで飼ってるの」とそっけなく言うと、ブルックリン・ウィリアムズバーグの彼女のロフトへの階段を先に上がっていった。600個以上の植物がある、緑豊かな隠れ家だ。暑い夏の午後だったが、アパートは涼しくさわやかで、生き返った心地がした。大きな窓から光が差し込み、明るいサップグリーンのキッチンの壁に当たって反射していた。

植物がここでしあわせになれるのもわかる気がした。実際、しあわせそうだった。植物は格子や柱に巻きつき、天井に吊るしたポットからはみ出し、古い茶缶から芽吹いていた。キッチンにはハーブ、窓辺には多肉植物が置かれていた。書斎では、育て始めたときは1メートルほどだったというカシワバゴムの木が、部屋いっぱいに樹冠を広げていた。

「いつも爪に泥が挟まってるような子どもだったの」と、オークスは腰を下ろすと言った。膝ではニワトリが小さく鳴き声を立てている。

オークスは大学で環境科学に目覚め、その後さまざまな分野の仕事に就いたが、心の底にはつねに環境への情熱があったという。モデル時代には、環境に優しいファッションと美への関心を高めることに努め、そのテーマで本を書いた。

彼女が立ち上げたベンチャーの一つ、B2Bマーケットプレイスのル・スークは、持続可能性の高い素材メーカーとデザイナーとを直接つなぐ仕組みだ。最大のインパクトを与えながら持続可能な生活を送るには、毎日行う小さなことを見直す必要があると、オークスは話してくれた。「そういうものごとを変えれば、生活ががらりと変わる」

これが、彼女が緑のアパートをつくったきっかけだった。最初は、長年のルームメイトが部屋を出ていったとき、家を居心地よくする小さな方法を探していただけだったという。

まずテレビとコーヒーテーブルを撤去して、スペースを空けた（バイオメカニズム研究者のケイティ・ボウマンは大賛成だろう）。ソファを置く代わりに、リビングルームの片隅にハンモックを吊るした。

緑で壁をいっぱいにするのが夢だったから、プロジェクト第1号としてベッドルームの片側の壁に、青々と茂るシダやカラテア、フィロデンドロンでいっぱいの、垂直の庭をつくることにした。環境科学者としての彼女は、これまで知らなかった種を知り、植物を繁殖させることに喜びを感じた。

コレクションが緑の壁に収まらなくなると、父親の助けを借りて大工仕事を行い、いろいろな設備をつくった。たとえば再生木材の厚板を使ってメイソンジャーの鉢植え用のラックをつくり、ダイニングテーブルの横の壁に設置した。天井から吊るしたロープに棚を取りつけて、吊り下げ式の庭をつくった。

「家に完全に溶け込んだ芸術作品みたいでしょう」とオークスは言った。「でも普通の芸術作品とは違って、実際に生きていて、成長する」

植物の世話が「マインドフルネス」になる

植物でいっぱいの家は、多忙な生活の中のオアシスのように感じられると、オークスは言う。「朝起きたとき、ストレスや不安を感じないの。このアパートに安心と刺激をもらっている」と彼女は言った。「木の下で眠るのが好きなの。樹冠の下にいると思うと、と

「植物のおかげで根を下ろしていると感じられる」

ても落ち着く」

人々が絶えず動きまわる都市につきものの根無し草のような感覚を、植物は打ち消してくれると、オークスは感じている。

「植物にあふれた暮らしをしていると、周囲の環境を前とは違う方法で理解するようになる」と彼女は話してくれた。「日光や日没、木漏れ日に敏感になる。植物のおかげで根を下ろせる。植自分のものでもないこのアパートに、しっかりと根を下ろしているような感じがするの」

根を下ろすことは、自由

の真逆のような気がするが、オークスの話を聞いて、両者が密接な関係にあることに気がついた。オークスは家で安心して過ごせるからこそ、不安を感じていればしりごみしたであろう仕事上のリスクも受け入れることができた。植物はさりげない安心感を生み出すことによって、彼女の自由を後押ししたのだ。

オークスのアパートには合計670個の植物があり、いまも増え続けている。植物の世話に毎朝30分かけ、日曜はほぼ一日中かかりっきりだ。大変な仕事に思えるが、オークスにとってはマインドフルネスの実践のようなものだという。

彼女はアパートでグループ瞑想を定期的に行うほか、植物栽培のワークショップを開催している。バイオフィリアの潮流が大衆文化に押し寄せ、室内用の鉢植え植物への関心が高まっているのだそうだ。

オークスはこのユニークなアパートを見てもらうことで、植物に満ちた家をあたりまえに思ってほしいと願っている。こんなふうに言ってもらえればと考えているのだ。「ほら、私はおかしな植物おばさんなんかじゃないでしょ？　ここまでやってる人がいるんだから！」

「緑」で自分が変わる

——自然に触れると「創造性」が高まる

オークスの都会のジャングルを訪れてから、私のアパートのわずかな植物がわびしく思えるようになった。でもさいわい、自然はほんの少し取り入れるだけで大きな効果を得ることができる。窓のない部屋に植物を少し加えるだけで、被験者の血圧が下がり、注意力と生産性が高まり、他者により寛容になるという研究結果が出ている。

また室内の植物や、緑色を少し見るだけでも、精神が解放され、創造性が高まるという研究報告もある。

そうした研究を読んではいたが、最近まで自宅には植物が一つもなかった。きちんと世話できるかどうか自信がなかったのだ。鉢植えに囲まれて育ったのに、20代のころはノマド生活を送っていて、室内庭園を持つのは容易ではなかった（植物がないこと以上に悪いのは、植物を枯らしてしまうことだ）。

でも結婚し家庭を持ったいま、もういいわけはできない。アルバートと私が最初に選んだのは、育てやすいシダと多肉植物だ。植物が空間の雰囲気に与えた劇的な影響に驚いた。夏には植物の色と質感が、窓の外の公園から室内に緑を引き込むように感じられた。冬にはわびしい室外の色を補い、アパートが色鮮やかな隠れ家に変わったような気がした。

オークスは初めて植物を育てる人にアドバイスをしている。私も始めるときに知っておきたかった。

まずは「自分の空間」を知ろう。いきなり店に行って、目に留まった植物を手当たり次第に買うのではなく、自分の部屋では窓がどの方向を向いているのか、光が主に直射日光なのか、間接日光なのかを知ろう。そしてその状況で育ちやすい植物を選ぼう。

鉢植えの世話が大変だと思う人は、自然の形状や質感を身のまわりに取り入れれば、自然の効果を少し得られるかもしれない。

大きな風景写真や、葉柄の壁紙やファブリック、動植物の絵は、室内に自然の視覚的特性をもたらしてくれる。最近泊まったホテルは、廊下に乾燥ラベンダーの小枝を置き、エレベーター内にクラゲのビデオを流すことで、窓のない空間の息苦しさを和らげていた。オークスは植物のコレクションに加えて、葉柄のクッションや額入りの植物のスケッチを飾っている。

より触感に訴える方法として、バイオメカニズム研究者のケイティ・ボウマンは、玄関に川の石を入れたトレーを組み込み、家の中に入ったとき足の下に石の質感を感じられるようにしている。

「森林浴」で免疫が強くなる

家に自然を取り入れるもう一つの方法は、「音」を使うことだ。オークスはアパートで背景音としてコオロギの鳴き声を流している。それを聞いて、自然が驚くほどにぎやかな音にあふれているのを思い出した。

人工音が、ともすればストレスホルモンの血中濃度を上げ、心疾患のリスクを高めるのに対し、自然の音風景には喜びあふれるリラックス効果がある。録音された自然の音は、小児病院で患者を落ち着かせ、空港ラウンジで旅のストレスを和らげ、痛みを鎮めるために用いられている。

鳥のさえずりはガソリンスタンドのトイレにまで流され、顧客満足度を高めている。おそらく、人間が環境の安全を知る手段として環境音、とくに鳥の鳴き声に頼るよう進化したせいもあるのだろう。大嵐の前など危険な瞬間に、鳥は逃げ、不気味な静けさが漂う。動物がふだんどおりの音を立てていれば、安心して遊んだり探検したりできるとわかる。

「香り」も、見過ごされがちだが、自然とつながる方法の一つだ。日本では森林浴――文字どおり「森林を浴びる」こと――と呼ばれる活動が、1982年から農林水産省によって公衆衛生の取り組みとして推進されている。

森林浴とは、たんに樹木のある場所で心身を解放すること（実際に水を浴びる必要はない）をいうが、ナチュラルキラー（NK）細胞を活性化させる効果があることが、いくつかの研究で示されている。

NK細胞とは、免疫システム、とくにがん細胞やウィルスに冒された細胞に対する人体の防御機構で重要な役割を担う白血球の一種である。森林の免疫増進効果には、フィトンチッドと呼ばれる化学物質が一役買っているとされる。フィトンチッドは植物が害虫や病気から身を守るために放出する物質で、一部のエッセンシャルオイルにも含まれている。

上記の研究に関連するテストの一つで、日本の森林に多いヒノキのエッセンシャルオイルを、加湿器でホテルの客室に拡散させたところ、空気中にフィトンチッドがあるだけでも、ストレスホルモンのレベルを下げ、NK細胞の活動を促す効果が確認された。

日常に「野生」を取り込む
——自分を密閉空間から解放する

森林浴の研究を学んだことで、疑問が湧いてきた。庭や鉢植えの穏やかな世界に触れたときの感情と、野生の大自然に身を置いたときの感情に違いはあるだろうか？研究は、違いがあることを示唆している。2005年の研究で、自然はどのようなかたちのものであっても都市に比べれば解放感があるが、自由を最も強く想起させるのは、人間の影響が最小限の、より野生に近い場所であることが示された。

文明の手がおよばない自然のままの野生環境は、人工的な環境の硬い境界や密閉空間からだけでなく、現代生活の目に見えない種々の制約からも、私たちを一時的に解放してくれる。

都市は人間を物理的に閉じ込めるが、都市の社会的・経済的現実はさらに厳しい制約を課す場合があるのだ。1930年に経済学者のジョン・メイナード・ケインズは、技術と生産性が向上するにつれ、先進国の労働時間は週15時間にまで減少すると予測した。だが今日のアメリカでは、労働者の3人に1人が週末や祝日にも働き、半数以上が有給休暇を消化しきらない。

子どもの自由も同様に制約されている。テストを中心とする教育制度に探検の時間を奪われ、恐れの文化のせいで監視を受けずに外遊びをすることもできない。

さらに、デバイスはたえまない通知の嵐で私たちの時間を奪い、意味のある活動や関係から注意をそらす（オンライン中毒を示す驚くべきデータとして、アメリカ人の10人に1人がセックスの最中にスマホをチェックしたことがあるという！）。

野生環境は上司やテスト、メールから私たちを解放し、日々の関心事の陰に隠れがちな、自然のありのままの気ままな側面に気づかせてくれる。ヘンリー・デイヴィッド・ソローは、隣家の雌牛が、まるで初春の雪解けに誘われたかのように、牧場から逃げ出して近くの川で泳いでいるのを見たときの喜びについて書いている。

「牛や馬の厚い皮の下には、本能の種が保存されている」と彼は書いている。「ちょうど地中深くに埋まった草木の種が永遠に保存されているのと同じように」

あなたもこれを感じたことがあるだろう。人影のない海岸の砂の線が波の泡と出合う場所に立ったときや、ハイキングをしていて車の音が聞こえない場所に来てしまったことに気づいたとき。どれほど飼い慣らされようとも、人間は誰しも衣服や責任の層の下に、脈打ち息づく野生の魂を持っている。問題は、どうやってそれを解き放つかだ。

「野生のペット」とともに暮らす

そう考えながら、先日亡くなった古い友人のジーン・クレイグヘッド・ジョージのことを思い出した。ジーンは、森に住むという私のはかない夢のきっかけをくれた『ぼくだけの山の家』をはじめ、子ども向けの自然の本を100冊以上書いた人だ。

私は子ども時代、彼女の家の向かいに住んでいたから、しょっちゅう砂利道を横切って家に押しかけ、松ぼっくりやヒキガエル、その他森の中をうろつきまわって見つけたものについて、質問を浴びせたものだ。

ジーンはどんなに忙しくても時間をとり、木から落ちた木の実の正体を教えてくれ、私の持ってきた鳥の巣を喜んだ。「まあイングリッド、すてきじゃない？」と叫び、短いカールでいっぱいの頭をのけぞらせて、木の上まで響き渡る大きな声で笑った。

ジーンの書く野生の物語は、彼女自身の野生での生活に着想を得ていた。昆虫学者を父に持つ彼女は、ポトマック河岸で釣りやキャンプをしながら、二人の兄たちのあとを追うようにして育った。兄たちは自力で鷹狩りを覚え、まだ高校生のときに「ナショナル・ジオグラフィック」誌に記事を書いた。ジーンの初めてのペットは犬でも魚でもなく、ノッドと名づけたヒメコンドルだった。

新婚時代は、ミシガン州イプシランティ近くのブナとカエデの森で、陸軍の払い下げ品のテントに住みながら、鳥類学者の夫が博士論文のために鳥を追跡するのを手伝った。毎朝起きて、サトウカエデの木に釘で留めた鏡で口紅とマスカラをつけ、自作の岩のオーブンでこしらえた3コースの料理で客人をもてなした。

風で飛ばされた赤やオレンジの葉がテーブルに落ちると、その上に皿やカップを置いて、「野生の秋のテーブルクロス」にした。いたずら好きなペットのアライグマに缶詰のラベルを全部剝がされた。大きなミミズクも飼っていて、たき火のそばでその絵を描いた。妊娠してからも、最初の子どもを産んだその日まで、そんな暮らしを続けた。

とうとうニューヨーク州の静かな町チャパクアの板葺き屋根の家に落ち着いたときも、ジーンは野生を置き去りにしなかった。この家はカラスからフクロウ、スカンクまでの多くの野生のペットの仮住まいになった。動物たちは移動や交尾の衝動に駆られるまでのまるまるワンシーズンの間、住み着くことが多かった。

「動物は私たち子どもと同じように、裏口から出入りしていたのよ」と、先日ジーンの娘のトゥウィッグが、母親を思わせる笑い声を上げながら教えてくれた。

ジーンの家には、地の果てまで旅する間に集めた、野生の芸術品が山と飾られていた。壁にはイヌイットの仮面が掛けられ、テレビの上にはサメのアゴがあった。石製のプロペラのような巨大なクジラの脊椎骨(せきついこつ)が、リビングルームの床に置かれていた。ダイニングルームの戸口の上には、芸術品の代わりに、端がほつれて大きな羽のようになったザトウクジラのヒゲが吊るされていた。

いまも目を閉じると、いつも燃えていた薪ストーブの暖かく煙った空気と、遠い異国から運ばれてきた香りとが入り混じった、あの家の匂いがよみがえってくる。

自分の「直感」で花を選ぶ

ジーンの家に行くのは、近所に居ながらにして冒険に出かけるようなものだった。とはいえ、彼女の家は、私の都会の家で簡単に真似できるようなものではない。

だいいち、たとえペットのフクロウやアライグマを手に入れられたとしても（ジーンの時代とは法律が変わり、最近では野生動物は以前よりはるかに厳しい法律で保護されている）、私のアパートは生息に適していない。

また暮らしに野生を取り入れるジーンには憧れたが、その能力が、普通ではあり得ないほど自然に密接して暮らすうちに研ぎ澄まされた直感に根ざしているのは明らかだった。私のような人間が日常生活で野生を身近に感じるには、どうすればよいのだろう？

6月のある金曜のこと、私はブルックリンのフローラルスタジオ、サイプアの創業者サラ・ライハネンに、この問いを投げかけた。

サイプアは、ここ数年でフラワー業界を席巻した、ワイルドなスタイルの立役者とされる。初めてライハネンの作品に出合ったとき、私は喜びに震えた。

彼女のアレンジメントは、当時主流だった、きっちりつくりこまれた寄せ植えとはかけ離れていた。コケで覆われた容器からゆるく垂れ下がる巻きひげや蔓（つる）、枝、シダにあふれ、柔らかく流れるようだった。私はサイプアの講座を受講し、その数年後、自分の結婚式のフラワーアレンジメントを依頼した。いまもつきあいは続いている。

サイプアのスタジオは天井が高く、白い漆喰（しっくい）の壁に大きなガラス窓のある細長い空間だ。サラは濃いお茶を淹れ、自身の野生の美学の原点を語ってくれた。園芸ではなく美術を学んだサラは、フラワーデザイナーへの道を独学で切り拓き、実験を通して初期のアレンジメントを生み出した。

「花市場に通い始めたころは、『この花の名前は何？』と聞きまくる迷惑な女子だった」と彼女は言う。「そのころ見てわかる花は、たぶん10種類ほどしかなかったんじゃないかしら。まさにゼロからのスタートだった」

だがサラは形式的な原則や教義にとらわれていなかったからこそ、自分の直感に従い、結果としてほかの花屋が見過ごしていた植物に目を向けることができた。

「市場で私が注目したのは、花より質感だった」と彼女は言う。カシワバアジサイの不思議な葉や、種子付きのユーカリのような実や種のなる枝など、彼女が魅力を感じた植物は、花に見えないものが多かった。

「最初に一目ぼれしたのがスモークツリー」と彼女は言った。「ちょうどいま咲いているわね、綿毛のような大きな花が」

スモークツリー、別名コティヌスは、高さが3メートルから4・5メートルにもなる木で、紫の葉の上にえび茶色のふわふわした霞（かすみ）のような穂をつける。

「美しい不完全」を追求する

こうした型破りな質感が、彼女の独自のスタイルをつくる基本要素になった。伝統的なフラワーアレンジメントは、大きな花を、半球や三角、楕円などの幾何学図形状に固めて強調する。サラは大きな花――バラ、ボタン、チューリップなど――も使うが、隙間なく配置する代わりに、葉や種の層の間にちりばめることによって、温室で育ったというよりは野原に生えていたかのように見せる。

また、典型的なアレンジメントが数種類の花や葉を使うのに対し、サラのアレンジメントは数十種類使うことも珍しくない。

「アレンジメントをつくるときは、いろんなバリエーションを使うようにしている」と彼女は言う。「とても大きなものから、とても小さなものまで。質感もそう。とてもざらざらしたものから、とても滑らかなものまで。種だらけのものや、大きめのベリーや、毛がもじゃもじゃしたものまで」

種だらけ？　毛がもじゃもじゃ？　美しいブーケを形容するときには聞かない言葉だ。

植物を栽培するときは、自然のぎざぎざした縁を滑らかにし、けばや毛、ヒゲを削ぎ落とすのに対し、野生のものにはそうした質感が手つかずのまま残っている。花だけではない。端に樹皮を残した木製のテーブルは、滑らかに削られたものよりも野生味がある。ワインにも野生的な製法がある。ワイン醸造家によって採用されつつあるバイオダイナミック農法は、かすかなにごりとかび臭さのある、生きているかのようにチクチクするワインを生み出す。

2008年の不況で、ライハネンのスタイルの象徴だった、繊細な雑草のような花が、卸売市場から姿を消しかけた。売り手は売れ残りの在庫を枯らすことを恐れて取扱品目を絞り、確実に売れる頑丈な花を主に扱うようになった。

サラはよい潮時だと思った。「市場で手に入る以上の花、変わったものや珍しいものがほしかった」。彼女は生産者を探し、直接発注し始めた。2011年9月にはオールバニーの西48キロにある古い農場をパートナーとともに購入し、それを花農園に変えるプロセスを開始した。1825年に建てられた崩れ落ちそうな納屋と、約43万平方メートルの岩だらけで粘土質の土地だ。二人はこれを「ワールズエンド（地の果て）」と呼んだ。

農園をつくる作業は、思うように運ばないこともあった。「忍耐を学ぶのもつらいことよ」とサラは言う。「この農園では、何か珍しいものがほしければ自分で探すしかない――そのための種や苗を。ようやくそれを手に入れ、植えたとしても、ときには花が咲くまで2年も待たなくてはならない」

だが彼女はその代わりに、業界の主流には理解されない花――ねじれた茎や、おかしな色の取り合わせ、予期しない変異――を育てる自由という見返りを得た。そうした花は、サラの言葉でいえば、まさに野生そのもののように「美しくも不完全」なのだ。

野生より野性的
――自由があふれる空間をつくる

8月、私はオランダのアムステルダムから車で2時間の町フメロにある、小さな個人庭園に向かっていた。庭園は目立たない場所にあり、標識が小さいせいで、二度も通り過ぎてからやっと入口が見つかった。所有者の73歳のオランダ人デザイナーで、庭園設計界の第一人者であるにもかかわらず控えめな謙虚さを持ち続けている、ピエト・オウドルフの人柄がそのまま表れているような気がした。

オウドルフはジェームズ・コーナーとともにハイラインのデザインを手がけ、浅い花壇を広々とした草原のように感じさせる、草木と多年草の愛される緑地帯を生み出した。ここフメロガーデンは、彼のワークショップ兼研究所である。

車を降りると、ピエトの奥さんのアーニャが出てきて、そのうしろを小さな黒と茶色の犬がついてくるのが見えた。約束の時間にはまだ少し早く、アーニャは庭の方に行くようにと、身振りで示した。

庭は生け垣沿いのレンガ道を左に曲がった先にあり、見たとたん、私はハッと息を呑んだ。緑と金、紫の広がりが、海面のように波打っていたのだ。一面が草むらで、長い草に短い草、硬い草に柔らかい草、それに銀色で槍のような葉を持つ草や、金色で先端がロープの先のようにほつれた草もあった。

そしてその合間に花が咲いていた。背の高いタチアオイや、柱のようなブルーサルビア、ロケットのようなエキナセア、その他私が名を知らない100種類ほどの多年草。庭は逆光を受けて、柔らかく輝いていた。

目の前に広がっていたのは、ラベルをつけられた花がそれぞれの縄張りを守る、美しく手入れされた庭園ではなかった。全体として調和の取れたにぎやかで豊かな草々と、その隙間から這い出し、よじれるようにして現れる花々だった。

2匹のクリーム色の蝶が、追いかけっこをしながら草花の表面をかすめるように飛びまわっていた。蝶のあとについて8の字形の道をたどり、庭の裏側に向かうと、脇の草が道をふさぐように生い茂り、弧のように垂れた草の穂からの草いきれが辺りに立ちこめていた。突然、道の真ん中でふわふわした草に腰を下ろしたい衝動を覚えた。でも周りを見まわすと、デンマークガーデニングクラブの一行が庭に向かってくるのが見えたから、穂の柔らかな表面に手をすべらせるだけで我慢した。

すぐに、アーニャの声に空想を破られた。ピエトの面会の準備ができたという。アーニャのあとについてスタジオに入ると、そこは三方に窓のある、シンプルでモダンな空間だった。

ピエトは立ち上がって迎えてくれた。背が高く赤ら顔で、彼のお気に入りの草と同じ、真っ白なブロンドの髪をしている。中央のテーブルにすわると、アーニャがお茶とチーズとバターの黒パンのサンドウィッチを載せた、金属のトレーを運んできてくれた。

腰を下ろしてから数分後、不思議な樹脂のような匂いが気になり始めた――木工用のニスに似た匂いだが、コリアンダーのようなハーブ系の香りが混じっている。集中しようとしたが、匂いは雲のように私を取り巻いていた。「おかしなことを言ってすみません」と私は切り出した。「これは私が庭でつけてきた匂いでしょうか?」

ピエトは、まるでご友人を存じ上げていますと言われたかのようにほほえみ、「ネズミノオだね!」と言った。「草だよ。話が終わったら見せてあげよう」

野生に「主導権」を明け渡す

彼が植物のとりこになったのは25歳、家族経営のレストランで働くのに疲れ、ガーデンセンターで働き始めたときのことだ。母の庭にさまざまな植物を植えて実験を始めたが、やがて手狭になり、1982年にアーニャと二人の息子を連れてここフメロに引っ越してきた。園芸植物の典型的な型に当てはまらないために見過ごされてきた種類の草花を専門にし、世界中の植物園から種を取り寄せて栽培を開始した。

「当時はイギリスの庭園文化が幅を利かせていた時代だ」と、ピエトは仕事を始めたころのことを語った。「彼らの庭づくりを学ぼうとしたが、制約が多すぎると感じた。園芸には固定観念がたくさんあるんだ。一年のうちのどの時期に何をやるか、どの植物とどの植物が合うか、どの色とどの色が合うか、合わないかといったルールがね」適切な言葉を選ぼうとして、間を置きながらゆっくり話した。「私はもっとゆるい感じにしたかった」

つくりこまれていない感じを出そうと腐心するうちに、ひらめきを得た。当時はほとんどの園芸家が、庭園内の領域を分けるために、かっちりと刈り込んだ低木を使っていた。ピエトは草を使って同じことができると気がついた。低木のような大きな茂みに育つ草は、庭の仕切りになる。それでいて草の縁は柔らかく、そよ風でなびく。草を使えば、形式張った硬い感じにせずに、風景全体に動きを与えることができる。

ピエトはゆるさに解放を見出した。草によって、ちょうどドレスからコルセットを取り外すかのように、形式張った庭の堅苦しさを和らげられる。

人間と環境との関係は、主に自然の意志と人間の意志との――後者に合わせて前者を曲げようとする――せめぎ合いだった。植物の強い意志に抗う代わりに、ピエトはそれを受け入れようと決めた。

「ガーデニングのプロセスに、自発性を取り入れようとした。植物の中には、消えてなくなるものもあれば、思っているより少し早く成長するものもある。植物は成長して自分なりの道を見つけようとするという事実を受け入れるんだ。植物が自分なりの方法で生きていくことを尊重しなくてはならないよ」

ティーンエイジャー（彼らもまた別の野生種だ）を持つ、経験豊富な親のような口調だった。生活に野生がほしいのなら、主導権をいくらか明け渡す心づもりがなくてはならない。

「一本の草」の自由なゆらめき

私たちはスタジオを出て庭へ向かった。道の途中で、アーニャがデンマークガーデニングクラブに別れの挨拶をしていた。50代か60代の白髪交じりの上品なご婦人方が、ピエトに気づいて卒倒しそうになっているのを見て、このものやわらかで穏やかなデザイナーが、ガーデニング界のジョージ・クルーニーなのだと思い知らされた。

ピエトは足を止めて挨拶を交わし、握手をした。小さな黒と茶色の飼い犬ダッフィーが、ステーションワゴンの開いた後部に敷いたタオルでひなたぼっこをしていたが、ピエトを見るなり飛び出して庭までついてきた。ダッフィーは草むらに消え、大喜びで跳ねまわった。

ピエトは辺りを眺めて深い息をつき、「動いている、動いている、いつも動いている」とつぶやいた。「一本の草にさえ、心を奪われることがある」

庭を歩きまわる間、この植物やあの植物についての私の質問に、ピエトは辛抱強く答えてくれた。すると突然、あのつんとくる匂いがまた漂ってきたのだ。ピエトは私の心を読んだかのように、「ネズミノオだよ」と教え、私が2時間ほど前に観賞した雲のような穂を指さした。私たちはしばらくの間、その不思議な香りを胸いっぱいに吸い込み、それからさようならを言った。

私はその場にとどまり、ピエトが角を曲がって姿が見えなくなるまで見守っていた。そして辺りが静かになると、ノートとカメラを下ろし、レンガ道に寝そべった。体の上に草がしだれているのを感じながら目を閉じ、つかの間の至福に浸った。にわかづくりの緑の神殿だ。

自然を強化し「拡張」する

車を走らせてしばらく経ち、ネズミノオの香りが消えようとしているなかで、あるパラドックスに気がついた。オウドルフの庭は見かけも感じも野生のようだが、じつは高度な

ピエト・オウドルフ庭園

デザインが施されている。

「私はこれを野生とは呼ばない」と、ピエトは最近の図面を見やりながら言った。「自然ではないが、野生のような感じがする世界。何かを彷彿(ほうふつ)とさせるかもしれないが、どこで見たかは思い出せない。これは自然を強化し、拡張したものなんだ」

ピエトの庭園は、私が見たことのあるほとんどの草原よりも野生味にあふれていた。だがいったいなぜ庭園が、本物の荒野よりも野生的に感じられるのだろう？

この疑問を解く手がかりに私を導いてくれたのは、サラ・ライハネンだ。サラはマイケル・マッカーシーの『蛾の吹雪』（未邦訳）という本を読むよう勧めてくれた。この本は野生への哀歌(エレジー)のようなもので、いわゆる「大いなる希薄化」、すなわち生息地の消失や殺虫剤と除草剤の大規模な使用による、イギリス田園地帯の野生種の減少を嘆いている。

1970年以降、農地に生息する19種の鳥類種の個体数が半減し、蝶類種の4分の3が最大で79％も減少したと、マッカーシーは指摘する。かくして野生地の生物多様性が、イギリスだけでなく全世界で驚くほど失われているのだ。

野生は野生味を失いつつある。だがそうした喪失は緩慢で、数世代という時間規模で起こるため、ほとんどの人は気づかない。生態学者はこの現象を、「基準推移症候群」と呼ぶ。簡単にいえば、私たちは野生の現状に合わせて、「野生」の定義自体を変えているのだ。

私たちが田舎を訪れるときに目にする風景は、祖父母の時代の風景に比べると陰影と多様性が大きく薄れている。そのために、オウドルフの庭園やライハネンのフラワーアレンジメントが、野生よりも野生的に見えるのだ。私たちはそれらの中に、かつて見たことのない野生、自分たちに必要だということも知らなかった野生を見ている。

野生味のある食べ物やファッション、庭、花の流行と並行して、在来植物の復元や、動物の地域絶滅種の再導入、未利用地の自然の生息地としての再生利用といった、野生を取り戻そうとする多くの真剣な取り組みが行われている。そして人々は野生の美学に魅力を感じれば感じるほど、それを生み出す生態系の保全に真剣に取り組もうとするように思われる。

サラ・ライハネンは2015年に、サイプアの結婚式やイベントで出る花の廃棄物をすべてワールズエンドに持ち帰り、堆肥にするようになった。また、ピエト・オウドルフが在来種の多年草を活用していることに触発されて、数千人の家庭園芸家が在来の植物群を取り戻し、益虫の生息数を増やすための取り組みを進めている。

彼らは野生の美的楽しみを追求しながら、義務ではなく、喜びに駆り立てられた、新しい環境保護主義を推進しているのだ。

第 4 の扉

調和

HARMONY

「美しい秩序」に気づく

子どものころ、一年でいちばん好きな時期の一つは、休暇の直前にラジオシティ・ミュージックホールで行われる「クリスマス・スペクタキュラー」に父が連れていってくれるときだった。おめかしをして、ネオンの看板と赤いシートが豪華な劇場に行き、まばゆい光と、踊るクマやサンタクロース、こびとたちを見るのが大好きだった。

でも各演目の最もすてきで最もよく知られている部分は、36人の長い脚のダンサー、その名もラジオシティ・ロケッツが、赤いベルベットのレオタード姿でステージを横切り、横一列にずらりと並び、最も完全で均一なキックラインをつくるときだった。

彼女らの脚は、見えない糸で引っ張られているかのように一斉に動き、ハイキックをすばやく蹴り上げるたび、きらきら光る靴がぴったり目の高さに上がった。

すべての目が釘づけになるのも、ショー全体で最大の拍手喝采が起こるのも、このスペクタクルだった。

昨年私はロケッツのキックをもう一度見るために、ラジオシティに戻った。キックラインの記憶が、子ども時代の記憶にありがちなように美化されていないかどうかを確かめたかったのだ。

だがロケッツが滑らかにフォーメーションを組み始めると、劇場のエネルギーは一気に高まった。私の前の70代の女性は、期待に身を震わせていた。最初のハイキックを見ると感極まって両手を握りしめ、座席にすわったまま上下に身を揺らし始めた。振り返ってうしろの観客席を見ると、誰もがしあわせそうにほほえんでいた。

この瞬間の劇場の興奮に、私は驚かされた。なぜならキックラインは、全演目の中で最も感情に訴えず、何の物語性もなく、しかも各演目のあとに必ず行われる最も予測可能な部分だからだ。振り付けが凝っているわけでも、大胆でも、複雑でもない。なのにあの完全無欠なダンサーの列が一糸乱れずに動くのを見るだけで、心の奥から純粋な喜びが湧き上がってきた。

「並んでいるもの」は美しい

——退屈なはずの「秩序」の不思議

そのころ、私は「きちんと整頓されたものたち」と題したブログを見つけた。その名の示すとおり、いろいろなものがきれいに整理され、並べられた写真を、ひたすら掲載するブログだ。まるでマニアックな掃除人が、世界中の雑多なものの小さな塊（かたまり）を分類し、整理しているかのように思える。色のグラデーション順に並べられた紅葉、大きさ順の羽、種類別の貝殻。

変わったものとしては、バービー人形の夢のおうちの小さな道具——フォーク、ナイフ、おたま、タオル——のコレクションや、最も淡い焼き色から最も濃い焼き色までの90枚のトーストが格子状に並んだものなどがある。

またイケアの料理本『ホームメイド・イズ・ベスト』（未邦訳）でのカール・クライナーのデザインを思わせる、巧妙で視覚的に美しいものもある。ちなみにこの本では、各レシピに必要なすべての材料——小麦粉の美しい小山や、バターのピラミッド、おもちゃの兵隊のようなバニラビーンズなど——が几帳面に並べられている。

それにバリー・ローゼンタールの海岸に打ち上げられたプラスチック用品のカラフルな構成を思わせる、刺激的なものもあった。だが私が最も好奇心をそそられたのは、とくに喜びを感じないものや、普通なら恐怖や嫌悪を招きかねないもの、たとえばナイフや手術用具、銀色の魚の死骸でさえ、大きさ順に並べられると、秩序が喜びを生み出すことだ。何を並べるかは問題ではないようだ。似通ったものを幾何学的に並べるだけで、どんなものでも喜びの源になるのだ。

私は最初戸惑いを覚えた。「秩序」は一見、とくに喜びに満ちているようには思えないからだ。私の考える喜びのイメージは、束縛されない、エネルギーに満ちたものであるのに対し、秩序は堅苦しく、静的で、おもしろみに欠けるように思われる。

それでも、この喜びを否定することはできなかった。ロケッツのキックラインは喜びにあふれ、1932年の開演以来7500万人を超える観客を魅了し続けているし、きちんと整頓された小さなイメージは、ときに数百、数千のいいねやシェアを集めることがある。

そんなわけで謎が残った──喜びは野生的で自由だが、ときにはきわめて整然としていることもあるのだ。

秩序は「生命の力」を表している

なぜなのだろうと考えるうちに、自然界にも隠れた秩序があることに気づき始めた。たとえばほとんどの動植物には、何らかの対称性が見られる。ヒトデやウニは放射対称だし、人間を含む脊椎動物は左右対称だ。魚の体やカメの甲羅には、ぎっしり並んだかたちが織りなすモザイク模様が見られる。また心拍の周期変動や呼吸周期は、波状の経時的パターンを示す。

生きるということは、表面的に現れるよりもずっと秩序立った取り組みだ。著述家のケヴィン・ケリーはこう書いている。

「実験室の棚にある4種類のヌクレオチドと、あなたの染色体にある4種類のヌクレオチドの違いは、付加的な構造があるかどうか、つまりあなたの複製DNAのらせんに加わることによって、これらの分子が秩序を得るかどうかである」

銀河や原子のような無生物の形態にも美しい対称性が見られるが、肉眼レベルでは、対称性は生命の明らかな兆候である。自然の無生物の対称性は、ほとんどの場合、偶然の産物でしかない。完璧なかたちの水切り石や左右対称の雲を見つけたときは得をしたような気持ちになるのではないだろうか。

純粋な物理原則が生み出す対称な形状や模様――水晶や、潮の干満、雪の結晶――は奇跡のように感じられる。秩序は、分子を配列し、細胞壁を形成し、栄養物を循環させ、エネルギーを成長と繁殖に振り向ける、生命の力の存在を示している。

そう考えたとき、秩序の喜びは主に、混乱と無秩序の対極にあることから来るのだと気がついた。

秩序は退屈で地味なのではない。秩序とは、活力に満ちた調和が――生命の美しいバランスを維持しようと力を合わせて取り組む個々の部分が――具体的なかたちとなって表れたものなのだ。

ただの「2色」が空間を引き締める

調和が環境におよぼす影響は強力で、また無意識的に働くことが多い。第1の扉で紹介したロンドンに拠点を置くカラースペシャリスト、ヒラリー・ダルクは、女子刑務所のシャワー室のデザインを依頼されたとき、このことを実感したという。

「タイルを指定してくだされればそれでいいんです」と、彼女は言われた。

刑務所側は、ダルクがベーシックな白いタイルを選ぶものと思い込んでいた。だがダルケは刑務所を見て、あまりにもとげとげしい雰囲気に驚き、ちょっと違うことをしてみようと思い立った。

「タイルにもう2色加えてみたの。ほんのりピンクがかった暖かいベージュと、もう少し濃く明るいテラコッタ系の色を」

ダルクはこの2色の単純な帯を壁の下方に配置し、その上方に白いタイルを貼るよう指示して、それきりタイルのことは忘れてほかのプロジェクトに移った。

6か月後、ダルクが刑務所に戻ると、スタッフが待ちかねたように彼女を迎え、そのままシャワー室に連れていき、「見てくださいよ」と言った。

「え、何ですか?」とダルクは答えた。

「ほら見て!」と彼らはくり返した。だがダルクには何も変わったものは見えなかった。

「はい?　これが何か?」

スタッフが言うには、ふつう刑務所では、囚人が自傷や自殺に使おうとタイルを砕くため、シャワー室のすべてのタイルが無傷なことはあり得ない。ただ2色の帯を加えただけで、シャワー室は空虚な広がりから、対称的で均整の取れた、メリハリのある空間に変わった。タイルは一枚たりとも割られていなかった。

無秩序が人に「ずる」をさせる

ある場所の調和が取れているということは、誰かがわざわざ手をかけるほどその場所のことを気にかけているということの、目に見える証拠である。

「無秩序」は、調和と正反対の効果をおよぼす。無秩序な環境は、無力感や、恐怖、不安、鬱との関連性が確認されていて、人々の行動に微妙な悪影響をおよぼすことがわかっている。

2008年にオランダで行われた一連の研究で、街に落書きがあると、通行人がゴミをポイ捨てしたり、少額のお金が入った封筒を盗んだりする確率が2倍に高まった。

これは「割れ窓理論」と呼ばれる、賛否両論の原則とも一致する。

割れ窓理論とは、落書きやゴミのポイ捨てのような無秩序の兆候を放置していると、より重大な犯罪が多発するようになるという仮説である。小さな違反行為が放置されれば、法律がしっかり施行されていないという印象を与え、ルール違反が例外ではなくあたりまえのことになってしまう。

よく知られているように、ニューヨーク市は1990年代に治安対策の一環としてこの理論を取り入れ、器物損壊や地下鉄のただ乗りといったささいな犯罪も許さない、「ゼロ容認」の姿勢を打ち出した。賛成派は、こうした取り組みが市の犯罪率の劇的な低下をもたらしたと主張する（他方、批判者は、犯罪率の低下に他の要因が影響している可能性を指摘し、この原則が人種や経済状態をもとに、特定の集団をターゲットにする取り締まり戦略を招いているとする）。

だが最近の研究によれば、より微妙な効果が作用しているのかもしれない。シカゴ大学の研究者は、200人の被験者に、非対称な線や歪んだ線でいっぱいの（だが不法行為の兆候はまったく含まない）視覚的に乱雑な環境のイメージを見せた。別の集団には、秩序ある環境のイメージを見せた。

被験者は実験開始時に算数のテストを受けていたが、彼らにイメージを見せたあとでそのテストを自己採点させ、正答数に応じてボーナスを与えると伝えた。結果、無秩序な環境にさらされた集団は、より調和の取れたイメージを眺めた集団に比べ、ずるをしてボーナスをせしめる確率が高く、その金額も多かった。

野生的なスタイルの達人ピエト・オウドルフでさえ、調和の重要性を認めている。ヨーロッパで自然主義的ガーデニングの初期の運動が失敗したことについて彼に聞いたときのことだ。この運動が生み出した庭園は、彼の目から見て「あまりにもだらしない」ものだったという。「精神は何らかの秩序を必要としている」と彼は言い、自身はバランスとリズム、反復を通じて調和を生み出していると強調した。

私は最初、「調和の美学」は、「自由の美学」や「エネルギーの美学」と緊張関係にあると考えていた。だがそのうちに、調和の美学は、この活気あふれる2つの美学を落ち着かせ、均衡させることによって、より強力にするのではないかと考えるようになった。周囲の世界に隠れた調和を発見し、明るみに出し、それを自分の環境に取り入れることによって、日々の生活にさりげない喜びを見出すことはできないだろうか？

「似たもの同士」をくっつける
──脳は「つながり」に気づくとうれしくなる

「きちんと整頓されたものたち」のブログの画像をじっくり見るうちに、複数のものに調和を持たせるための簡単な法則を発見した。類は友を呼ぶ、だ。

似たような特徴を持つものを一緒にすることで、ゲシュタルト心理学の「類似性」と呼ばれる原則──脳は似ているもの同士をひとまとまりの集団として知覚する傾向にあるという原則──を利用することができる。

羽や葉や玩具は、脳内で個々の物体であることをやめ、より大きな組成物の構成要素になる。ゲシュタルト理論家によると、これは脳が視覚系から入ってくる情報を単純化し、意味づけする方法の一つだという。

なにしろ似ているもの同士は視覚的に関連しているだけでなく、実用的にも関連していることが多いのだ。同じ形状の葉は同じ草木のものである確率が高い。そして数百万枚の個別の葉を見るより森の百本の木を見る方が脳にとって楽だ。

神経科学者のV・S・ラマチャンドランによると、私たちが関連性のある物体を一つのまとまりとして認識したときに感じる「そうか(アハ)！」という心地よい感覚は、脳の物体認識プロセスと、大脳辺縁系の報酬メカニズムとが本質的に結びついていることを示している。つまり喜びとは、周囲の世界の相関関係やつながりに目を光らせることに対する、脳の自然の報酬なのだ。

この原則は、なぜコレクションが喜びに満ちているかを理解する手がかりになる。一つひとつのものにはそれほど価値がなくても、コレクションは私たちの目に、部分の総和以上のものに映るのだ。

インテリアデザイナーのドロシー・ドレーパーは、第二次世界大戦中に「グッドハウスキーピング」誌のコラムで、「趣味のものを飾りましょう」と読者にアドバイスしたとき、このことを知っていたにちがいない。

「コレクションを分散して、意味のないガラクタにしてしまってはいけません」と彼女は書いている。「小さなもののまとまりは、うまく配置すれば重要で価値のあるものになるのですから」

おそろいの額縁に鳥柄や花柄のプリントを入れて壁に並べたり、コーヒーテーブルの天板をガラスにして、その下にペーパーウェイトのような小物をディスプレイしたりすることを、ドレーパーは提案している。目はおのずと似通った特徴を探そうとするから、共通項のあるものを近くに配置すれば、それらは一つのまとまりに感じられる。その共通項は、大きさでも、色、かたち、素材でもいい。

私の自宅には、似たものがとくに理由もなく別々の場所に置かれているのに気がついた。寝室にターコイズの花瓶、本棚にターコイズの本、キッチンにはターコイズのマッチボックスが2個。玄関のテーブルにまとめて置いたところ、ばらばらなガラクタだったものが、喜びあふれる眺めに変わった。

「複雑」で「まとまり」があると魅力を感じる

私はこの原則を、多くのちょっとした方法で暮らしに取り入れている。たとえばボードや冷蔵庫の扉に何かを留めるときには、同色のピンやマグネットを使う。こうすると、グリーティングカードや雑誌の切り抜き、その他雑多なものを留めても、すべてが一つのものを構成しているように見える。

また小さな贅沢だが一生ものになるから、クローゼットに合ったハンガー一式を買うといい。衣服に統一感を持たせ、店に吊るされているかのように、コーディネートされた服に見せる効果がある。

アンティークの皿と銀食器のようなミスマッチなものが好きなら、大きさがほぼ同じものを集めれば、同じ一式のもののように感じられる。近藤麻理恵のお片づけテクニックの多くも、この原則を応用している。たとえばソックスを巻き寿司のように丸め、引き出しに立てて収納すれば、家で乱雑になりがちな場所に、落ち着きのある統一感が生まれる。同じ原則を、より大きな規模で適用することもできる。室内の別々の部分に、同じ色やかたち、質感を用いれば、目は部屋をつながりのないものの寄せ集めではなく、一つの全体として認識する。

これは大切なことだ。なぜなら研究によれば、人はやや複雑さの高い環境を好むが、その複雑さがまとまりのある構造をなしていない場合は魅力を感じないからだ。環境が複雑であればあるほど、空間に秩序と安心感をもたらす調和の基調が必要になる。この意味で、調和は「豊かさの美学」を補う重要な要素になりうる。

そういえばディランズ・キャンディバーでは、店内に統一感を出すために、一貫性のある要素を取り入れていた。お菓子は多種多様で、見た目もまったく違っていたが、それらの入った透明なアクリル製の瓶は大きさとかたちが統一されていた。また虹色のキャンディの壁は、種類の違うお菓子を色相別にディスプレイすることによって、単純な色のスペクトルに見せていた（つまるところ、虹とは色を整理して並べたものなのだ）。

「アパートに統一感を持たせるには、空間を一つひとつ調べ、どんな色で構成されているかを見てみましょう」と、インテリアデザイナーのギズレーン・ヴィニャスは言う。

彼女はオランダ生まれの南アフリカ育ちで、その生い立ちの影響を思わせるケシの色合いを多用した、活気ある空間を生み出すことで知られている。色は、多様な部屋やスタイルをつなぐ懸け橋になるというのが、ヴィニャスの持論だ。

「あなたのソファは何色ですか？　イスは何色？　キッチンにある何かを、リビングルームの何かと結びつけられますか？」

彼女は多くの色が織り合わさったファブリックや装飾用枕を利用して、視線が滑らかに動くよう図っている。

ヴィニャスのカラフルなスタジオを訪れていたある午後、彼女はオレンジと紺、緑のプリント柄のクッションを指さした。これらの色のおかげで、視線がキッチンの蛍光オレンジのイスから、リビングエリアの紺のラグや緑の小物へと自然に移るのだという。

「視線が移動していることにさえ気づかないけれど、このクッションによって秩序が生まれている」

ヴィニャスは色と模様を利用して、空間を分断する構造的特徴にも統一感を持たせる。あるクライアントの寝室は、ベッドをかろうじて置けるほどの広さしかなかった。

ヴィニャスは壁を太い横縞に塗り替え、ドアと額縁も同じ横縞で覆った。おかげで、それまで壁を分けていたばらばらなかたち――ドアの長方形、額縁の正方形、壁の枠装飾（モールディング）――に統一感が生まれ、部屋が広く感じられるようになった。

「シンメトリー」に魅了される
──「対称図形」が頰をゆるませる

喜びあふれるかたちを一つ挙げるとしたら、あなたはまず何を思い浮かべるだろう? 私がこれまで話した人では、「円」という答えが多かった。

円は昔から聖俗の伝統において、調和と完全さの象徴として用いられてきた。円はキリスト教美術では後光、エジプトの寺院では太陽を表し、ヒンドゥーでは光の祝祭ディワリを祝うためのランゴリと呼ばれる砂絵に描かれる。

アーサー王の騎士が円卓に集まったのは、円を囲むすべての位置に同等の重みがあるからだ。同じ理由から、円はビジネスやカジュアルな集まりでも、社会的調和が取れているという感覚を生み出す。人は真横にすわるよりも、少し角度をつけてすわることを好むことや、可能な限りイスを丸く並べてすわろうとすることが、研究により示されている。

途切れのない円周と一定の曲率のおかげで、円は最も安定的で、完全で、すべてを包み込むかたちになっている。だが円に喜びがあふれる理由はもう一つある。それは、無限の対称性だ。

対称性への愛着は、人間の美的嗜好の中でもとくに研究が進んでいる側面である。チャールズ・ダーウィンは1871年にこう書いている。「目は対称性や、何らかの定期的な反復のある形状を好む。この種の模様は、最も後れた未開人によってでも装飾物に用いられ、また性淘汰を通じて一部の動物のオスの飾りとして発達してきた」

科学界のコンセンサスも、ダーウィンの見解と一致する。人間の目は対称性にこのうえなく敏感で、対称的な図形を非対称的な図形よりもずっと速く、100ミリ秒以内に認識する。ごちゃごちゃした背景の中でも対称図形を検出し、しかも直接見つめていなくても認識することができる。

2013年のリバプール大学の研究によると、人は無意識のうちに対称図形を「楽しみ」「楽園」「天国」といったポジティブな言葉と関連づけ、非対称図形やランダムな図形を「災害」「悪」「死」などの言葉と関連づける。

別の最近の研究では、対称性が文字どおり人を笑顔にすることがわかった。対称図形を見ると、ほほえむときに働く表情筋の一つ、大頬骨筋（だいきょうこつきん）がわずかに収縮するのだ。

「求愛相手」を探す指標になる

私たちが対称性を愛するのは、それが内面の調和を対外的に表す象徴だからなのかもしれない。研究によれば一般に、より対称的な顔立ちの人は同性にも異性にもより魅力的とみなされ、顔に対称的なパーツが多い人はそうでない人に比べ、より健康的で、誠実で、知的だと評価される。

こういった判断は表面的に思えるかもしれないが、じつはより深い意味がある。対称的な顔立ちは、免疫反応に関わる遺伝子群の多様性の高さと――つまり病気に対する抵抗力の高さと――関連していることが示されている。また対称的な体形の人ほど安静代謝率が低い、つまりエネルギー効率が高いという報告もある。

生殖に関する健康の研究では、より対称的なかたちの胸を持つ女性は、生殖能力のマーカー〔生殖能力の高さを示す目安となる生理学的指標〕が高く、より対称的な身体を持つ男性はそうでない男性に比べて精子数が多く、精子の運動性も高いことがわかっている。

つまり人が対称性に魅力を感じるのは、それが求愛相手の活力と健康を示しており、またその結果として対称性が子孫に受け継がれる可能性が高いからだということになる。シリアゲムシからツバメまでの多様な種も、対称性をつがいを選ぶ際の指標にしている。

だが対称性の魅力は性的なものにとどまらない。生後わずか4か月の乳児でさえ、非対称的な図柄より対称的な図柄を好むことが研究で示されている。

認知科学者によれば、脳は類似度の高い物体をグループ化することに快楽を感じるのと同様、対称的な物体を識別することにも快楽を覚える。それは一般に、対称的な物体は非対称的な物体よりも進化的に重要だからだという。人体は岩よりも興味をそそり、リンゴは石よりも価値がある。対称的な形状は、それが生物か、もしくは生物によってつくられた何か――鳥の巣やハチの巣、アリ塚など――であることを示唆（しさ）している。

また完全な対称性を実現するのは並大抵のことではない。それが、対称性がスピリチュアルな調和と結びつけられることが多い理由なのかもしれない。たとえばナバホ族の織物に見られる左右対称と四方対称の柄は、おおまかに「バランス」や「調和」といった意味の「ホゾ」を生み出そうとする試みである。

ホゾを実現すれば、美だけでなく、平安と健康が得られると考えられている。ミシガン州立大学の研究者が、アオニケンクやナバホ、ヨルバなどの民族の伝統的な抽象柄をもとに、対称的な模様と非対称な模様をつくって被験者に見せたところ、非対称な模様の方が一貫して魅力が低いと評価された。

「マックマンション」が醜悪な理由

対称性は大昔から、建築の基本原理とされてきた。幾何学は古代の世界でも広く用いられ、エジプトからインドまで、建築家は幾何学を利用して正確な対称性を持つ寺院や宮殿、霊廟（れいびょう）を生み出した。また歴史的に見て、ほとんどの住宅も対称的だった。

建築に関する限り、対称性はただ心地よいというだけでなく、単純で効率的でもある。なにしろ左右対称な建物をつくるには、図面を半分だけつくって、中心線で反転させればよいのだ。

だが過去50年ほどの間に、住宅や建物にも非対称性が忍び込んでいる。建築家のケイト・ワグナーによれば、この変化はきらびやかな1980年代の郊外住宅ブームとともに始まったという。1970年代はエネルギー危機により小さめの住宅が好まれたが、レーガン政権下の税制改革が建設業界に大きなインセンティブをもたらし、また見せびらかしのために過剰な消費を行う風潮が生まれたことから、大きな住宅がステータスシンボルとなった。

「マックマンション」〔マクドナルドの店舗のように量産された急ごしらえの住宅〕と揶揄(やゆ)された贅沢な大邸宅は、エクササイズルームやホームシアター、車3台分のガレージ、豪華な特大の玄関といった、新しい特徴を備えていた。不動産開発業者は顧客の歓心を買おうとして、規模を大きくするために対称性を犠牲にし、その結果驚くほど居心地の悪い大邸宅がつくられることも多かった。

開発業者はときに建築家の介在を排し、購入者がオプションを選んで設計をカスタマイズする、モジュール方式を採用することもあった。アーチやモールディング、出窓などのオプションは、構造に組み込まれず、場当たり的に表面につけられた。

マックマンションは、非対称な建築の中でも最も醜悪な部類に入るが、非対称な建物の例はほかにも多くある。都市の集合住宅の多くも、長年の度重なるリノベーションで細分化・形状変更され、ギリシアの神殿のような調和とはかけ離れた、均整の乱れた空間になっている。

まわりに「シンメトリー」をつくりだす

あなたの生活空間に対称性が欠けているなら、自分で生み出せばいい。

似通ったもの、たとえばイスや鉢植えなどを対(つい)にして、あなたが決めた線の両側に対称的に配置すれば、そこが対称軸になる。この軸は壁の中央に設けてもいいし、目立つ建築的特性、たとえばマントルピース〔暖炉まわりの装飾〕やつくりつけの本棚などを基準にしてもいい。家具やラグ、照明器具などを、この軸を中心として配置しよう。

最も目を引く対称軸は垂直軸だという研究報告がある。それはおそらく私たち自身の体が、垂直軸を中心として左右対称だからなのだろう。鏡、とくに大きな鏡は空間を倍に見せるから、左右対称性を瞬時に生み出すことができる。

また私たちにはなじみの薄い上下対称性も、空間に調和をもたらす効果がある。ドロシー・ドレーパーは室内のランプシェードの天面の高さを統一して、部屋にさりげない水平軸をつくるよう勧めていた。

この方法が細かすぎると思う人は（じつは私もそうだ）、手始めに室内のものの表面や額縁を水平に保つとよい。一般に室内のすべての額縁の上辺の高さをそろえると効果が高いが、つねにそれがよいとは限らない。迷ったときは自分の目を信じよう。

大がかりな取り組みでなくても、対称性を生み出すことはできる。

インテリアデザイナーのギズレーン・ヴィニャスは、空間のバランスを改善するための、一風変わった方法を説明してくれた。

「あるプロジェクトで、クライアントの家にピアノがあったの。本当に参ったわ。家中のすべてが真っ白でとても明るいのに、とんでもなく重い真っ黒なピアノが片隅にあって、もう一方の隅をどうすれば部屋のバランスが取れるのか頭を悩ませた」。彼女は非対称で頭がいっぱいだった。「気になって仕方がなかった。どうしてもしっくりこなくて」するとある日、クライアントが大きな馬形のランプの写真を見せてくれた。実物の馬ほどもある、巨大なランプだった。「それを隅に飾ったとたん、バランスが取れたのよ」ヴィニャスとチームは、空間に調和が感じられるかどうかを確かめるため、レイアウトを完全に決めてしまう前に、ラグや家具の輪郭を示すテープを床に貼って確認している。目は垂直と水平方向の対称性を直感的にとらえるのと同様、物体や空間の中央に無意識的に引きつけられる。クリストファー・アレグザンダーらは『パタン・ランゲージ』の中で、人は果物を盛ったボウルやロウソクのようなものをテーブルの中央に置きたいという無意識の衝動を持っていること、また中央にものを置いたテーブルがとても「しっくり」くることを指摘する。

これと同じで、人気の高い公共広場や庭は、噴水やオベリスク、その他の興味を引くものが中央に配置され、空間の中心点になっている。空間の中央に置かれた物体は、何もない広がりに錨（いかり）を下ろすことによって、周囲の空間を変化させるのだ。中心を決め

ることには、対称感を生み出し、居場所を認識しやすくする効果があるのだろう。

「パターン」が脳にもたらす力

――豊かな「振動」の中を泳ぐ

対称的な建築を調べていたとき、次の休暇先のカリフォルニア州パームスプリングスにほど近い場所に、そうした建築物があるのを知った。アルバートに一緒に来てくれるよう説得するのに大した苦労はなかった。私たちはジョシュアツリー国立公園に近いモハーベ砂漠の南東の端に車で向かったが、立ちこめる砂埃のせいで白いドーム形の建物をあやうく見落としてしまうところだった。

ドームを建設したのは元航空機エンジニアのジョージ・ヴァン・タッセル。「金星から来たエイリアンの指示に従って木材だけで建設した」というこの建物を、ヴァン・タッセルは「インテグラトロン」と名づけた。インテグラトロンは静電発電機と細胞若返り機、タイムマシンになる予定だったが、構造の構築に20年以上を要した末に、ヴァン・タッセルが1978年に亡くなったため、その超自然的な構想が現実化することはついぞなかった。

だが木材だけでつくられたこの大きなドームは、たとえ私たちを恐竜時代に送ることはできなくても、ある特性のおかげで価値あるものになっている。それは、完璧に近い音響環境だ。

パロサントの香木の薄い煙が漂うなか、私たちは横縞のクッションに横たわって、頭上のリブヴォールト〔対角線をなす肋材で補強したアーチ状の天井〕を眺めた。

ドーム内のすべてのささやきが拡大され、向こう側の人の声でさえ、耳元でささやかれているかのように聞こえる。見学者たちがそれぞれの位置に着くうちに、空間に静寂が訪れた。それから低い共鳴音が響き渡った。すぐにもっと高い、脈打つような音が鳴り、それからまた別の音がした。これらの音は石英と水晶でできたシンギングボウルから発していたが、四方八方から聞こえてくるように感じられた。

案内の男性がこの体験を称して、「ギターの中に入って丸まって眠りたくなるような感じ」と言っていた意味が、やっとわかった。私たちはいま巨大な弦楽器の胴体の空洞にいて、豊かな音の振動の中で泳いでいるのだ。

まるで夢と覚醒の間に宙吊りになり、ほとんど幻覚に近い、現実から切り離された不思議なイメージや思考の中を漂っているようだった。「音浴」愛好家たちが、トランスのような状態と深い喜び、リラクゼーションをもたらす体験、と描写するのもうなずける。

「反復するリズム」に安心感を覚える

ミュージシャンがリフに夢中になったり、ダンサーがリズムに没頭したりするのを見て、音楽は自由で束縛されないからこそ、喜びに満ちているのだと考える人がいるかもしれない。

だが音楽の喜びの根底には、幾重にも重なる秩序の層がある――音の反復と、拍子とリズムの順序、そして最も深いレベルの音波そのものの振動。私たちが初めて拍子に出合うのは子宮内で、赤ちゃんは子宮を出たあとも、母親の心拍や、反復的な音、リズミカルに揺れる動きに安心感を覚える。

東洋と西洋の伝統音楽はまったく違うように聞こえるけれど、どの音が協和音でどの音が不協和音かは、文化や老若の枠を超えて誰もが同じように聞き分ける。完全五度と完全四度と呼ばれる音程は、万人に快いものとみなされ、ほとんどの文化の音楽に登場する。最古の楽器――白鳥やマンモスの骨でつくられた約4万3000年前のフルート――でさえ、これらの調和の取れた音程を奏でることがわかっている。

音楽学者によれば、これらの音程が心地よく聞こえるのは、2つの音の周波数の比率(完全四度の場合は3：4、完全五度は2：3)のおかげで、異なる波長が規則的に交差するからだという。完全五度を奏でているバイオリンでは、1本の弦は、もう1本の弦が2回振動するごとに3回の割合で振動するため、2つの波長は頻繁に交わる。

これに対して「音楽の悪魔」とも呼ばれる三全音の音程は、32：45の周波数比が不吉な不協和音を生み出す。

ドイツの物理学者エルンスト・クラドニは1787年に、音の振動を可視化する方法を発見した。金属板に砂をまいてドラムのように振動させると、板の表面にそれぞれの音の音質がつくる固有の対称図形が表れるのだ。このことは、音楽が本質的にパターン化された音であることを思い出させてくれる。

聴覚的なものであれ視覚的なものであれ、パターンはつねに喜びをくれる。パターンやリズムが愛される理由の一つは、構造化された反復が、基準となる調和のレベルをすばやく確立するからだ。

パターンがあるおかげで、私たちは豊かな刺激に呑み込まれることなく、じっくりとそれを味わうことができる。またパターンという規則正しい背景に照らして、不調和なものや異常なものを容易に検知できる。おかげで脳はつねに厳戒態勢を取る必要がなくなり、リラックスしていられる。

これまでの研究により、音楽の規則正しい拍子とメロディは、さざ波などの構造を持たない音に比べてストレス軽減効果が高いことや、曼荼羅（まんだら）などの構造化されたパターンの彩色は、不安を鎮める効果が高いことがわかっている。

必要なのは「練習」と「忍耐」だけ

ダーウィンによると、スコットランドのタータンからカシミールのペイズリー、ガーナの鮮やかなケンテに至るまで、地球上のほぼすべての文化の装飾芸術にパターンが用いられている。多様なすばらしいパターンが、粘土や木を彫る、毛や草を編む、植物や岩を砕いてつくった色素で絵を描くといった、単純な手法で生み出されてきた。

パターンを生み出すのに手の込んだ高価な素材は必要なく、ただ練習と忍耐さえあればいい。相対的に貧しい文化さえもが、パターンを生み出すことに労力を注ぎ、水瓶やベストのようなものに、喜ばしい意味を吹き込んでいるのだ。

数年前シルクロードを旅したとき、美しいパターンの世界に飛び込んだことに気がついた。ウズベキスタンのウルトラマリンの陶器やスザニ刺繍、トルクメニスタンの赤い絨毯、キルギスタンの図形模様のフェルトラグ。これらは古来、遊牧民がユルト（移動テント）を飾るために使っていたものたちだ。

旅から戻ると、暮らしにパターンを自然に取り入れていた中央アジアの文化が恋しくなり、喜びあふれる模様の織物を集め始めた。それらは国内や旅先のアンティークショップや布地の専門店、マーケットで買うことができ、そのとき使い道を思いつかなくても、必ず合う場所が見つかる。クッションや古くなったスツールのカバーにしたり、ただイスにかけてもいい。

パターンがすばらしいのは、控えめなものでも喜びにあふれていることだ。白地に白のパターンのニットやレースは、どんな色恐怖症の人にも喜びを与えてくれる！

フラクタルを見ると「α波」が増加する

人間はパターンを認識したいという欲求があまりにも強く、パターンのないところにさえパターンを見出すことがある。私たちが夜空に星座を、雲に顔を、街の喧騒にメロディを発見して喜びを感じるのは、パターン性と呼ばれるこの性向があるからだ。

パターンには重要な情報が含まれることが多いため、人間にとっては意味のないデータを拡大解釈することの方が、真のパターン（食用の植物の葉や、動物の足跡を示す連続したくぼみなど）を見逃してしまうことよりも、つねに安全だった。

またパターンの中には、とても目立たず、存在にすら気づかないものもある。森林とオフィスビルを比べると、ビルの方が秩序正しい光景に見えるかもしれない。延々と続く窓や幾何学図形に単純な対称や数学的関係が見出せるのに対し、森林は一見奔放で無秩序に見える。だが1970年代に数学者のブノワ・マンデルブロが、自然界の多くのものに、織物の模様のように直線的にくり返されるパターンではなく、スケールを変えてくり返し現れるパターンが存在することを発見した。

木の枝に注目すると、木の幹から枝が分かれていくフォーク形のパターンが、枝からさらに小さな枝が分かれていくパターンとして、より小さなスケールでくり返されているのが見える。マンデルブロが「フラクタル（自己相似性）」と名づけたこうしたパターンは、海岸線や河川網、雪の結晶、血管、地平線を含む自然界の多くのものに見られる。この種のパターンは、反復するうちに中心的なモチーフがどんどん拡大していくため、拡大対称性とも呼ばれる。

人は複雑度が中程度の——自然界に最もよく見られる種類の——フラクタルを強く好むことが、研究からわかっている。こうしたフラクタルを見ると、前頭葉のα波が増加する。この状態は、覚醒状態でのリラクゼーションをもたらすことが知られている。屋外での活動が喜びにあふれ、回復効果が高いのは、このせいもあるのかもしれない。

フラクタルは人工環境にも見られる。研究により、ジャクソン・ポロックの絵の具の渦にフラクタルのパターンが潜んでいること、また後代の作品ほどフラクタル構造の複雑さが増すことが明らかになっている。フラクタルはゴシック建築に多く見られるほか、一部のヒンドゥーの寺院にもある。

アフリカには村全体がフラクタル的な階層構造になっている例もある。数学者のロン・エグラッシュは、エチオピアとカメルーン、マリの村を調べ、フラクタルが建築原則としてアフリカ大陸全体で広く用いられているほか、多くの慣習や宗教儀式を下支えしていることを発見した。

フラクタルや複雑なパターンの喜びは、「調和の美学」が目に見えるものばかりではないことを思い出させてくれる。それは、体で感じるものでもあるのだ。

「いい流れ」をつくる
――風水を現実的に考える

調和の感覚には、とらえどころがないものもある。そのため、ときにはバランスが崩れていると感じながらも、デザインを学んできた私でさえ、どう対処してよいかわからない場合がある。

空間に調和を生み出すためのより具体的な導きを求めて、私は建築とデザインの歴史を研究し始め、ほどなくして数千年前から存在する、空間の調和を図るための確立された慣習があることを知った。中国の風水学である。

私はずっと風水には及び腰だった。私がこれまでに読んだ風水の記事は、簡単な秘訣が幸運と成功を呼ぶと謳っていながら、なぜそのアドバイスがすばらしい結果をもたらすのかという根拠を何一つ示していなかったからだ。科学というよりは、住まい版の占星術とも呼ぶべき、魔術的な思考に思えてならなかった。

だがその一方で、風水は5000年以上もの長きにわたって実践され続けている。これだけ長い間続いているのだから、くわしく研究する価値があるのかもしれない。

私は探究に乗り出し、風水に対して同じような考えを持つ、キャスリーン・マキャンドレスのことを知った。彼女は現実主義的な風水師で、著書の『理解できる風水』（未邦訳）の中で、風水の謎めいた術をめぐる神話の多くを打破している。

マキャンドレスは、もとはアマゾン川流域の森林破壊を調査する自然保護活動家だったが、母親がステージ4のがんと診断されたため実家に戻った。ある日書店で手に取った本に、風水に関する短い章があった。帰宅して、そのアイデアのいくつかを母に試してみると、驚いたことに、母は気分がよくなったと喜んだ。母が亡くなってから、マキャンドレスは風水の古来の教えを現代生活に当てはめることに打ち込むようになった。

風水が生まれた当時の中国は農耕社会で、物理的な地形が大きく変動していた時代でもあったと、マキャンドレスは教えてくれた。風水は、こうした地形をかたちづくる最も強力な力とされる「風」と「水」からその名を得ている。風と水の流れが速すぎれば、竜巻や洪水、津波などによる壊滅状態が生じ、流れが遅すぎれば、空気がよどみ、水が濁り、停滞が訪れる。

「古代中国人は深い叡智によって、安全と最適な環境を確保するための仕組みをつくろうとした」とマキャンドレスは言う。家や畑の立地が、人々の健康や収穫高、生存までをも左右したため、風水は当然のように、幸運と繁栄を呼び込む方法とみなされるようになった。

「気の流れ」を具体的に説明すると？

風水によって現代世界に調和を生み出す方法を自分なりに理解したかった私は、自宅で試すことにした。マキャンドレスは、風水学の観点からすると理想的な場所にちがいないマウイ島に住んでいるため、残念ながら私のニューヨークのアパートの相談に乗ってもらうには離れすぎている。

そこでブルックリン在住の風水師、アン・ビングリー・ギャロップスの力を借りることにした。彼女にアパートの間取り図を送り、簡単なアンケートに答え、数日後アパートに彼女を迎えた。

私が風水に懐疑的な気持ちを持っていると打ち明けたとき、ギャロップスは赤い縁のメガネの奥で目をしばたたかせたりはしなかった。マキャンドレスと同様、彼女も風水の力の源泉が、何かの謎めいた特性ではなく、周囲の環境との接し方を見直すことにあると考えている。

「魔法ではないの」と彼女は言う。「たんに空間の一つひとつのエリアに注意を向けるということ」

これを念頭に置いて、私たちは玄関のドアから始め、アパート全体を見てまわった。私が玄関の、ものであふれた古い棚を取り替えるつもりだとか、いつもはこんなに靴や箱で散らかっていない、などといいわけをしている間も、ギャロップスはその場のすべてを静かに感じ取っていた。その平静なふるまいを見て、私も冷静さを取り戻した。

彼女はドアを開け閉めし、あちこちをのぞきこみ、一歩下がってそれぞれのエリアを違う角度から眺めた。私は日々の生活に追われ、立ち止まってただ眺めるということを、長い間してこなかったことに気がついた。たぶん、約3年前に引っ越してきてから一度もしていない。

「ほとんどの場所で、『気』はいい感じね」とギャロップスは言った。

一瞬ほめられたような気になったが、意味がわからないので説明してもらった。

彼女によると、風水には、周囲や体内のすべての物質が、「気」という目に見えないエネルギーで動いているという、重要な考え方がある。鍼(はり)も風水も、気の力を中心とする考え方だ。鍼が「体内の気の流れ」を整えようとするのに対し、風水は「周囲の気の流れ」をよい方向に導こうとする。

その説明を聞きながら、私は半信半疑の顔をしていたにちがいない。ギャロップスはすかさず、わかりやすいたとえを持ち出した。

「小さなペットの動きのようなものよ。ペットが家に入ってこられるか、中を探検して、簡単に出てこられるか。それが健全なエネルギーの流れなの」

私は友人のペットのチワワがアパートに解き放たれ、短い足を回転させながら、アパートの隅々に飛び込む様子を想像した。

よい気は、風水という名が示すとおり、空間（と体内）を海風のようにすばやく、だが穏やかに流れる。たとえばがらんとした長い廊下は、気が勢いよく駆け抜けるが、それは空港のコンコースには適していても、家では落ち着かない。散らかった部屋では、気の巡りが滞る。

気が生命の力という考え方はいまひとつピンとこなかったが、概念としては納得できた。気とは空間内の空気の巡りや、室内での視線の動き、住人の日々の軌道だ。気とは流れ（フロー）なのだ。

整理によって「流れ」を生み出す

これを理解したとたん、秩序の喜びを新しい視点でとらえられるようになった。よくある目の錯覚で、向かい合う二人の横顔だと思っていたものが、視点を変えて真ん中の白地に注目したとたん壺に見える、あの感覚を覚えた。秩序の喜びは、構造や組織それ自体ではなく、秩序によって生み出されるエネルギーの円滑な流れがもたらすものなのだ。

たとえばロケッツのキックラインは、厳格なルールによってつくられている。ロケッツのオーディションを受けるダンサーは、身長が約168センチから179センチという基準を満たしていなくてはならない。キックラインは、中央の最も背の高いダンサーから両端の最も低いダンサーに向かってなだらかに下降するように構成されている。

これらのすべてが重要だが、喜びはこうした舞台裏の周到なルールや整列の仕方から生まれるのではない。秩序のおかげでダンサーが動きを同期できるから、ダンスが自然な波動に感じられ、喜びが生まれるのだ。

あるいは「きちんと整頓されたものたち」ブログのイメージを考えてみよう。ブログ作成者のオースティン・ラドクリフに話を聞いて、ブログの整然としたレイアウトが、「ノーリング」と「ミザンプラス」という2つの手法に根ざしていることを知った。

ノーリングとはもの、通常は道具を、互いに直角になるように作業面に配置する手法で、もとは1980年代末にフランク・ゲーリーの家具工房で生まれ、アーティストのトム・サックスによって広められた。

ミザンプラスはフランス語で「ものをしかるべき場所に置く」という意味で、プロのキッチンで料理人がシフトで交代する際、調理に必要なすべての材料と用具を整頓して並べておく手法である。

ノーリングもミザンプラスも、作業のフローを円滑にするために、作業者がものをスムーズに視認し、利用できるようにする戦略だ（またご存じのように「フロー」とは、仕事であれ遊びであれ、何らかの活動に嬉々として完全に没入している状態を指す心理学用語でもある）。だが作業の流れをよくするためにものを配置することの副産物は、視線の流れまでもがよくなることだ。いびつな角度がなくなり、余白スペースが増えて、目が動きやすくなるのだ。

これらの手法の力を知った私は、ふだんの生活にも取り入れ始めた。軽食にリンゴをむいたら、皿に無造作に盛る代わりに、円形に並べる。週の終わりにはデスクをノーリングし、月曜に戻ってきたとき、パッと見てすぐ仕事に取りかかれるよう整えておく。

近藤麻理恵のお片づけ手法でさえ、フローというレンズを通して見るとよく理解できる。周囲の障害物を取り除くことで、生活のエネルギーの流れを円滑にするのだ。

「小さな障害」を消していく

私のアパートに話を戻すと、ギャロップスは私を玄関の廊下に連れていき、こう言った。

「気が滞っているように感じられるのは、ここだけね」

風水では、玄関がとくに重要な場所と考えられている。玄関は家やオフィスの入口で、出入りするたび必ず通らなくてはならないし、お客を出迎える場所でもある。もしもドアが固かったり、いつも靴につまずいたりしていれば、勢いが必要なその瞬間に、摩擦で勢いを失うことになる。

これは精神的なことだが、物理的なことでもある。朝、家からすんなり出ていく代わりに、体は摩擦で生じた力を受け止める。そのとき歯を食いしばったり筋肉をこわばらせたりすれば、通勤中の交通状況に対処する方法や、出社して同僚たちに挨拶する方法に影響がおよぶかもしれない。この小さな瞬間が、一日を通してあなたに影響を与えるかもしれないのだ。帰宅時には、同じことの逆まわしが起こる。家に入る前の小さな混乱が苛立ちを生み、残りの夜に悪影響をおよぼしかねない。

こうしたことを踏まえて、箱の積み上がった狭苦しい玄関をしみじみ眺め、ギャロップスの言うとおりだと思った。そこで「玄関の片づけ」を最優先事項にした。

ギャロップスが注意を喚起したもう一つの場所は、寝室だ。彼女はベッドが隅にあることを直ちに指摘した。それは風水のご法度(はっと)なのだ。スペースを広く使おうとして隅に置いたのだが、ギャロップスはそのせいで部屋に非対称が生じているという。「それに」と、彼女は不吉になりすぎないように気を使いながら言った。「二人の関係にもね」

ベッドに入るとき、一人がベッドに入りやすく、もう一人はぎこちなくよじ登るはめになる。ギャロップスによると、日常生活で一方のパートナーがもう一方よりも大きな抵抗に遭うたび、家庭内に不均衡が生じるそうだ。最初は小さな不均衡が、積もり積もれば夫婦の和を乱すようになるというのは理解できる。私は「寝室の配置換え」をリストに追加した。

その夜、ギャロップスに言われたことをアルバートに説明し、早速二人で寝室の配置換えをすることにした。ベッドの脚の裏に小さなフェルトを貼って、動かしやすくした。寝室は瞬く間に心地よくなり、これが本来のあり方だと思えるほどだった。

次の日曜に親戚の集まりで一日家を空け、帰宅したとき、目が飛び出しそうになった。玄関がすっきり片づいていたのだ！　アルバートが午後いっぱいかけて家具を動かし、片づけをしてくれたおかげで、違う家に帰ってきたような気がした。棚がなくなったおかげで、身動きするスペースができた。あちこちぶつからずにコートを脱ぐことができ、ちょうどよい位置に置かれたスツールにすわって、ブーツのジッパーを下ろすこともできた。

あまりにスムーズな動きに、慣れるまでの数日間、家を出るたび何かを忘れているような気さえした。

「一部の秩序」が全体に広がる

風水師は、相談者が空間を整えたときに起こる不思議な効果をとかく宣伝したがる。寂しい独り者がやっと恋人を見つけた、苦戦していた起業家が大きなチャンスをつかんだ等々。一見、眉唾(まゆつば)に思えるが、風水について学んだことと、無秩序の影響に関するより幅広い研究結果とを考え合わせると、それほど不思議に思えなくなる。

もしもあなたが精神的に安定し、バランスが取れ、心が平穏でいられる環境にいるなら、自信を持ってリスクを取り、新しい機会を探そうという気になれるかもしれない。またあなたの冷静で余裕のあるふるまいを見て、誰かが魅力を感じてくれるかもしれない。それにさっき見たように、秩序ある環境にいれば、ウソやずるといった、信頼を失うような行動をとることがなくなるかもしれない。

私の場合、風水を経験してからの数週間で、人生を変えるようなできごとは起こらなかった。でももっとさりげない魔法が起こった。

風水で部屋を調整してから数日経った夜、アルバートと一緒に夕飯をつくった。二人で料理をすることはしょっちゅうあるが、お互いのタイミングが微妙にかみ合わないことが多い。彼がボウルを洗おうとして蛇口をひねろうとすると私がちょうど野菜の水切りをしていたり、私がゴミ箱を開けようとすると彼がその上のカトラリーの引き出しを開けようとしていたり。

ニューヨークのキッチンは狭いから、それがあたりまえだと、いつも思っていた。でもこの夜の二人はいつのまにか息がぴったり合っていた。ぶつかったり、押し合いへし合いしたり、「ねえ!」や「おっと!」や「ごめん!」を言い合うこともなかった。

もし天井にハエがいたら、二人がまるで見えない振り付けに従うかのように、お互いの周りを悠々とまわっているのが見えただろう。

二人とも疲れていたけれど、お互いを強く意識していた。彼が焼いている魚にきっとパセリが必要になると思ったから、少し刻んでおいた。彼は冷蔵庫からワインを出すついでに、ビネグレットをつくる私のためにマスタードを出し、頼んでいないのに目の前に置いてくれた。舌平目のソテーにサヤインゲンのバター炒めとサラダという簡単な献立だったけれど、まるで空飛ぶ絨毯で料理が運ばれてきたかのように、ゆったりとくつろいだ気分でテーブルに着くことができた。

不思議なのは、風水で調整したのはキッチンまわりではなかったということだ。だから、キッチンの空間が広くなったわけではない。これはおそらく、調和が調和を生んだのではないだろうか。

家は相互に依存し合う多くの部分でできている。私たちは環境が感情に影響をおよぼすことを忘れがちなように、空間の一部が別の一部に影響を与えることも忘れがちだ。

私が「流れ」の概念を好きなのは、ある空間でのできごとがきっちりした境界線で線引きされているわけではないことを思い出させてくれるからだ。

ある部屋に生じた影響は、ほかの部屋へと滝のように次々とおよんでいく。一つの小さな混乱の瞬間が、暴走して周りに大混乱を巻き起こすことがあるように、小さな秩序のある場所が、生活のより大きな流れの感覚に影響をおよぼすことがあるのだ。

最も美しい「不完全な調和」

——調和は数字では測れない

調和は、真に測定できる要素を持っているという点で、ほかの喜びの美学とは一線を画している。エネルギーと豊かさは定量化が難しいし、自由を測定するとなると、どこから始めればよいかさえわからない。だが調和を生み出すには、定規やコンパス、水準器といったツールを使うことができる。

とはいえ、この定量的側面にはリスクもある。気をつけていないと、角度や比率にこだわるあまり、調和の経験を生み出すよりも、完璧をめざすことにとらわれてしまう。ツールは役に立つが、喜びがあるかどうかはツールでは判定できない。それを判定するのはあくまであなたなのだ。

だから私は、風水の気、つまり「流れ」の概念がとくに重要だと感じている。流れを意識することで、身体性を取り戻すことができる。調和を判定するための最も重要なツールが、私たちが生まれつき持っている感覚と感情だということを、流れは思い出させてくれるのだ。

これを理解することが、とくに大切である。なぜなら調和は、私たちが思っているほど完璧な姿で現れるとは限らないからだ。この本を書くために私が見つけた喜びあふれるパターンは、完璧な対称性を持つものがほとんどだったが、なかには多くの「ルール」を破っているように見えるものもあった。

たとえばイカット〔絣（かすり）織物〕は、型破りな工程でつくられる織物で、織機にかける前に縦糸だけをくくって模様の染色をする。これに横糸を織り込んでいくうちに、縦糸がかすかにずれて、対称軸を乱す羽のような軽やかな動きが生まれる。模様をつくる一つひとつの図形は少しずつ違って見えるが、全体のデザインは柔らかで動的な調和を保っている。

またイスラムの職人の多くは、真の完璧性は神アッラーの領域だと信じ、人間がアッラーの創造物に張り合うべきでないことを認めるしるしとして、デザインにかすかな欠陥を埋め込む。そうした欠陥は、模様の数学的完全性を損なうが、私たちの目はそれに気づかずに通り過ぎる。

「ずれ」が絶妙の旋律をつくる

おそらく最も美しい不完全な調和の例は、アラバマの農村地帯の小さな集落で生まれた手工芸品だろう。ジーズベンドのキルトは、歓喜に満ちた調和を発するとともに、パターンと対称性のあらゆる原則に異を唱えているようにも見える。

私が初めてこのキルトを見たのは郵便切手のシリーズだったが、そんなに小さなサイズで見たのに、その型破りなリズムに衝撃を受けた。ジーズベンドのキルトは、ほとんどの伝統的キルトとは違い、緻密な図案に沿って刺し進められてはいない。

たとえばキルト作家ルーシー・T・ペットウェイの「雪玉」と名づけられたキルトは、9×10の格子の中に円が入っていて、白地に赤い円と、赤地に白い円が交互に並ぶ図柄になっている。だがその赤地には、無地の赤と、赤い小花柄の2種類がある。花柄のパッチはキルトの右下と左中央に集中しているが、それ以外の部分にも1、2個配置され、見る者の目をその周りに引きつけている。

最も有名なジーズベンドキルトの一つ、ジェシー・T・ペットウェイ作の「格子と細い端切(はぎ)れをつなぎ合わせた柱」は、ピンクと白、紫がかった淡い青、黄の細い端切れでできた横縞模様の3本の柱が、4本の無地の赤い川に挟まれた図柄だ。柱の縞模様をつくっているのは長方形の生地ではなく、波打つ細い端切れで、そのため作品は堆積岩のようにも見える。縫い目も布をつなぎ合わせるうちにうねり、端切れの質感の上に、第二のでこぼこした質感を重ねている。

これらのキルトには、直角や直線的な縫い目、ユークリッド幾何学の図形はほとんど見られない。だがかすかな曲がりや凹みは、不完全どころか、強烈な躍動感を生み出している。これがまるで旋律のように感じられ、その構造には音楽のたとえが最もふさわしい。すなわち、基本のリズム進行からの逸脱を意味するシンコペーション——これがあるからダンス音楽に合わせて体を動かすのは楽しい——や、ジャズの即興演奏だ。

これらの模様を眺めながら、ジーズベンドキルトには私が気づいていない形態の秩序があるような気がして、キルト作家に話を聞きにいくことにした。

ありあわせのものを「即興」でつないでいく

アラバマ州セルマを出てまもなく、道路は2車線から1車線になり、携帯電話のアンテナバーは1本から0本になった。GPSは用をなさなくなり、キルト協同組合の責任者メアリー・アン・ペットウェイに電話で聞いた道順を何度も確かめた。行き止まりを左に折れて郡道29号線に乗り、数キロ車を走らせると、側面のペンキがはげかけた、納屋のような白い建物が見えてきた。ジーズベンドにやってきたのだ。

ジーズベンドキルトの発見を長い間阻んでいた孤立がどれほどのものだったかを、ここに来てようやく理解できた。

アラバマ川の湾曲に囲まれた、黒人だけが住むこの孤立地帯は、かつてマーク・H・ペットウェイという人物の所有する綿花のプランテーションだった。〔1863年の〕奴隷解放宣言後も、住民のほとんどはペットウェイ姓を名乗り、この地に小作人としてとどまり続け、極度の貧困に苦しむことも多々あった。

この町（現在は正式にはボイキンと呼ばれる）に出入りする道路は、一本しかない。人々の暮らしを支える主な交通手段は川を渡るフェリーだが、1960年代に住民が選挙登録のために川向こうのカムデンに行こうとした際に運航が停止され、再開されたのは2006年になってからのことだった。

ジーズベンドの女性たちは、少なくとも1920年代からキルトをつくり続けているが、勇敢な蒐集家ウィリアム・アーネットがこの地域を訪れた1970年代になって、ようやく、その独自性が広く知られることとなった。ジーズベンドキルトはアンリ・マティスやパウル・クレーの絵画にもたとえられ、多くの作品が全米の博物館や美術館で展示されている。ほとんどのキルトに5000ドルを超える値がついている。

ジーズベンドキルトの多くには、共通の模様が見られる。協同組合の建物の中で、ナンシー・ペットウェイがキルトを広げながら、パターンの名をスラスラ挙げてくれた。

「ハウストップ」は同心の正方形、「ログキャビン」も同じだが、正方形の対角線を強調するような対比色が使われたものをいい、「ナインパッチ」はその名のとおり、9枚のパッチをつなぎ合わせたものだ。

だがこうした模様はテンプレートというよりは、喜びあふれる即興を取り入れるための、ゆるやかな構造といった方が近い。

「この模様はハウストップとして始まり、最後はログキャビンになって終わるのよ」と、丸い頬をしたナンシーが、花柄のスカートの上にキルトを広げながら言った。

キルトはあるパターンから始まり、その後つくりながら別のアイデアに気づき、それを取り入れるうちに、パターンが変わっていくことが多い。

壁に大型クリップで留められたキルトは、かわいらしい小さな格子柄で始まり、青と赤の躍動感あふれるパターンへと変わり、最後はグラニーフローラル〔おばあちゃんが着るような花柄〕の典型的なハウストップで終わっていた。

こうした即興的なデザインや、またキルトそのものも、もとは必要に迫られて生まれたものだ。ジーズベンドの家は断熱性に乏しかったため、家族にぬくもりを与えたいという単純な理由から、女性たちはキルトづくりを始めたのだ。84歳のルーシー・マリー・ミンゴは、母親がキルトづくりを教えてくれた理由をこう説明した。

「母さんは言ったわ。そしてそれは本当のことだった。『キルトづくりを覚えなくてはね。結婚したら子どもが何人できるかわからない。でもキルトをつくる方法さえ知っていれば、何もかもを買う必要はなくなるのよ』って」（ちなみに彼女は10人の子だくさんになったうえ、夫は身長2メートルで超特大キルトを必要とした）

20世紀半ばまで、ジーズベンドキルトの大半が、デニムやコーデュロイ、軽量コットンでできた着古した作業着や、ときにはバンダナでつくられていた。こうした布地のほとんどは体のラインに合わせて縫製されていたため、独自の輪郭を持っていた。

キルト作家のポリー・ベネットは、手に入る端切れを何でもかき集めてつくったという意味で、自身のキルトを「寄せ集め」と呼んだ。女性たちはありあわせのもので作品をつくり、そこから美を引き出そうとしたのである。

「しっくりくるか」が究極の秘訣

だがジーズベンドで即興的なキルトづくりが盛んになったのは、ただ必要だったからというだけではない。それは人々の喜びと誇りでもあった。

作物の世話や子育て、家事に追われる日々を過ごしていた人々にとって、キルトづくりは創造性を発揮できる、貴重な息抜きの場だった。つくり手たちはお互いの創意工夫をほめ合い、技法を教え合った。

彼らが厳密な模様にこだわらずに、調和に満ちた作品を生み出したことに興味を持った私は、メアリー・アン・ペットウェイにキルトをつなぎ合わせる方法を説明してほしいと頼んだ。

彼女はほとんど何も言わずに作業台に向かい、やり方を実演し始めた。

小さな端切れを集めた袋の中身を全部出し、目よりも感触で探り当てるかのように、テープを巻いた指先でそれをより分ける。うまく合いそうな2枚の端切れが見つかると、端を合わせてミシンでつなぐ。糸を切って、またそれをくり返す。見つける、位置を合わせる、縫う、チョキン。

最初の小さな端切れを中心にして、その周りにオウムガイの殻のように渦を巻いていき、直感的にバランスを見つけながら、さらに大きな端切れをつないでいった。

あるときは、パッチワークの端に端切れをいったん置いたかと思うと、縫いつけてしまう前に別の場所でも試した。

レシピなしで料理をするような感じだ。そんなとき、私たちは自分の感覚を補正しながら作業を進める。手で材料の重さを量り、鼻で確かめる。色の変化や、コンロのジュッという音やぐつぐついう音で、調理の進み具合を知る。そこでは何も計測されず、完全なものは何もない。

キルトの構成がうまくいったとわかるのはどんなときかとメアリーに尋ねると、キルト作家のナンシー・ペットウェイとルーシー・ミンゴに聞いたときと同じ、淡々とした答えが返ってきた。「見てしっくりくるときよ」

正直にいうと、ジーズベンドキルトには、ジャクソン・ポロックの絵の具の染みに隠されたフラクタルのような秘密や隠されたパターンがあるのではないかと期待していた。だがそれは民俗芸術を愛する勇敢な数学者による発見を待たねばならないようだ。

ジーズベンドを去るとき私が胸に刻んだのは、調和は完全さの中だけでなく、完全な不完全さの中にも存在するということだ。

車の窓から濃淡の緑がつくる、芝生の歪んだ縞模様が見えた。柵はいびつな大きさの区画に土地を区切っていた。タール舗装の道の黄色い二重線は独自のリズムを刻み独自の流れに乗って、くねくねした縫い目のように、はるか先まで続いていた。

第 5 の扉

遊び

PLAY

「まじめ」から踏み出す

私は沖から15メートルほど離れた、イザベラ島の西側の入り江に息をひそめて隠れていた。マスクを水中に向け、ぐるっとまわってアシカを探した。すると突然、アシカの茶色い巨体があり得ないスピードでこちらに向かってくるのが見えた。

全身に恐怖が走ったが、身構える間もなかった。アシカはほんの目と鼻の先で私の足の下にもぐると、泡の渦を残して泳いでいってしまった。

私は水面に顔を出してシュノーケルを吐き出すと、体を揺らして大笑いした。赤ちゃんや犬、子猫と遊んだことはあるが、ガラパゴス諸島のアシカと度胸試しをするほどの喜びを味わったのは初めてだった。

遊びは、歓喜を味わうための最良の手段の一つで、太古の昔から人間の暮らしにあった。古代世界のさまざまな遺跡で、人形やコマ、ガラガラなどの子どもの玩具が発見されている。だが子どもは玩具として特別につくられたものに限らず何でも遊び道具にするから、おそらく遊びは考古学的証拠が示唆するよりもはるか昔から行われてきたのだろう。

遊びはすべての霊長類に見られるが、最も遊び好きなのが、人間に最も近いチンパンジーとボノボだ。かつては遊ぶ動物は哺乳類だけと考えられていたが、最近では意外な動物にも遊び行動が認められている。たとえばタコはレゴで遊び、カメはボールを追いかけ、クロコダイルはおんぶし合う。

最も人間らしい喜びの表現である笑いは、おそらく遊びから生まれたのだろう。笑いは霊長類が遊びに熱中しているときに発するパンティング〔反復する呼吸のような音〕やプレイフェイス〔口を丸く開ける表情〕から発達したと、科学者は考えている。

喜びを得るための「純粋な行為」
――「遊び」ほど特殊な行動はない

私が喜びの研究を始めたとき、遊びの研究から始めるのが妥当な気がした。なぜなら幼少期の喜びあふれる思い出に、遊びを挙げる人がとても多かったからだ。

ある友人は、いとこと「サーディンズ」をしながら笑いをこらえるのが大変だったと話してくれた。この遊びはかくれんぼに似ているが、隠れるのは一人だけで、残りが全員鬼になる。隠れている人を見つけた鬼は、黙って自分も同じ場所に隠れ、見つけた人が増えていくと、隠れ場所がイワシの缶詰のようにぎゅうぎゅう詰めになり、最後の鬼に見つかったら全員が逃げ出す、というものだ。別の友人は、親と一緒にリビングルームでつくった、精巧な段ボールの城のことを懐かしそうに語った。

遊びが記憶に深く刻み込まれるのにはわけがある。人間の活動の中で、喜びを得るためだけに行われるのは、遊びだけだと考えられているのだ。

食事やセックスも快楽のために行われるが、その快楽はより大きな必要性――食事で栄養を摂り、セックスで種を繁栄させる――を満たすためにある。仕事で楽しみが得られることもあるが、その楽しみは一般にお金や技術の習得、承認、誰かが何かを生み出すのを助ける満足感といった成果と結びついている。

他方、遊びの「成功」の唯一の判定基準は、喜びが得られたかどうかだ。そのため、遊びは軽薄で不要なものとして軽視されがちである。感情と同様、遊びも科学界ではあまり注目されてこなかった。

だが最近では人間や動物の遊びに関する研究への関心が高まり、人間の生活で遊びが果たす重要な役割を指摘する研究報告が相次いでいる。

「刑務所」を見てわかったこと

非営利団体、全米遊び研究所の創設者である、82歳のスチュアート・ブラウンほど熱心に遊びを提唱している人はちょっと見当たらないだろう。

よく晴れたある秋の日、私はカリフォルニア州カーメルバレーのブラウン邸に車を走らせた。彼はオレンジのセーターにテニスシューズのいでたちで、ラブラドール犬のように元気に走り出てきて、自宅のオフィスに手招きしてくれた。

「遊びの必要性は、私たちの中にたしかにある」と、部屋に腰を落ち着けるとブラウンは言った。「遊ばないと困ったことになるよ」

彼は意外な経験を通して、この結論にたどり着いた。

以前、人を暴力行為に向かわせる要因を研究するために、テキサス州刑務所制度で有罪判決を受けた殺人犯の調査を行ったそうだ。ブラウンは同僚たちとともに、受刑者の生い立ちを徹底的に調べ、詳細な聞き取り調査を行い、受刑者の友人や家族からも話を聞き、これらの結果を非犯罪者からなる適切な対照群と比較した。そして、すべての情報を精査したところ、意外な共通項が見つかった。

「暴力的な犯罪者のほぼ全員が、子ども時代に十分遊ばなかったか、異常な遊びをしていた」とブラウンは言う。

すぐカッとなる虐待的な親や、過酷なルールを押しつける厳格な親に育てられた人もいれば、社会的に孤立していた人もいた。さまざまな理由から、彼らの幼年時代には遊びが深刻に不足していたのだ。

暴力行為の根本原因は、遺伝的素因から身体的虐待までさまざまだが、ブラウンは遊びの不足との潜在的な関連性に興味を引かれた。彼にはそれがとても意外に思われたからだ。

だが遊びが社会的、感情的発達におよぼす影響を研究するうちに、より合点がいくようになったという。人は遊びを通してギブアンドテイクを練習し、思いやりや公正さを学ぶ。遊びは柔軟な思考と問題解決を促し、回復力（レジリエンス）と変化への適応力を高める。

また私たちは遊ぶとき、時間感覚や自意識が薄れる。遊ぶことによって強力なフローの状態になり、日々の悩みを忘れてその瞬間の喜びに浸ることができるのだ。

「遊び負債」をためてはいけない

責任に縛られない子どもたちにとって、遊びの世界と現実生活は絡み合っている。いないいないばあの遊びや公園での散歩、親の用事への同行さえ、空想やたわむれの機会になる。だが大きくなると「ふざけるのはやめなさい」と言われ、休憩より宿題の時間が増え、喜びよりまじめさが求められることを知る。

もちろん、ほとんどの人は大人になっても子ども心を忘れず、ときには枕投げをしたり、ジェットコースターに乗ったり、落ちてくる雪を舌で受け止めたりもする。

だが子ども心を解放する機会はめったに訪れない。この目的志向の社会において、人は幼いころから、遊びへの自然な衝動を抑えつけられて育つと、ブラウンは指摘する。

「過剰に手出しする過保護な親がいたり、成績に対してご褒美を与えられたりして育つと、『遊び負債』が積み上がって、どんどん遊び心を発揮できなくなっていく」

この「遊び負債」がとくに目立つのが、ブラウンが難関大学での講義で出会うエリート学生だという。今日の学生はかつてないほど知識豊富だが、自分から喜びを見出そうとしなくなっている。「文化にはもっと遊びが必要なんだ」と彼は物憂げに言った。

ブラウンと話をして気づいたのだが、メディアではワークライフバランスがしょっちゅう取り上げられる一方で、遊びが話題になることはまずない。自由な時間を増やすことの重要性は注目されているが、私の知人のほとんどは、せっかくできたその時間を、たまっていた雑用やメールの処理や、ネットフリックスの一気見やオンラインショッピングといった受動的な息抜きによる充電に費やしている。

それでも、最も喜びにあふれた人たちは、大人になったいまも、楽しみのためのスポーツや、即興コメディ、週末のジャムセッション、家族でゲームをする夜、週1時間の水彩画といった遊びの場を持っている。また「遊び時間」だけでなく、生活のほかのシーンにも、遊び心を持ち込んでいる。ディナーパーティで友人たちと遊び、公園で犬と遊び、ビジネス会議や夫婦生活でも遊んでいる。

「私たちの心の中には、まだあの子どもがいるんです」とコメディアンのエレン・デジェネレスが、あるスタンダップコメディで言った。「一人ひとりの中に、毎日遊んでやらなくてはならない子どもがいるのよ」

そして不眠の原因が、一日中私たちの中に閉じ込められて退屈した、遊びたい盛りの子どもにあると、冗談めかして言った。

「どうしてか私たちは疲れ果てて、いつのまにかあの喜びや至福を見失ってしまいます」

その対策として、彼女はこんな提案をしている。「明日、道で見知らぬ人に会ったら、近づいてこう言いましょう。『あんたが鬼ね！』。そして、逃げる！」

町中で鬼ごっこをし、ブリーフケースやバックパックを持ったまま、「鬼は誰？」「私？」「違う、お前だ！」と叫びながら遊ぼうというのだ。

遊びは心を「無防備」にする

心の中の子どもは退屈してはいるが、それを除けば元気でぴんぴんしているというエレンの考えに、私はとても安心した。たとえ遊びから遠ざかることがあっても、遊びの本能は失われないのだ。スチュアート・ブラウンも同意見だ。「遊びは本能的な皮質下の自然の摂理として、心身の奥底から生まれる。私たちの中にたしかにあるんだ」

でもどうすればそれを引き出せるだろう？　よくあるのが、昔を懐かしむ気持ちを利用して、遊び心を刺激する方法だ。子ども時代によく遊んでいたのだから、楽しかった子どものころに連れ戻してくれる環境に身を置けば、楽しい記憶を呼び起こし、遊びたいという本能をよみがえらせることができるかもしれない。

さまざまな組織、とくにテクノロジー系スタートアップや企業の研究開発グループなどが、創造性を高めようとして、幼稚園の教室や園庭にヒントを得たイノベーション空間を生み出している。明るい原色を使い、硬いフローリングの代わりにゴムのフロアマットやビロードのラグを敷き、持ち運べるカラフルなビーンバッグのソファや発泡体のキューブほどだ。

を置いている。階段代わりにロッククライミングの壁や滑り台を設置している企業もある

この方法が効果を発揮するのは、「エネルギー」や「自由」など、ほかの喜びの美学を空間に取り入れているからでもある。遊び心が感じられるほとんどの場所は、この2つの美学を活用している。あふれんばかりのエネルギーと束縛されない自由は、ほとばしるような活力に満ちた遊び心を刺激するのだ。

ただ、この手法にはマイナス面もある。長い間子ども心を忘れていた人は、そうした環境に圧倒されたり、見下されたような気持ちになることがある——職場環境ではなおさらだ。遊びは心を解放する一方で、心を無防備にもする。遊びは決まりきった日常に風穴を開けることによって、私たちを予測不可能な現実にさらすからだ。

生涯ずっと遊びを大切にしてきた人は、遊び方によいも悪いもなく、自分のやりたいように遊べばいいとわかっているが、遊ばない人は、うまく遊べていないのではないかと不安になる。その結果、残念なことに、こうした大人の遊び場は、遊びたいという欲求に火をつけるどころか、逆に抵抗感を生むことがある。

「無言の合図」が遊び心を刺激する

何かほかの方法はないだろうかと思案していたとき、ブラウンが動物の遊びについて教えてくれたことを思い出した。動物は「キュー」と呼ばれる身振りで、ほかの動物に遊び

の誘いをかけるという。

たとえば犬は、動物行動学者が「プレイバウ（遊びのお辞儀）」と呼ぶ、前脚をかがめ、おしりを上げるような仕草をするし、前脚で相手を軽く叩く動物もいる。人間の場合は、いたずらっぽいほほえみやおどけた顔、からかうような腕へのパンチなどが、これから遊びが始まるぞという合図になる。

こうしたキューは、安全で喜びあふれる空間、日常生活とは違うルールが支配する空間に一緒に入ろうという誘い、ブラウンの言葉を借りれば「喜びと安全、非暴力を生み出す、哺乳類同士の基本的なキュー」である。

私が驚いたのは、こうした身振りがどれ一つとして言語を介さないことだ。遊びには固有の身体的言語があるようなのだ。

無生物の世界にも、遊びの言語のようなものがあるのだろうか？　物体がその美的特性を通じて、おもしろい遊び道具になるぞというメッセージを送ってくることはあるだろうか？　遊びたくなるようなキューが埋め込まれた空間はあるだろうか？

私は喜びについて考え始めたときにスタジオの壁にピン留めした、喜びを喚起するイメージに立ち戻り、おもちゃやプレイルーム、遊園地、校庭などの写真に目を走らせた。

突然「そうか！」とひらめいた。これらのイメージには、くり返し何度も現れる同じ図形があったのだ。

もので「キュー」を出す

——「丸いもの」を見ると遊んでしまう

私は蛍光ペンを持って、フラフープと回転するコマの円をなぞった。真上から撮影した子ども用プールを、クールブルーのペンで丸く囲った。観覧車とメリーゴーラウンド、かごめかごめの遊びは、どれも円弧（えんこ）を描く。シャボン玉とボール、風船はすべて丸い。美学の観点から見れば、子ども時代の物語とは円と球の物語なのだ。

丸いかたちは人を引きつける。とくに子どもを強く魅了し、本来の目的とは関係なくおもちゃにされることが多い。

私の父は、苦い経験を通してこのことを知った。6歳ごろのある日、私は近所の庭につやつやした陶製の球を見つけ、矢も盾もたまらなくなって丘から転がしてみた。そしてこの「ボール」が、じつはアーティストのグレイス・ノウルトンの彫刻作品であることを、粉々になったあとで知ったのだ。

私はさめざめと後悔の涙を流したが、さいわいアーティストは寛大にも球を継ぎ直し、また父に聞いたところによると、前よりかえってよい作品になったと親切にも言ってくれたという。

とはいえ、私が勘違いしたのも無理はない。円や球のかたちをしたものは、何千年も前から玩具として用いられてきたのだ。早くも紀元前1000年の古代エジプトでは、ブドウの蔓でつくった現代のフラフープ状の輪っかが、子どもの遊び道具として使われていた。中米文化には紀元前1600年に発祥した、ウラマと呼ばれるゴム製のボールを使う競技があり、現代まで続く最古の競技の一つになっている。

球技は古代ギリシアと古代ローマでも盛んだった。犬やチンパンジー、イルカは、ボールを与えられれば遊ぼうとするし、アシカはフグをビーチボールのようにして遊ぶ。「高度に知性的で社会的な動物がボールを持つと、われわれのよく知る多くの遊び行動に駆られるのは、不思議なことではない」と、人類学者のジョン・フォックスがドキュメンタリー「弾み：ボールはいかにして世界に遊びを教えたか」の中で語っている。

でもなぜ丸いものは、これほど強力で普遍的な遊びのキューになるのだろう？

子どもは成長すると、「安全」と「探求」という、互いに対立する目標の間でバランスを取らなくてはならなくなる。世の中の仕組みを学ぶには、世界に積極的に関わっていく必要があるが、それには当然ながら一定のリスクが伴う。遊び心のあるものはこの緊張を和らげ、遊ぶ人が必要以上の危険にさらされずに世界を探求できるようにしてくれる。

円と球は、ケガをするような尖った角を持たない、最も親しみやすいかたちだ。人間の感情脳は、このことを本能的に知り、尖ったものより丸いものを無意識に好むようにできている。

人は暗黙のうちに「丸いもの」を安心や積極性と結びつけ、「尖った角」を危険や消極性と結びつけることが、研究によって示されている。2007年の研究で、この反応の潜在的な起源の一つが明らかになった。大脳辺縁系にある、恐れの感情に関連するアーモンド形の神経細胞の集まり、扁桃体の活性化だ。

ｆＭＲＩ（機能的磁気共鳴画像）を使った実験で、被験者は四角い皿や角張ったイスなどの尖ったものを見ると右脳扁桃体が活性化し、曲線状の皿やイスを見たときは活性化しなかった。環境中の歯やトゲなどの尖ったものは祖先に危害を与えるおそれがあったため、人間は尖った輪郭を無意識に警戒するように進化したのではないかと、研究者は考えている。

「丸いもの」をどんどん増やす

ハイハイする幼児の親がすぐに知るように、尖った角のある家は楽しい遊び場になりにくい。子どもの安全グッズのメーカーは、ケガ防止のために家具の角や縁に貼るコーナーガードを、新米の親向けに売り出している。だが角だらけの家は、子どもにとって危険なだけではない。すべての人をかすかに苛立たせる。

鋭角は人の動きを鈍らせ、場の堅苦しさを助長する。脛(すね)をぶつけそうなコーヒーテーブルがあるリビングルームでは、誰も小躍りしないし、支柱の角に足をぶつけそうなベッドでパートナーが待っていても、誰も飛び込んだりしない。硬い角は喜びあふれる動きを妨げるから、空間の気の流れが滞る。

風水が尖ったものを嫌うことを知っても、私は驚かなかった。風水師のキャスリーン・

マキャンドレスは、尖った葉の代わりに、丸みを帯びた葉の植物を置くよう勧めているほどだ。

どんな植物でもないよりはましなような気もするが、マキャンドレスのアドバイスにはさりげなく重要な意味が込められている。角張ったものは、たとえ動線上になくても無意識のうちに感情に影響をおよぼしている。どんなに上品で洗練されているように見えても、遊びの衝動を妨げているのだ。

丸いものは、その正反対の作用をおよぼす。円形や楕円形のコーヒーテーブルは、リビングルームを落ち着いた控えめな交流の空間から、会話や気ままな遊びのにぎやかな中心地に変える。デスクチェアの代わりに置かれた大きなゴム製のエクササイズボールは、体幹と姿勢を改善するだけではない。とりわけ、誰かがそれを使ったとき、オフィスに遊び心が生まれる。

カーテンの端や枕にポンポンを縫いつければ、とてつもなく楽しげで立体的になるし、水玉模様やペニータイル〔丸い硬貨サイズのタイル〕には、「遊び」と「豊かさ」の2つの美学を混ぜ合わせる効果がある。花にさえ遊び心がある。ポンポンダリアや、黄色いピンポン球のような花を咲かせるビリーボタンの花束は、「遊びの美学」に「自由の美学」の自然の質感を融合させる。

私は自宅のアパートに丸いかたちを少しずつ取り入れている。球形の照明器具をここに、円形の鏡をそこに。もちろん、長方形の方が合う空間もあるだろう。その場合でも、角が丸いデザインを選べば、角張った感じを和らげることができる。これは玩具メーカーの常套手段だ。玩具の多くは、車や工具、その他の身のまわりのものを丸くしたバージョンにほかならない。

といっても、家を玩具店のようにする必要はない。木や大理石などの控えめな素材を使ったり、原色の使用を抑えたりするなどの工夫で、幼稚園のような感じにせずに、丸いかたちの遊び心を取り入れられる。

私の丸いもの愛は、裏目に出ることもある。しばらく前から、私は室内に置かれた自転車の保管場所を外に借りてほしいと、アルバートに頼んでいた。でもある日、彼がこともなげにこう言ったのだ。「部屋に自転車があるのもいいよね。大きな円が2つあるわけだから」。私は車輪を見やり、ぐうの音も出なかった。自転車は居座った。

「ボール」にはあらゆる可能性がある

丸いかたちのよさは安全だけではない。曲線状のものには幅広い「アフォーダンス」〔行為の可能性〕があるのだ。

アフォーダンスとは、デザイナーがものの利用法を説明するために使う用語だ。日常生活で使うものをデザインする際、一般にデザイナーはアフォーダンスを限定して、ものの機能がユーザーに伝わりやすくなるようにする。

たとえば棒状の取っ手のついたドアには、「引っ張る」と「押す」というアフォーダンスがある。どちらの行為も同じくらい可能に見えるから、ドアのメーカーは「引」や「押」のプレートをつけなくてはならない場合が多い。だが平らな金属板が貼りついただけのドアを見た人は、何も考えずに押すだろう。なぜなら、それが唯一の可能な行為だからだ。日常で使うもののアフォーダンスが限られていると、生活がしやすくなる。

これに対し、遊びは誰にも指示されずに動いたり、新しいものを探したりすることだから、優れた玩具とは、多様な使い方ができるものをいう。拾った岩や棒が楽しい遊び道具になり、雪が喜びに満ちているのは、このためである。雪は景観のアフォーダンスを変化させ、ただの地面だったものを、すくったり、すべったり、いろいろなかたちに成形したりできるものに変えるのだ。

すべての玩具の中で、最も多様なアフォーダンスを持つものはボールだ。地面とたった一点でしか接しないから、摩擦が少なく、動きやすく、予測不能だ。ボールは転がり、クルクルまわり、急回転し、跳ね返る。ボールをぶつけ、蹴り、棒で叩き、輪っかにシュートし、ラケットや素手で打ち合うことができる。

二人の子どもにボールを渡し、少しの監督をつけておけば、オリンピックが開催できるほどの新しい競技をたった半日で考案するだろう（私が子どものころに発明したお気に入りの遊びは「フライ返しボール」といって、ラケットの代わりにフライ返しを使う、テニスのような遊びだった。骨董品や鏡のない場所でやることをお勧めする）。

丸いものは、ユニークな発見と喜びの可能性を秘めているのだ。

ぐるっとまわれる「スペース」をつくる

曲線状のものに遊び心が感じられるもう一つの理由は、それが遊ぶときの体の動きに似ているからかもしれない。

子どもはよくすばやく弧を描いて走る。取っ組み合いの遊びをするときも、一直線に飛びつく代わりに、動きをかすかに曲げることによって、自分は危険な存在ではないという合図を遊び仲間に送る。

スチュアート・ブラウンによれば、曲線的な動きは、自分は「現実ではない」世界にいるから、安全に関わることができる、というメッセージを発するのだという。

私はこれを聞いて、インテリアデザイナーのギズレーン・ヴィニャスに、遊び心いっぱいの家をデザインするとしたらどうするか、と尋ねたときのことを思い出した。彼女はしばらく黙り、それから突然わかった、という顔をして言った。「家の中に円をつくると——もしできればの話だけれど——子どもは大喜びするわよ」

彼女のアパートは、前面の部屋と後面の部屋が2本の廊下によってつながれ、家の中に閉じたループがあるようなつくりになっている。「子どもたちは小さいころ、このサーキットを走りまわってほんとに楽しそうにしていた」と教えてくれた。

私自身が子ども時代に住んでいた家の記憶がよみがえった。生家の1階は、台所とダイニングルーム、リビングルーム、書斎が円のようにつながっていた。親友の家はさらに楽しく、階段が2つあって、私たちはしょっちゅう駆け上がり、駆け降り、駆けまわっていた。

簡単にできるとは限らないが、家を改修する人は、玄関をもう1つ増やすと、新しい遊びの可能性が広がる。

「魔法みたいなことが起こるのよ」とヴィニャスは言う。「狭い空間に住む人は、出入口が1つしかなく通り抜けできない袋小路のようなつくりにする代わりに、環状の空間をつくれば、連続性を生み出すことができる」

考えてみれば、このレイアウトを利用してパーティを楽しくすることもできる。環状のレイアウトによって動きが増え、ゲストが隅に固まりにくくなり、交流しやすくなる。円を描く動きは、大人にとっても喜びが大きいように思われる。

「かわいい」が童心を引き出す
──「目をつける」だけでかわいくなる

2008年にテレビ番組「サタデー・ナイト・ライブ」で、俳優のクリストファー・ウォーケンが、「厄介な恐怖症に悩む温厚な園芸家」という設定で寸劇を演じた。植物恐怖症だ。

さいわい、彼は恐怖心を和らげる戦略を編み出した。舞台がフェードインで映ると、彼はベージュのエプロンをつけ、サボテンのスタンドに霧吹きで水をかけている。見ると、彼

すべてのサボテンに、おもちゃの目（動眼）がついている。

「ふつう、植物に目はありません」とウォーケンはいつものまじめくさった様子で、厳（おごそ）かに言う。

「だから信用できないのです」そう言って彼は肩をすくめる。「そこで、目玉です」

目玉を貼られるのは、トゲのあるサボテンだけでなく、シダや木、草もだ。だが小さな草に目をくっつけるのは至難のわざで、ウォーケンは四苦八苦する。

自分が恐怖症を克服できたのは、植物と目を合わせられるようになったからだと、この内気な園芸家は考えている。でもマンガチックなシールの目は、別の、ずっとかすかな影響をおよぼす。

どんなにとげとげしいサボテンでも、目をつけると遊び好きで無邪気に見えるのだ。他愛もない寸劇だったが、私は好奇心をかき立てられた。目玉を貼ったところでサボテンのトゲが減るわけでもないのに、なぜあんなに親しみが増したのだろう？

この疑問を解くカギは、友人の新しい子猫にあった。先日友人の家を訪問したとき、床にすわってちょっかいを出していると、子猫は興奮して針のような爪を私の腕に立ててきた。私は悲鳴を上げて手を引っ込めたが、子猫はきょとんと首をかしげて、大きな丸い目で見上げてきたのだ。また引っかかれるとわかっていながら、子猫をかまい続けずにはいられなかった。

あとで知ったのだが、あのつぶらなまなざしには、私が思っていた以上の効果があった。大きな目は、動物行動学者のコンラート・ローレンツが「ベビースキーマ（幼児図式）」と名づけた概念を構成する、主要な特性の一つだ。ベビースキーマとは、人間を含む多くの種の幼体に共通して見られる、無垢でか弱いと感じさせる一連の身体的属性をいう。

動物の赤ちゃんは大人と異なり、体に比して大きく丸い顔や、丸みを帯びた体、低い鼻を持つことが多い。こうした特徴が、たまらなくかわいいという印象を与えるのだ。

「かわいい相手」を見ると遊びたくなる

どんな人もかわいさの喜びに屈することがある。食料品店で出会った新生児に話しかけたり、ＳＮＳでシェアされた赤ちゃんカワウソの動画に釘づけになったりする。

しかし、あまり意識されていないことだが、かわいさは種の生存を確保するのに役立っているのだ。哺乳類は胎生で、一般に子が親に依存する期間がかなり長い。人間はとくにそうだ。アカゲザルの脳は出生時に成体の脳の65％の大きさに達しているが、人間の乳児の脳は成人の最終的な大きさの23％でしかない。

人間の赤ちゃんはとくに無力な状態で生まれ、数年間は自分のことを何一つできず、その間、親なら誰でも知っているように、何かと手がかかり、親がほかの活動や楽しみにかける時間や労力を奪うことが多い。だが大きな目とリンゴ色の頬は喜びのときめきを呼び起こし、守ってあげたい、大切にしたいという親の本能をくすぐり、それが赤ちゃんの生存を保証するのだ。

　脳が乳幼児の特性を大人の特性よりもすばやく検知すること、またかわいい赤ちゃんの写真を見ると脳の眼窩前頭皮質と呼ばれる、報酬の感覚と動機づけに関わる部位が活性化することを、研究は示している。

　幼児の特性の魅力は、親であるかないかや男女を問わず、万人に通じるもので、下は3歳の子どもにまで力を持つ（おそらく乳幼児を年長のきょうだいの嫉妬から守るためと考えられている）。そしてかわいさは、世話をしてあげたいという反応だけでなく、遊びたいという反応も引き出す。

　私たちは赤ちゃんや子犬を一歩下がって観察するのではなく、床にすわって一緒に遊び、くすぐったり触ったりする。心理学者のジョナサン・ハイトとゲーリー・D・シャーマンは、こうした反応は社会的関与を促すことから、生物の生存と繁栄に役立つと考えている。世話をする人は一緒に遊ぶことで赤ちゃんとの絆と愛着を深めるし、赤ちゃんは豊富な感覚的、言語的刺激を得る。

　私たちがかわいいと感じる、赤ちゃんの柔らかく丸みを帯びた特性は、とくに強力な遊びのキューになる。私たちは子どもをかわいいと感じることで、彼らの発達を進んで手助けし、その見返りとして自分の遊び心を呼び覚ますことができるのだ。

「本物よりかわいい」をつくりだす

子猫やその他のほとんどの動物の赤ちゃんはかわいく感じられることから、かわいいという魅力が人間の赤ちゃんに限定されないのは明らかだ。だがかわいい特性によっていとしい喜びを誘うのが、生きものだけでもないことに、私はすぐに気がついた。大きな頭に丸い耳、ふわふわの体をしたぬいぐるみは、世界中の子どもの大切なおもちゃだ。バンビからトゥイーティー、ハローキティまでのアニメキャラクターも、丸みを帯びたかたちで感情に訴えかける。

これは偶然ではない。ウォルト・ディズニーは、かわいさが強い感情を呼び覚ますことを心得ていて、「かわいくいこう！」と書いたメモを、アニメーターのデスクの上に貼りつけていたという。だからディズニー作品のかわいいキャラクターは、どんなに愛らしい動物の赤ちゃんよりもさらに大きな頭と丸い目を持っている。

紙面や画面の上のたった数本の曲線が、見る人の心に本物の遊び心と愛情を呼び起こすのは不思議な気がする。これは誇張された特性に対して、実物を見たときよりもさらに強く反応するという人間のおかしな心理的傾向、いわゆる「ピークシフト効果」のせいである。多くの動物が、この効果の影響を受ける。

たとえば一部の鳥類は、棒に取りつけられたニセの赤ちゃん鳥が、本物のひな鳥よりも赤く幅広いくちばしを持つ場合、自分のひな鳥を無視してニセの赤ちゃんにエサを与える。ピークシフト効果は、なぜ首振り人形があんなに楽しいのか、なぜ目玉がサボテン（などすべてのもの）をあれほど無邪気にするのかを説明する――こうしたものは、私たちが本能的に強く惹かれるかわいいさの超強力な形態を有しているのだ。

日常的なものも、かわいい特性に対する人間の自然な感受性を利用していることに、私は気づいた。たとえばフィアット500やミニクーパーはとてもかわいい車で、オーナーたちの心に深い愛情を呼び起こす。

「もの」にすらほほえんでしまう

最近の研究で、車のヘッドライト（一般に目とみなされる）を拡大し、グリルと換気口（鼻と口にあたる）を縮小するなどして、フロント部分をより赤ちゃんに近い外見に加工した画像をつくり、通常の車の画像と比較したところ、かわいい車を見ているときの方が、ほほえむときに働く表情筋の一つである大頬骨筋の活動が大きかった。

コミックサンズと呼ばれるかわいい活字書体は、デザイナーには嘲笑されているが、高い人気を保っている。それは丸みのある子どもっぽい形状が、どんなメッセージも和らげるように思えるからだ。ときにキューーテンシル〔キュートとユテンシル（器具）の造語〕とも呼ばれるかわいい道具は、こうした遊び心をキッチンツールや食器、周辺機器などのありふれたものに加える。

私たちの生活にかわいいものがあふれているのは、巨大小売企業ターゲットと建築家のマイケル・グレイヴズのおかげでもある。ハイセンスなデザインをより身近にすることをめざすターゲットの取り組みの一環として、1999年に彼らのコラボレーションが始まった。

丸みを帯びたトースターや、くるくるまわる笛の付いたやかんを含むこれらの製品は、多くの熱狂的なファンを生み出したため、グレイヴズはターゲットのために2000を超える製品をデザインし、またそれに触発されて、多くのデザイナーがかわいい美学を取り入れるようになった。

グレイヴズは2003年に病気で体が麻痺（まひ）してから、高齢者や障害者向けの製品の味気なく気が滅入るような外観に愕然とし、晩年の10年間で見た目が楽しいとともに患者にとって使いやすい、かわいい曲線を取り入れた車イスや病院のベッド、杖、浴槽の手すりをデザインした。

かわいさは「注意力」を高める

私たちはかわいいものに惹かれるにもかかわらず、かわいいという言葉に軽蔑的な意味合いを込めることがある。遊びと同様、かわいいものも軽薄だと一蹴されがちだ。

だがかわいさは、注意力を高める効果があることがわかっている。

最近の日本の研究で、かわいい赤ちゃんや動物の写真を見た人は、集中力と器用さが求められる作業でよりよい成績を挙げた。かわいい美的特性は、運転やオフィスワークなどの高い集中力が必要な作業への応用価値があるのではないかと、研究者は推測している。

アップルが1990年代後半に丸みを帯びたiMacをデザインしたのは、このことに気づいていたからかもしれないし、かわいい作業用ライトや文具セットは、遊び心と実用的なメリットを兼ね備えているのかもしれない。

もちろん、面積当たりのかわいいもの比率の高さでは、ディズニーランドの右に出る場所はない。ディズニーランドは私たちの中にいる子どもを引っ張り出すだけでなく、大人の部分までメロメロにする。

かわいいボートや車が家族連れをカラフルなミニチュア世界に案内し、大きな目のキャラクターが熱烈なファンのために写真のポーズを取ってくれる。あちこちの角や端は丸められ、陽気な音楽がそこかしこに流れている。

この間訪れたときは、70代の三兄弟に出会った。ディズニーの人気キャラクターが前面に刺繍された白襟のシャツを着ていた一人は、「いつまで経っても心は子どもだよ」と言った。「色が好き、笑いが好き。私の住んでいる場所にはないから、それがある場所に出かけるわけさ」

こうしたかわいさは過剰かもしれないが、ディズニーランドは大人が気兼ねなく遊べる、数少ない貴重な場所だ。ホロコースト生存者のエリ・ヴィーゼルは1957年の訪問後にこう書いている。「今日私が訪れたのはディズニーランドだけではありません。何よりも、自分の子ども時代を訪れたのです」

遊びの動きは「曲線」である
――曲がりくねったものの力

「なぜまじめなものは、まじめに見えなくてはいけないのか？」

ガエターノ・ペッシェは灰色の眉を上げながらそう言って肩をすくめた。この問いへの答えが世界のどこかにあるとしても、奇抜なかたちの大胆な作品が集められた、このイタリア人デザイナーのソーホーのスタジオにないことは確かだ。

宝石色の樹脂が渦を巻いたようなイスやテーブル、器。テーブルから床にあふれ落ちた海の軟体動物を思わせる壺。砂糖でできているように見えるものもたくさんある。紐状のグミキャンディに見えるゴムのネックレスを重ねづけしたマネキンと、その横には私の祖父がキャンデラックのベンチシートに常備していた透明な硬いあめ玉のようなガラスの質感を持つボウルがあった。

私はターコイズのキルティングの縁取りのある、赤いフェルトの半円筒形のイスに沈み込んだ。フェルトは自在に折れ曲がって頭巾のように頭を包み込み、豪奢だが心地よく感じられた。

ペッシェは私の向かいの別の作品にすわった。それはニューヨークの街並みを模したソファで、背もたれの巨大な満月が、背後から上っているように見えた。

ペッシェは78歳だが、創造的活動のペースは衰えを知らない。「リスタ・プロゲッティ（プロジェクトリスト）」と銘打たれたホワイトボードには、22件の進行中の案件が並んでいた。それに、彼を世界で最も有名なデザイナーの一人にのし上げた、色やかたちの騒々しい取り合わせはいまも健全だった。

私がペッシェに会いにきたのは、彼が臆面もない喜びに満ちた作品を創造する、世にもまれなデザイナーだからだ。もちろん、ペッシェはほかのデザイナーのように、イスやテーブル、ランプ、靴といった実用的なものをつくっている。だがペッシェの作品がほかと一線を画するのは、まず何よりも喜びのためにつくられているように見えるところだ。喜びは彼の作品の存在目的であって、表面にとってつけた飾りなどではないのだ。

「笑いたい気分にさせるようなものをつくりたいと、いつも思ってきた」とペッシェは言う。「ニュースを見たときとは逆のポジティブな感情を、作品を通して与えようとしている」

ペッシェにとって、これは色と光、そして何より曲線を使うことを意味する。「長方形、三角形、正方形には喜びなどない」と彼は断言する。「私は親しみの持てるかたちを使って創作している。有機的で活気のある幾何学図形のカタログから引っ張ってくるんだ」

彼の言う「カタログ」は、適切な言葉に思われた。ペッシェのスタジオには、遊び心のあるかたちが勢ぞろいしていた。円と球だけでなく、彼の曲線にはループ状や波状、くねくねしたものがあり、構造としては膨らんだものや水胞状のもの、べとべとした感じのもの、伸縮するものもあった。

遊びの動きのほとんどが曲線状だという、スチュアート・ブラウンの指摘を思い出し、まさにそれがペッシェのやっていることなのだと気がついた。彼は遊びの動きを目に見える形状に落とし込んでいるのだ。

彼のデザインのほとんどは、素材を使った実地の実験を通じて生み出されてきた。一つひとつの作品を見ていると、それらを生み出した動きが頭に浮かんできた。ねじれた線に、曲がりくねったいたずら書き、たたきつけたような跡、しみ——これらのかたちはエネルギーにあふれ、いまにも遊びが始まりそうに見えた。

「曲線的な動き」が思考を解放する

ペッシェはこうした軽妙な作品を通して、高い意識とクールな知性主義が君臨するアバンギャルドデザイン界の異端児になった。彼の作品は、まるで大学の講堂での突発的なクスクス笑いや、しかつめらしい哲学者気取りやもったいぶりの中の、人間性の明るい爆発のようだ。

だがペッシェの斬新なデザインの陰には、本格的なイノベーションがある。私の右の方に、その好例があった。「アップ5チェア」（ラ・マンマとも呼ばれる）の官能的な巨体である。

私が初めてペッシェのデザインに出合ったのも、この作品だった。それは友人のアパートの片隅に置かれ、赤と金のストライプ柄の布地が豊満な曲線を覆っていた。

イスに沈み込み、本体に太い紐でつながれた球状のオットマン（足置き台）に足を載せてゆらゆらさせるのは、純粋な喜びだった。

その夜は王座にすわるアニメのプリンセスのように、ほとんどの時間をそのイスで過ごし、帰るときには引っ張り出してもらわなくてはならなかった。

そのときは知らなかったのだが、ペッシェはこのイスを、内部フレームを使わずに独立気泡のポリウレタンフォームだけで成形するために、新しい製造技術を採用した。

おかげでイスを10分の1の大きさに圧縮してビニールの袋に真空パックし、パンケ

ラ・マンマ

ーキのように平らにして出荷することができる。家に届いたものを開封すると、魔法のように膨らんで元のかたちになるという。

ペッシェの作品の革新的な本質は、「遊びが創造性を生む」という考えの信憑性を高めている。ペッシェは多くの科学者と同様、人は子どもらしい視点を失わずにいられれば、従来型の思考方式を外れたところにある、斬新なアイデアを受け入れやすくなると信じている。

だが彼のスタジオを訪問して数か月が経ったころ、私は遊び――遊びによく見られる曲線的な動きを含む――と創造性の、より無意識的なつながりを示唆する研究を知って、興味深く感じた。

この一連の研究で、被験者は滑らかな曲線またはカクカクした線をなぞり、それから創造力が必要とされる課題を行った。すると、腕を滑らかに動かしてから課題に取り組んだ被験者は、新聞紙の利用法についてより多くのアイデアを考案することができ、しかも考えたアイデアはより独創的だった（たとえば新聞紙のよくある利用法は、子犬にトイレを教える際に床に敷くなど。独創的なアイデアは、マニキュアが乾く前にネイルに押しつけて、新聞紙の文字を転写するなど）。これは曲線的な動きによって、柔軟な思考パターンが解き放たれ、その結果、創造性が高まったためだと考えられている。

その後の研究で、曲線的な動きがほかの種類の思考パターンの硬直性を和らげることもわかった。曲線的な動きを体験した被験者は、人種が生物学的で固定的な分類ではなく、社会によってつくられた弾力的な分類だと信じる傾向がより強く、先入観をもとに差別的な判断を下すことがより少なかった。

まじめな場所に「丸いもの」を持ち込む

曲線の弧を描くような体の動きを伴うゲームや活動――キャッチボールやフラフープ、なんなら本物のフラダンスでも――は、職場でより革新的なアイデアや開かれたコラボレーションを促す方法になるかもしれない。あるいは曲線を見るだけでも、そうした効果が得られるかもしれない。

上記の研究のいくつかで、被験者が腕を曲線的に動かす代わりに、赤い円が曲線的に動く映像を見ただけでも、同様の効果が得られた。さらなる研究が必要ではあるが、このことは空間内の曲線によって誘発される目の動きが、柔軟な思考を促す可能性を示唆している。

当初私は、「遊びの美学」を通して家に軽やかさを取り入れる方法を主に考えていた。でもこの研究を知ったことで、遊びの美学で仕事や学びの場にさらに大きなインパクトをおよぼせるのではないかと考えるようになった。

ほとんどのオフィスや工場、学校には、曲線がまったくない（大半のオフィスは、曲線の対極にあるキューブ〔立方体の個人用作業スペース〕でできている）。この一因がコストにあることはまちがいない。曲線的なドアや窓などの建築部材は、既製品ではなく特注品が多いため、製造に時間とコストがかかる。イギリス政府が2012年に学校の校舎のデザインに曲線を使うことを禁じた理由も、コストにあった。

だが丸みを帯びたものと角張ったもののコストが変わらない、建物の表面処理（塗装やフローリングなど）や調度品・備品（机やイス、照明器具など）にも曲線がほとんど見られないことは、コストでは説明がつかない。

私はペッシェが最初に投げかけた問いを思い返した。「なぜまじめなものは、まじめに見えなくてはいけないのか？」。私たちが無意識のうちにそうあるべきだと思い込んでいるのは、おそらく仕事に対する考え方が、効率性と構造を重視するために喜びと創造性を犠牲にしてきた、工業経済に立脚しているからなのだろう。

職場や（遅くとも中学校以降の）学習環境は、遊びのキューを排除し、仕事や勉強はまじめな取り組みであり、そこでは子ども心は歓迎されないというメッセージを、その角張った形状によって発している。だがスチュアート・ブラウンが言うように、仕事と遊びを分けるのは誤った考え方だ。「遊びの反対は、仕事ではない。鬱なのだ」と彼はいつも言っている。

仕事と遊びを再び融合させることは、一夜にしてできることではないが、遊び心のある曲線を職場に取り入れることが、その手始めになるかもしれない。ブラウンは、ノーマン・フォスターがデザインしたアップルの新社屋のリングのような形状を、イノベーティブな企業が「遊びの美学」を職場に取り戻す方法の一例として挙げる。

あなたの会社が本社建設の予算を組んでいないとしても、曲線を取り入れた仕切り板や、円形の家具、丸いカーペットなどで同様の効果を得ることができる。あなたが職場のデザインに発言権がないとしても、流線形のアート作品や曲線状のデスクアクセサリーで、自分の空間に曲線の要素を取り入れることはできる。

私はデスクに小さな木のコマをいくつか置いている。何かに行き詰まったときコマをまわすと、自分の思考がまだ流れているように感じられるのだ。

「ポジティブ」なメッセージを発する

いたましい歴史を持つ学校の再設計でも、曲線が重要な役割を果たした。コネチカット州ニュータウンのサンディフック小学校で起こった、20人の子どもと8人の大人の犠牲者を出した2012年12月の銃乱射事件を経て、町ではレンガづくりの旧校舎の取り壊しを決定し、ニューヘイヴンの建築事務所、スヴィガルズ+パートナーズに新校舎の設計を依頼した。

誰もがセキュリティをまっさきに強化する必要性を痛感し、州によって多くの新しい安全基準が義務づけられたため、要塞のような校舎ができてもおかしくなかった。ところが実際にできあがった校舎は、両腕を広げて迎えてくれるような印象を与えるものだった。

校舎は曲線的で、駐車場を囲むようにしてゆるやかな円弧を描いている。校舎の湾曲した形状は、ただ遊び心にあふれているだけでなく、さりげない安全機能も果たしている。

校舎の端に位置する事務局の職員が、もう片方の端にある音楽室と美術室の様子を視認することができ、それが校舎の自然な監視性を高めているのだ。

校舎の正面に使われている木材は、2つの色調で波のかたちを描き、高さをずらした窓が軽く上下に飛び跳ねているように見える。

これらの曲線は、学校の敷地内のなだらかな丘や近くの川をイメージしたものだが、建築事務所の創業者バリー・スヴィガルズは、直感的なひらめきも取り入れたという。

「校舎にくねくねした部分があるのは、そう、くねくねするのが楽しいからだよ！」

スヴィガルズは、校舎そのものにも遊びを取り入れるという大きな目標を持っていた。校庭と校舎が正反対の印象を与えれば、遊びは決まった場所で決まった方法でしか行ってはいけないというメッセージを生徒に送ってしまうと、彼は考えた。

そこで校舎を遊び心あふれる形状にし、さまざまな方法で利用できるようにしておくことで、子どもたちが創造性を発揮できる場を設計したのだ。

スヴィガルズは学校を訪れるたび、子どもたちが自然発生的な、驚くような方法で遊んでいるのを見かけるという。

たとえば湾曲した主廊下にはステンドグラスがはめこまれているのだが、「数週間前、会議が終わって廊下に出ると、子どもたちが走りまわり、ステンドグラスから床に落ちる色とりどりの光の中に出たり入ったりしていた」と彼は思い出し笑いをしながら言った。「そんな遊び方ができるなんて、考えたこともなかったよ」

人は「四角いもの」に囲まれている

家で写真を整理していたとき、ガエターノ・ペッシェのスタジオの写真が目に留まり、それまで見落としていたさりげないディテールに気がついた。天井が波打ち、海中から海面を見上げているようなデザインになっていたのだ。

わが家の天井を見上げると、がらんとした四角に、細長い四角の梁（はり）が交差している。四角いアパートメントに、四角い壁と四角い床。四角い窓が視界を切り取り、外に見えるニューヨークの階段状の街並みは四角だらけの海だ。

家のあちこちに曲線を取り入れてはみたものの、曲線的な建物に暮らしたらどんな気分になるだろうと思わずにいられなかった。

丸みを帯びた建物を専門とする建築家を探すのは、意外なほど難しかった。だが調査を進めると、球体だけでできた奇抜な家の画像が見つかった。

当時知る人ぞ知る建築家だったハンガリーのアンティ・ロヴァーグによって1970年代にフランスに建てられたこの家は、人体の動きに即した新しい住まいをめざしていた。「人間の腕と脚は円を描くような動きをする」と、ロヴァーグは語っている。「人間の視野は円形だ。共生とは、円を描くような、循環的な現象だ。円は人間生活の営みに構造を与える」

日本で感覚を通して老化を防ぎ、死を食い止める（天命反転）住宅を設計した荒川とギンズ同様、ロヴァーグは「建築は死んだ」と考える因習打破主義者だった。

彼は「バブルハウス」と名づけた構造によって、新しい建築と生活の方法を生み出すことをめざした。だが信念に固執する半面、金銭には無頓着で、その態度は風変わりだった。バブルハウスを建ててほしいという奇特なクライアントが来ると、3つの条件を出した。「どんな家になるかはわからないし、いつ完成するかもわからないし、いくらかかるかもわからない」

この自由気ままな姿勢のせいで、成約にこぎつけることはまずなかったが、フランスのファッションデザイナー、ピエール・カルダンという強力な後ろ盾を得た。カルダンは未完成のバブルハウスを1992年に買い取り、ロヴァーグとの間で増築契約を結んだ。

そうして完成したのが、フランス南岸の町エストレルマシフの崖の上に立つ巨大な驚くべき球体の集合、パレ・ビュル（泡の宮殿）である。

私ははやる気持ちでカルダンの通信担当者ムッシュ・ジャン＝パスカル・ヘッセにメールを書き、フランス行きの航空券を予約したのだった。

「丸い空間」をつくる
――人間本来の遊び心を取り戻す

ニースで車を借りて、テウル＝シュル＝メールに向かう海沿いの道を走り、途中で通訳のシルヴィを拾った。渚づたいに続く青い入り江をたどり、ピンクと黄色の村、高級ホテル、細いマストの林立するマリーナを縫って走った。まだ早い時間なのに、海岸にはもうパラソルが出ていて、シーズン終わりの旅行客が、私たちの走る道と海の間の細長い砂浜ではしゃぎまわっていた。

目的地に近づくにつれ道は上り坂になり、松の群生する赤さび色の崖を進むうちに道幅は狭まっていった。漆喰(しっくい)塗りの塀沿いに車を停めた。周りにはウチワサボテンが植わり、塀には大きな太陽のように見える鉄格子の門がはめこまれている。

シルヴィは門の中をのぞきこみ、「バーバパパの家みたい！」と叫んだ。フランス文化の一角を占める、自由自在に変身するピンク色の大人気キャラクター、バーバパパの丸いおうちのことだ。私も一緒になって中をのぞき、邸宅の有機的な曲線と、外壁についた目のように見える独特の丸い天窓を、このとき初めて見た。たしかにアニメキャラクターにぴったりの家だ。

塀の左手に歩行者用の狭い出入口があり、その奥の細く曲がった道が邸宅へと続いていた。私は興奮でまっすぐ立っていられないほどだったが、約束の時間にはまだ早かったので、呼び鈴を鳴らすのをためらっていた。

やがて向こうの方でガサガサと音がした。「ボンジュール」と呼びかけてみた。「ボンジュール、ボンジュール！」と答えが返ってきて、長身で眼鏡をかけたジャン＝パスカル・ヘッセが角から現れ、私たちを中に入れてくれた。

彼のあとをついて私道を通り、邸宅の中心部分まで歩いていった。巨大な目のような円形の窓をガレージのドアのように押し上げ、大きな円形のアトリウム〔天窓のある吹き抜けの空間〕に入った。向かって右側の楕円形の窓から海が見えた。壁には丸い開口部がいくつも開いていて、そこから上下の部屋の様子を見ることができた。

ヘッセは私たちを連れて階段を上っては下り、曲がりくねった通路を通り、多くの寝室を出入りした。寝室はそれぞれ別の若手アーティストによって内装を施されていた。ベッドはどれも円形で、ラズベリーやミント、ツルニチニチソウの色合いの特注のカバーがかけられ、キャンディ形の枕が小山に積まれていた。

ヘッセのあとについて、湾曲した廊下を通り、邸宅の中心部であるリビングとダイニングのエリアに来た。ここはもう少しこぢんまりしたつくりになっている。

C字形のソファが置かれた円形のリビングルームと、回転盆が組み込まれた丸テーブルのあるダイニングエリア、そして私が一目で大好きになった軽食用コーナー。このコーナー全体が球体の中にあり、掛け金を外して開口部をパカッと開ければ、プールサイドで食事ができるようになっているのだ。ヘッセは、自由に見てまわるように言い置いて、電話に出るために座を外した。

光がいつもと「違うかたち」になる

私はすべてをじっくり見ようと、来た道を戻り始めたが、図らずもまったく別の道をたどることになった。入口のアトリウムに戻る道を歩き始めたのだが、廊下に開いている部屋の開口部にくるたび、のぞきこんで中に入らずにはいられなかった。らせん状の階段をひと巻き分上がると、閉じたドアがあった。

　ドアはハチミツ色のグラスファイバー製で、アヒルの卵のようなかたちをしている。鍵がかかっていたが、少し立ち止まって曲面を観察した。まるで円弧の頂点にあって、いまにも転がり落ちそうな球形の部屋だ。

　それから通路に戻り、船にあるような丸窓から見えるヤシの木や、天窓から見える雲の写真を撮りながら、部屋の内側と外側の間を縫うように走る通路を歩いた。

　別の階段の脇の、水色の光を放つ丸窓に目を引かれて立ち止まると、そこからプールの水中が見えた。湾曲した通路を進み、階段を上って別の寝室に入った。その部屋の壁には紺色のカーペットが貼られ、波打ったかたちの棚にはアメジスト、ラピスラズリ、ターコイズの半貴石（はんきせき）色のガラスの花瓶が集められていた。

　大きな水玉模様のサーモンカラーのカーペットをたどり、日が降り注ぐラウンジに入った。リンゴ飴のようにつやつやした赤いプラスチックの曲線的なイスが円形に並べられていた。くねくねしたはしごを上り、そこに現れた別の通路をたどった。家中をぐるぐるまわる通路に導かれて、一人でかくれんぼをするかのように歩きまわった。

　この家は建築用語ではとうてい言い表すことができない。球体は部屋というより体内の管のように感じられ、戸口というより門のように見える楕円形のつなぎ目によって、ゆるやかにつながり合っている。壁と天井のつなぎ目は、硬質な直線ではなく、柔らかな弧や

①本書をお買い上げいただいた理由は？

（新聞や雑誌で知って・タイトルにひかれて・著者や内容に興味がある　など）

②本書についての感想、ご意見などをお聞かせください

（よかったところ、悪かったところ・タイトル・著者・カバーデザイン・価格　など）

③本書のなかで一番よかったところ、心に残ったひと言など

④最近読んで、よかった本・雑誌・記事・HPなどを教えてください

⑤「こんな本があったら絶対に買う」というものがありましたら（解決したい悩みや、解消したい問題など）

⑥あなたのご意見・ご感想を、広告などの書籍のPRに使用してもよろしいですか？

1　実名で可　　2　匿名で可　　3　不可

※ご協力ありがとうございました。

郵便はがき

料金受取人払郵便

渋谷局承認

6375

差出有効期間
2021年12月
31日まで
※切手を貼らずに
お出しください

150-8790

130

〈受取人〉
東京都渋谷区
神宮前 6-12-17
株式会社ダイヤモンド社
「愛読者係」行

フリガナ		生年月日		男・女
お名前		T S H 年 月 日生	年齢 歳	
ご勤務先 学校名		所属・役職 学部・学年		
ご住所 (自宅・勤務先)	〒 ●電話 ( ) ●FAX ( ) ●eメール・アドレス ( )			

◆本書をご購入いただきまして、誠にありがとうございます。
本ハガキで取得させていただきますお客様の個人情報は、
以下のガイドラインに基づいて、厳重に取り扱います。

1, お客様より収集させていただいた個人情報は、より良い出版物、製品、サービスをつくるために編集の参考にさせていただきます。
2, お客様より収集させていただいた個人情報は、厳重に管理いたします。
3, お客様より収集させていただいた個人情報は、お客様の承諾を得た範囲を超えて使用いたしません。
4, お客様より収集させていただいた個人情報は、お客様の許可なく当社、当社関連会社以外の第三者に開示することはありません。
5, お客様から収集させていただいた情報を統計化した情報（購読者の平均年齢など）を第三者に開示することがあります。
6, お客様から収集させていただいた個人情報は、当社の新商品・サービス等のご案内に利用させていただきます。
7, メールによる情報、雑誌・書籍・サービスのご案内などは、お客様のご要請があればすみやかに中止いたします。

◆ダイヤモンド社より、弊社および関連会社・広告主からのご案内を送付することがあります。不要の場合は右の□に×をしてください。 不要 □

隆起を描いている。部屋は規則正しく並ぶ代わりに、シャボン玉のようにくっついている。

このゆるやかに波打つ構造は、ロヴァーグの型破りな設計・建築手法が生み出したものだ。ロヴァーグは、精密な青写真を描くという建築の伝統的慣行には従わず、何の明確な計画も持たずに建設作業員を伴って現場に現れた。そして作業員とともに、ステンレスのメッシュ材で多様な空間の骨組みとなる球体をつくり、それを所定の位置までビーチボールのように転がしていった。

この家は遊びとして――建築家がさまざまな構成を試し、敷地の自然の輪郭に合った方法で家をつくる即興的なプロセスとして――建設されたのである。

ロヴァーグには、譲れない原則が一つあった――「パ・ダレット！（硬い縁はなしで！）」。家の空間に慣れるにつれ、この単純な原則が大きな影響をおよぼしていることに気づいた。ほかの建物に感じたことのない、家に抱かれているような感覚を覚えたのだ。

ピエール・カルダンはこの建物パレ・ビュルを称して言った。

「ここで暮らすなど想像できないと、人は言う。でも私はこの家を卵のように、母体のように、自然に愛している。ここにいると満ち足りた気分になれる。ベッドをはじめすべてが丸いから、ぶつかってもケガしようがない」

ここでは光のふるまいまでもが違っている。直線的な建物の隅は、影を集め、光をバラバラに引き裂く。でもここには角というものが存在しないから、光はもとのかたちを保っている。光は集まり、強さを増す。天窓から差し込むピンクの半月形の光を浴びながらすわっていると、たえまなくあふれ出るシャンパンの泡に身を委ねているような気がした。

「着ること」はそれだけで喜びになる

アンティ・ロヴァーグは、自分の求めていたのはクライアントではなく「遊ぶ人」と「冒険する人」であり、その両者をカルダンに見出したと語っている。

カルダンはファッションにおける軽妙なアプローチにより、1950年代から業界の規範に反旗を翻してきた。円形に深い愛着を持つ二人が出会ったのは、当然の成り行きのようにも思われる。カルダンのヒット作品の一つ「バブルドレス」は、タイトなウエストラインと、ふんわり膨らんで裾がすぼまったスカートというシルエットで、世界にセンセーションを巻き起こし、ファッション界におけるカルダンの地位を不動のものにした。

カルダンはその後もほかのデザイナーとはまったく異なる斬新な方法で、デザインに円形を取り入れ続けた。「宇宙の万物は円形だ」と彼は言った。「惑星から塵(ちり)、人体の細胞、無限の宇宙までのすべてが、円の形をしている。円は無限と永久運動の象徴なのだ。私は衣服と形状、素材の構成を通して、円の完璧さをファッションで実現しようとしてきた」

カルダンの作品には、宇宙時代の影響が色濃く表れたものもある。スタイリッシュな宇宙飛行士のヘルメットをランウェイに持ち込み、ゴーグルのような丸いメガネをデザインした。彼のコレクションには、そのほか大きな水玉模様のコートや、まん丸いポケットのついた先鋭的なドレス、円形がくりぬかれたジャケット、胸のちょうど上に2枚の円のパッチを貼りつけたドレスなどがある。あるショートコートは、布地に硬い円弧状の芯が入っていて、見る角度によっては完全な円に見える。

彼のデザインは気まぐれでいて優雅で、またファッションから抜け落ちがちなものにあふれている――それは、着飾ることが喜びであることを、または少なくとも喜びになり得ることを思い出させてくれる、遊び心だ。カルダンがデザインするのは、私たちの中の子どもが諸手（もろて）を挙げて喜ぶ服なのだ。

いたずらっぽくてのびやかで官能的

もっとも、カルダンの服とロヴァーグの球体の遊び心は、まるっきり純真というわけでもない。半球形の寝室や曲線のバスルームを出入りし、くねくねした通路を進み、こぢんまりしたアルコーブ〔装飾品などを置く壁面のくぼみ〕のわきを通り過ぎながら、私はここが大人の遊び場だということを思い知った。多くのファッション写真が、建物のしなやかな曲線とモデルの脚線美を並べることによって、家の性的魅力を際立たせている。「この家は女性の体である」とカルダンは語っている。「球体は女性の胸、通路は女性の体内。とても官能的だ」

しかしこの家にあるのは、現代生活にはめったに見られない、陽気な種類の官能性である。ポルノが氾濫（はんらん）し、『フィフティ・シェイズ・オブ・グレイ』などの官能小説が描き出したエロティシズムと暴力の混合が主流に躍り出たことで、性的な談義の幅は広がったが、その一方で、より気楽で楽しいかたちのセクシュアリティ（性のあり方）が影を潜めるようになった。

もっとも、これはいまに始まったことではない。1977年にフランスの哲学者ロラン・バルトはこう書いている。「世論はつねにセクシュアリティを過激だと決めつける。そのため、幸福で優しく官能的で喜びに満ちたセクシュアリティは、いかなる文章にもけっして表れない。そうしたセクシュアリティには、どこでお目にかかれるのか？　絵画、またさらによいことに、色に表れている」

だが私は、曲線に表れることの方が多いのではないかと考える。自由を愛する、境界のぼやけた、サイケデリックな1960年代の美学といえば、何といっても曲線だった。

1960年からの10年間で、さまざまな実験を通して硬直的なモダニズムがほぐされ、伝統的な社会的役割や行動規範の数々が和らげられた。

曲線的な気泡ウレタンで布張りの奇抜なインテリアをつくったヴェルナー・パントンの流れるようなフォルム、エミリオ・プッチの渦巻きのパターン、そしてもちろん、カルダンの丸みを帯びたシルエット――これらはすべてパレ・ビュルと同様、いたずらっぽさとのびやかさを失わずに成長した、遊び心ある官能性に満ちていた。

「魂の底」から喜ぶ

リビングルームに急いで戻ると、シルヴィとジャン＝パスカルが待っていた。水が巨大

なテラコッタのボウルを伝い、滝のようにプールに流れ落ちている。シルヴィと私は、その美しさを口々に称賛した。ジャン・パスカルはクスッと笑い、なにげなしにフランス語でつぶやいた。シルヴィが通訳してくれた。

「よかったら泳いでもいいですよ」

水着を取りに車に向かう途中、もしかして冗談だったのかもしれないと思い直した。だいいち10月の、それも平日に、プールに飛び込む人がいるだろうか？　タオルだって持っていない。

でも、たとえ独り合点だったとしても気にしないことにした。家を見てまわった喜びで、お行儀のことなど吹っ飛んでしまった。

廊下を走って戻り、いちばん近いバスルームに行って、大急ぎでドレスを脱ぐと、髪がぼさぼさになった。着替えるときのことなど気にせずに、服を積み重ねた。空に浮かぶ海のように崖から突き出た、あの空色のプールのことしか頭になかった。

そっと水に入ると、足が青緑色に見えた。シルヴィは水中の私を見るために、プールに面した丸窓を探しにいった。水は息もできないほど冷たかったが、そんなことはどうでもよかった。何しろ私は泡の宮殿の泡のプールにいるのだ。大はしゃぎでしぶきを上げた。私の心臓は、魂の隅々から喜びを集め、満面の笑みに変えながら、まるでブイのように上下に揺れていた。


私たちの建造環境の形状を決めているのは、数百年、数千年前になされた選択である。そうした選択が硬く角張った建物や道路を、硬直した碁盤の目に固定化するうちに、私たちは自然な進化環境のゆるやかでなだらかな風景からますます遠ざかっていった。

おそらくこの過程で、遊び心や創造性、官能性、喜びといった、人間性の重要な側面からも遠ざかり、それらが人間性の一面だということさえ忘れていったのだろう。

アンティ・ロヴァーグは、自身の建築哲学を「アビトロジー」と呼んだ。人々が必要としているものは住まいではなく、人間の繁栄を真に支える生息場所（アビタ）だと信じていたからだ。

ロヴァーグのめざしたものは大きかったが、私たちは小さなことから始めればいい。柔らかな天蓋（てんがい）をここに、曲線の絵画をそこに置く。丸窓をここに、ポンポンをそこに配置する。円や曲線を一つ加えるごとに、私たちは少しずつ身の回りの世界の角を丸くし、堅苦しい枠組みから抜け出していくことができるのだ。

第6の扉

驚き

SURPRISE

「日常」を打ち破る

シドニーのとある高層オフィスビルの一室で、私は大きな会議用テーブルの上座近くにドキドキしながらすわっていた。

端から端まで1キロもありそうなテーブルに居並ぶのは局長や部長、それに肩書きが「最高」から始まる人たちだ。

これに先立つこと3週間前、地球の裏側からやってきたばかりの、度胸とやみくもな楽観主義にあふれる24歳の私は、一度もやったことのないブランドコンサルタントの見習いをやらせてほしいと名乗りを上げたのだ。

それからというもの、クライアントの新規事業のブランド分析に不眠不休で取り組んだ。プレゼンテーションは上司が行うはずだったが、上司は会議の数日前になって、仕事をした人が話をするべきだと言い、経験のない私がプレゼンテーションを任せられた。

そんなわけで私は青い顔をして震えながら、

口を開いたとたん訪れるはずの惨事に身構えていたのだった。

「小さな驚き」が大きなインパクトを生む
——一瞬で注意の向きが変わる

最後の数人が入ってくる間、私は目を閉じて深呼吸しようとしたが、以前、人前で話したときの失敗をまざまざと思い出してしまい、ますます緊張が高まった。あきらめて目を開け、足元を見ていた。すると突然、視界の隅に鮮やかな色が飛び込んできた。ダークグレーのズボンの裾から、レインボーストライプのソックスがのぞいていたのだ。

あまりのミスマッチに、思わず笑い出しそうになり、いったいこの足の持ち主は誰だろうと目を上げた。それはあのいかめしい、いかにも堅物そうなデジタル事業部長だった。彼は私の視線を追って、自分のソックスを見た。それから私を見上げ、笑顔でウィンクしてきた。ほどなくして上司が会議の開催を知らせる声がして、私はプレゼンテーションに呼ばれた。

喜びは思いがけないときにやってくることがある。日々の生活を送る中、ほんのわずかな瞬間が注意を引きつけ、思考を喜びへと向けることがある。とくにストレスや悲しみにうちひしがれているときほど、驚きは強力な効果をおよぼす。

虹色のソックスは、私をプレゼンテーションの達人に変えたわけではないが、その瞬間、たしかに私を助けてくれた。

出口の見えない不安を断ち切り、過去の失敗集に向いていた私の注意を、自分の仕事を真剣な聴衆に発表するという、目の前のまたとない機会に向け直してくれた。私を部屋の中に引き戻し、視野を広げてくれたのだ。

ふと、ほかにも思い込みで見えなくなっていることがあるかもしれないと思った。もしかしたらあのビシッとしたスーツの下には、ほかにも優しい人やおもしろい人が隠れているのかもしれない。上司は、私ならできると思ったからこそ、こんなに大きな取引先を任せてくれたのかもしれない。私はできるかもしれない――。

聴衆の前に立ったとき、不安がなかったといえばウソになる。実際、水の入ったコップを2時間のプレゼンテーションの間中握りしめていて、指が白くなっていたと上司に言われたほどだ。だが緊張はしたが、心から楽しんでいるとしかいいようのない瞬間もあった。最終的に私は首尾よくやり遂げ、見習いから正社員に昇格し、人前で意見を述べる経験もたっぷり積むことができた。

驚きは脳を「覚醒」させる

それから数年経ったころ、あの虹色のソックスのことを思い返し、なぜあんなに深い影響を私におよぼしたのだろうと考え始めた。ほんの小さなディテールなのに、灰色の海に浮かぶ救命ボートのように感じられた。

そこで、小さな思いがけない喜びに気分が大きく高揚するたび、書きとめるようにした。

たとえばある日落ち込み気味で職場を出ようとしたとき、非常口のスペースにアイスブルーの風船がひらひらのリボンで結びつけられていた。コンクリートと鉄の背景に浮かぶ巨大なブルーラズベリーのようで、ほほえまずにいられなかった。

別の日、アルバートと私はドライブ中に議論をしていた。青信号が灯り、高速道路の料金所を出ようとしたとき、信号にスマイルマークの落書きがあるのが見えた。

不意を突かれた私たちは、思わず顔を見合わせて笑ってしまい、難しい話し合いの中でのひとときの安らぎになった。

驚きの性質を少し研究すると、なぜ思いがけない喜びに悪い気分を吹き飛ばすほどの力があるのかを理解できるようになった。ちなみに驚きは、心理学者ポール・エクマンによって特定された、世界共通の6つの基本的感情のうちの1つである。

驚きには、私たちの注意をほかの方向にすばやく向けるという、重要な役割がある。驚きは脳内に警鐘を鳴らし、目の前で起こっていることと予期していたことのギャップに注意を向けさせる。

安定的で予測可能な状況では、周囲の環境に注意を払う脳領域は、一種のバックグラウンドモードに切り替わる。顕在意識がじっくり問題を考えたり、会話を続けたり、白昼夢に浸ったりする間、身のまわりに対する認識は低下している。

だがけたたましい音や肩たたきは、私たちの精神と感覚をいきなり警戒態勢に置く。このことは、驚きの特徴的な表情にも表れている。視界を広げるために目が見開かれ、瞳孔が開き、呼吸を楽にするために口が開く。とくに衝撃的なできごとが起こると、交感神経系が活性化し、「闘争・逃走反応」が生じる。こうした生理学的変化が、集中力と覚醒度を高め、突然の危険に備えて心身を準備させるのだ。

しかしすべての驚きが脅威とは限らない。驚きは好機に注意を向けさせることも多い。その場合、驚きの反応である集中力と覚醒度の高まりは、偶然の幸運（たとえばライアン・ゴズリングの撮影現場に遭遇した）や思いがけない棚ぼた（無料のアイス！）、状況の変化（一足早い春の訪れ）といった幸福感を高めるイベントによる突然の喜びを活用できるよう心身を準備させる。

こうした喜びは一瞬で消え去るように思われるかもしれないが、ポジティブな感情の好循環を生み出すことによって、その後も長く影響をおよぼしうる。

うれしい驚きは、内に向かっていた注意を外の世界に向け直し、世界に歩み寄り関わるよう、私たちを後押しする。好奇心に火をつけ、冒険心を駆り立て、他人との交流を増やすことにより、ポジティブな感情が続くようにしてくれるのだ。

ささいな感情が「拡大」される

驚きには、ほかの感情を強める効果もある。驚きは喜びを拡大するレンズになり、ささいな喜びを重要だと感じさせる。ふだんめったに意識することはないが、潜在意識はまるで競馬の胴元のように、私たちの身にさまざまなできごとが降りかかる確率（オッズ）をたえず計算している。そしてこの予測をもとに、エネルギーや感情を管理し、未来のできごとに備えて心の準備をしたり、期待を高めたりしているのだ。

オリンピック選手に関する研究が、このことをよく表している。この研究では2000年夏季オリンピックのメダル授与式での選手の感情を評価し、それを「スポーツイラストレイテッド」誌によるメダル予想と照らし合わせた。予想を上まわる成績を挙げた選手は、表彰台の下位でもうれしそうだった。たとえば表彰台入りが期待されていなかった銅メダリストは、優勝候補だった銀メダリストよりも大きな喜びを表した。

予期せぬ不幸がなぜつらいかといえば、予想を調整する間もなく、いきなり降りかかってくるからだ。同様に、予想もしなかった喜びに出合うと、まるで慈愛に満ちた宇宙が自分を見守り、幸運や恩寵を与えてくれたかのように感じる。

デザインを通じて、生活に喜ばしい驚きを取り入れる方法はないだろうかと、私は考え始めた。一見すると、そんなことはできそうにないように思える。だいいち驚きとは、予測できないことをいうのではないのか？

だが考えるうちに、すべての驚きが、友人が物陰から飛び出して「ワッ！」と脅かしてくるようなものではないことに気がついた。もっとさりげない驚きも多い。草むらに隠れたイースターエッグのパステルカラーや、近所の新しいレストランから聞こえてくる音楽、ダイレクトメールの山に見つけたメッセージカードの大きさとかたち。

こうした穏やかな種類の驚きを増やし、日常生活にしっかり織り込む手助けになるような美学を、私は探し始めた。

「コントラスト」で喜びが倍増する

――灰色の街の「すてきなテロ」

ある日地元ブルックリンの街を歩いていると、パーキングメーターの一本一本がカラフルなニットでくるまれているのに気がついた。それはすてきな光景で、また灰色の都市景観の中であまりにも浮き上がって見えたから、私はニューヨーカーらしいいつもの早足をゆるめて見入ってしまった。

何度も歩いている道なのに、銀行やデリ、灰色の歩道、鉄製のガードレールの見慣れた景観が一変したように感じられた。カラフルなストライプと柔らかい質感が、パーキングメーターにお菓子の国のような甘さを与えていた。そしてその周りの通り全体が、親しみと温かみ、活気を増したように感じられた。

パーキングメーターを編みくるんだアーティストで、落書き（グラフィティ）ニッティングや毛糸テロ（ヤーンボミング）、ゲリラニッティングなどと呼ばれる運動の創始者であるマグダ・セイエグは、２０１５年のＴＥＤトークでこう語っている。

「私がやりたかったのは、毎日目にする冷たい金属の灰色の表面を、温かくてふわふわした、人間的な何かでくるむことだけでした」

そんなわけで彼女は、ヒューストンで経営していたブティックのドアの取っ手を、ピンクと青の毛糸で編んだ柔らかいカバーでくるんでみた。この単純な行動が巻き起こした反応に、彼女は驚かされた。人々はわざわざ車を停めて降りてまで、ニットの取っ手を見にきたのだ。

こうした最初の反応に勇気を得て、セイエグは「止まれ」の交通標識や消火栓、駐輪ラックといった公共物を編み物でくるみ始め、ほかの編み手（ニッター）たちにも参加を呼びかけた。この魅力には伝染性があり、セイエグのグループにはたちまち世界中の都市からゲリラニッターの同志が加わった。

「ヤーンボマー」は、ストリートアーティストのように、往々にして無許可で、公共物に毛糸テロをしかける。それでも、作品が撤去しやすいせいか、あるいはたんにとても明るく愛らしいせいか、警察沙汰になることはほとんどない。

『ヤーンボミング――かぎ針編みとニットグラフィティの芸術』（未邦訳）の共著者であるリアン・プレインによれば、編み物には人々の警戒を解く効果があるという。「ニットには人を威圧する要素は何もない。柔らかくてふわふわしていて、近寄りたくなる」ヤーンボミングの人気が高まるにつれ、私は街の至るところでニットを見かけるようになり、急いでいないときは足を止めて通行人の表情を観察した。

案の定、誰もが目を見開き口をぽかんと開ける、驚きに特有の表情を一瞬見せ、それからすぐにほほえんだ。「見て！」と叫び、連れをひじでつつく人もいれば、思わず手を伸ばして作品を触ろうとする人もいた。毛糸の塊は明らかに人々を驚かせていたが、具体的に何が驚きを生んだのだろう？

人間の脳は、差異やコントラストにきわめて敏感だという。幼児は早くも生後3か月から、類似のかたちのものに交じった違うかたちのものを見分けることができる。脳は差異を見抜くのが得意なため、コントラストはものを背景から飛び出してくるように見せることができる。

この能力は、「調和の美学」を支えるゲシュタルト心理学の類似性原則と関係がある。人は類似のものをより大きな集団にグループ化することに喜びを感じるだけでなく、何か変わったものに気づくことにも喜びを感じるのだ。そのため「調和の美学」と「驚きの美学」は、とても相性がよい。「一貫性」と「反復」によって明確な期待が示されると、驚きの要素がさらに際立つ。

この組み合わせは、音楽でよく使われる。作曲家はメロディのリフレインによって聴衆の期待感を確立しておき、それからキーやテンポの突然の変調によって、その期待を乱す。

きるのだ。

「調和」と「驚き」を併用すると、両者のよさを強調するような緊張を生み出すことができるのだ。

「好対照」で強烈な印象をつくりだす

視覚的な驚きの本質が、ものとそれが置かれた環境とのコントラストにあるとするなら、驚きを強めるにはコントラストを拡大する必要がある。

私はこの手がかりを、ジャングルの色彩過剰な小さな鳥、フウチョウ（ウィルソンの極楽鳥）のオスに見つけた。フウチョウのオスは、熱帯雨林の地面で独特の求愛ダンスをするが、まずその前に片づけをする。求愛相手の注目をそらさないようにするために、オスは若木を選び、その周囲1、2メートル四方の地面からすべてのゴミを取り除き、またとくに若木から緑の葉をすべて取り除くことに特別な注意を払う。

メスが求愛に応え、若木の上に止まってオスを見下ろすと、オスはいきなり首の羽をいっぱいに広げ、塵一つない茶色いキャンバスを背景に、エメラルドグリーンの美しい半円状の模様をメスに見せつけるのだ。

パーキングメーターをくるむニットも同様の好対照によって、硬質な空間に柔らかな質感を、公共の場に家庭的なものを、男性的な世界に女性らしさをもたらす。

この空間芸術（インスタレーション）は、「エネルギー」や「豊かさ」など、ほかの喜びの美学にもレバレッジをかける。驚きはほかの喜びの美学の戦力倍増装置のような働きをするのだ。ほんの少しのエネルギッシュな色や豊富な質感が、意外な背景に置かれると、コップの水に落とした絵の具のようにたちまち拡散する。

殺風景な空間に「風穴」を開ける

そのうちに、都市空間にほんの少し手を加えて喜びをもたらそうとする、ほかのアーティストのことも知るようになった。

ドイツのアーティスト、ヤン・フォアマンは、世界中を旅して壊れかけた建物をカラフルなレゴブロックで補修していた。ロンドンではスティーヴ・ウィーンが、道路に空いた穴に花や苔（こけ）を植え、ときにはミニチュアのイスや一輪車を添えて、「道路の穴ガーデン」をつくっていた。

デトロイトの二人組デザイン集団、デザイン99のジーナ・レイチャートとミッチ・コープは、廃材のベニヤ板を組み立て、幾何学模様にペンキを塗って、廃屋の割れ窓に置いた。これは「芸術セキュリティシステム」と名づけられ、廃屋に不法占拠者が住み着くのを防ぐとともに、都市の衰退問題に注目を集めることを意図していた。

こうした取り組みは、ストリートアートに見られる大きな変化を——都市破壊を目的とする荒らしの行為から、殺風景な空間を小さな喜びで満たして都市生活のわびしさを和らげようとする喜びに満ちた活動への変化を——象徴しているように思われた。

リアン・プレインはヤーンボミングについて、「作品を残していくのは、人々への贈り物のようなもの」と述べている。ストリートアートを、不法行為から歓迎すべき行為に変えたのは、この惜しみない前向きな精神なのだ。いまでは多くのアーティストが、自己資金で人知れずプロジェクトを進める代わりに、公共芸術団体やビジネス改善地区から資金提供を受け、大いに注目を集めながら活動している。

もちろん、レゴが崩壊しかけたインフラを修復することはないし、道の穴に植えた草花が荒廃した街路を補修することもない。だが小さな驚きは、より広範な地域社会の参加を促すきっかけになることがある。驚きはスポットライトのような役目を果たし、楽しい方法で問題を照らし出すのだ。

詩人のメアリー・オリヴァーも、「注目は献身の第一歩である」と言っている。何かに注目し始めた瞬間、私たちはそれと無縁ではなくなる。目で見て、関心を持ち、おそらく関わり合い始める。

リアン・プレインによると、街に残したニット作品を後日見にいくと、ニットにヒナギクが織り込まれていたり、彼女の言う「感謝のタグ」——もとの作品を拡張する追加の作品——が添えられていたりするそうだ。

驚きは風穴を開け、それを通して都市が優しく身近なものになる。驚きは、私たちを取り巻く世界をどうやって改善するかという、より幅広い対話のきっかけをもたらすことがあるのだ。

「偶然」を仕掛けのチャンスにする

このコントラストの原則をほかの状況に応用して、見過ごされがちな地域を活性化したり、疲弊した地域に新風を吹き込むこともできる。

ある日、マンハッタンのエリザベスストリートを歩いていると、停められていたステーションワゴンの後部に、子どもの遊具セットによくある色鮮やかなアルファベットのマグネットが、「SOCKS」「WOW」「ADVENTURE」の単語に並べられていた。アルファベットのおかげで、車の後部は歩行者の遊び道具になり、ワゴンの持ち主は車に戻るたびに新しい単語を発見する喜びを得ていた。

パリではピンクフラミンゴというピザ店が、テイクアウトのピザを注文した客にピンクの風船を渡している。顧客は店の近くのサンマルタン運河でピクニックの場所を探し、風船を立てて待っていると、そこにピザが届けられるというわけだ。チェーンレストランによくある、振動や点滅で順番が来たことを知らせる呼び出し機よりずっと風流だ。

私はオランダ系南アフリカ人のインテリアデザイナーで、驚きがトレードマークになっているギズレーン・ヴィニャスから、家にコントラストを取り入れる方法をいくつか学んだ。

ヴィニャスはヤーンボマーと同様、柔らかい質感を最も似つかわしくない場所に取り入れる手法を多用する。繊維(ファイバー)アーティストとのコラボで、普通の硬いイスやランプをかぎ針編みでくるむこともあれば、シンプルな黒いイスを蛍光緑のペンキに浸して、鮮やかな色のソックスをはいているかのように見せることもある。

ヴィニャスのスタジオを訪ねたとき、白い陶器の花瓶に蛍光ピンクのマスキングテープが巻かれていた。花瓶が割れてしまったのだと彼女は言い、ものが壊れると捨てたりせずに、いつもこうやって直していると教えてくれた。

これはものが壊れたときに彼女がよく使う手法で、日本の「金継ぎ（きんつぎ）」の技法に似ている。金継ぎは、欠けた陶器を漆（うるし）で接着し、継いだ部分を金粉や銀粉で装飾して仕上げる。伝えられるところによると、15世紀に将軍足利義政がお気に入りの茶碗を割ってしまい、中国に修理を依頼したところ、見苦しい鉄のかすがいで留められて送り返されてきたため、将軍がより美しく直すよう職人に命じたのが、この技法の起こりだという。

偶然が、より喜びに満ちたものをつくる機会をもたらすという考えが、私は好きだ。喜びに満ちた修復の技法を取り入れる方法は、ほかにもたくさんある。

たとえば私の友人は、服のボタンが取れてもがっかりしない。色の違う似たようなボタンを代わりにつけ、小さいが思いがけないひねりを加えているのだ。最近出た成形可能な粘着剤「スグルー」を使えば、いろんなものを楽しく簡単に補修できる。

日常の「単調さ」をがらりと変える

こうした小さな驚きは、日常習慣の単調さを破るのにとても役立つ。

数か月前、わが家で使っている白い食器セットが、気に入ってはいるが退屈になってきた。そこで新しいセットを買い直す代わりに、各サイズのピンクの皿を2枚ずつ買い足した。ピンクの皿のおかげで食器セット全体の魅力が高まったうえ、夕食会でテーブルに並べると、白い皿の中で喜びあふれるアクセントになる。

これと同じで、流行りの「アクセントネイル」は、親指や薬指の爪だけをレモンイエローやターコイズなどの変則的な色で塗って、指先を特別におしゃれにする方法だ。

意外性の持つ力を楽しく、かつ強烈に思い知らされたできごとが、数年前にあった。アルバートと私はお金の共同管理を始め、共同のクレジットカードが必要になった。届いたカードを封筒から出してみると、私が個人的な支出に使っているカードとデザインがまったく一緒だった。そこで区別するために、新しいカードにはラマのイラストの小さなシールを貼って、それきりそのことは忘れていた。

数日後、食料品店で支払いをするとき、レジ係にカードを渡すとクスクス笑われ、「ラマ？」と聞かれた。「おもしろいわね！」

それ以来、「ラマカード」を使うと2回に1回は大きなスマイルや笑いが返ってくる。お金という味気ない無機質の世界では、モコモコしたラマほど意外なものはない。ばかげていると思うかもしれないが、ラマが呼び起こす驚きの反応は、タイプAの行動パターンにありがちなせかせかした精神状態から私を引っ張り出してくれる。

ペースをゆるめ、名前や挨拶を交わすきっかけをつくり、よそよそしくなりがちなやりとりを、会話と交流の喜ばしい瞬間に変えてくれるのだ。

「かくれんぼ」で涙が出る
――驚かす喜び、見つける喜び

私はアウトドアは好きだが、大きなバックパックを担ぐのは苦手だ。だからアルバートに森で一週間過ごしたいと言われたとき、「楽しんできてね！」と返した。でも彼が旅に出たら、その間ずっと連絡も取れなくなることに気づき、泣き出してしまった。私たちは結婚してまだ一年も経っていない新婚で、彼がいなくなったらとても寂しくなるのはわかっていた。彼が出発した日の夜は、孤独で落ち着かない気持ちで眠りについた。

翌朝、冷蔵庫を開けて、「大好きだよ！」と書かれた明るいピンクのポストイットを見つけたとき、また泣き出しそうになった――このときは喜びと、アルバートがいないのにその存在が感じられたことへの驚きの涙だ。

しばらくしてスカーフをラックに取りにいき、首に巻きつけていると、カサッという音がした。首筋に手をやると、また別のピンク色のポストイットがあり、ハートマークが書かれていた。うれしくて叫んでしまった。

その週は毎日のようにピンク色の愛のメッセージを見つけた。枕元の本のページからひらひら落ちた一枚もあれば、ノートカバーにたくしこまれた一枚もあった。それは離れていても一緒にいる気分にさせてくれる、喜びあふれる方法だった。

アルバートのふせんは、思いがけない場所から飛び出してきた突然の小さな驚きだったが、驚きを生み出すための別のテクニックも使われていた。

それはかくれんぼや宝探し、びっくり箱などの子どものゲームやおもちゃを支えているテクニック、「隠して明かす」だ。

カラフルな包装紙やリボンでラッピングされたプレゼントや、スクラッチ式の宝くじも、この楽しみを取り入れている。世界の多くの祝祭で、隠れていたものを露わにする儀式が行われる。ユダヤ教の過越祭（ペサハ）の儀式ではアフィコーメンと呼ばれるパンを隠しておき、子どもたちに見つけさせる。

クリスマス前には多くの人がアドベントカレンダーを使い、毎日一つずつ扉を開けて小さなお菓子や装身具を見つけながら、カウントダウンを楽しんでいる。マルディグラ〔アメリカ南部などで行われる謝肉祭〕のくす玉割りとキングケーキに隠された小さな赤ちゃんの人形も、よく知られた祝祭の「隠して明かす」伝統の例だ。

「隠して明かす」は、人間の生来の好奇心に訴え、探求を促す。人は窓があればのぞきこみ、ドアがあれば開き、容器があれば中身を見る。この習性を研究した科学者は私の知る限りいないが、おそらくそれは人間が進化の過程で身につけた適応行動なのだろう。

自然は隠れた宝物に満ちている。硬い殻で守られたナッツや、目立たない巣に産みつけられた卵、食べられない皮に包まれた果実。私たちは、ものの周りや下や中を見たいという衝動に従うことによって、よい食事にありつける可能性を高めた、探求心旺盛な祖先の血を引いているにちがいない。

自分で自分に「サプライズ」を仕掛ける

「驚きの美学」を使ってとくに大きな喜びが得られるのは、誰かを驚かすときだ。「隠して明かす」は、これを楽しくやる方法になる。

アメリカの詩人アニー・ディラードは子ども時代、通行人に見つけてもらうために、歩道脇の木の根っこや舗装の割れ目に1セント玉を隠しておくのが好きだったと書いている。お金のありかを示す矢印を道路にチョークで示し、「この先に驚きあり」「お金はこちら」などと書いておいたという。

人気ブログ「オー・ハッピーデイ」の筆者ジョーダン・ファニーは、友人の郵便受けや冷蔵庫、車に、色とりどりの小さな風船を隠しておき、楽しい驚きの瞬間を演出することを勧めている。友人を驚かせる別の方法には、ミステリー旅行やミステリー遠足がある。期間と持ち物だけを伝えておき、空港に着いてから行き先を明かすのだ。

誰かを驚かせると、うれしさが何倍にもなることがある。思ってもいないときにお返しが来て、喜びに満ちた驚きの好循環が生まれるからだ。

ものを隠すことによって、一見できそうにないことも可能になる――それは、自分を驚かせることだ。数年前、その秋初めての冷え込みが来た日、半年間着ていなかったコートに袖を通した。ポケットに手を入れると、前の冬に海辺の散歩で見つけた貝殻が3つ入っていた。

それ以来、私は石ころやドングリ、チケットの控えなど、冒険で得た小さなお土産をコートのポケットやハンドバッグに忍ばせるようにしている。見つけたとき、小さな贈り物をもらった気分になれると知ったからだ。

祖母が亡くなったあと、形見にイブニングバッグをもらった。中には祖母が何年も前に出席した、ボストンでの記念式典の招待状が入っていた。それを見たとたん、ブロンドヘアを結い上げた優雅なナナおばあちゃまの思い出で胸がいっぱいになり、招待状を入れておいてくれたことを本当にうれしく思った。いまも入れたままにしてあり、見つけるたびに喜びをもらっている。

友人のダニーは、平日はポケットに息子がよく遊んでいるおもちゃを一つ入れている。「いまは狼男の人形が入ってるよ」と彼は書いてくれた。「先週は音楽が鳴る小型計算機だった」

そんなわけで、ポケット付きの服があると、隠して明かす手法がやりやすくなり、またポケットは多ければ多いほど楽しい。

衣服には、ほかの楽しい驚きを隠すこともできる。以前、ウエストバンドの内側に黄色いパイピング〔布の端を他の布でくるむ加工〕のあるパンツを持っていた。パイピングは脱ぎ着するときしか見えないが、とても楽しい秘密を隠し持っている気分がしたから、流行遅れになってからもずっと取ってあった。お気に入りのコートの裏地がだめになったときは、仕立屋に頼んで真っ赤なシルクに張り替えてもらった。

こういったディテールを利用すれば、明るい色を着ることに抵抗のある人でも、ワードローブに楽しい色を加えることができる。襟の裏に蛍光色の差し色を加えたり、ズボンの折り返しにストライプをあしらったりするだけでいい。服の下に、鮮やかな色合いの下着やソックスを着けるのもいい。下着やソックスの引き出しは、毎朝いちばんに開けるものだ——虹の色で挨拶してくれる引き出しがあると、とても楽しくなる。

グーグルも「隠して明かす」を使っている

思いがけない場所に鮮やかな模様を取り入れる手法も、これと似た喜びを生み出している。最近のデザイントレンドで私が気に入っているのは、レストランのカラフルな化粧室だ。ニューヨークのレストラン、ダイムズの化粧室には、天井から床まで、陶芸家キャシー・グリフィンがブラシで手塗りした色とりどりのタイルが貼られている。レストランの地味めの内装に比べると、化粧室は別世界に迷い込んだような雰囲気がある。最近訪れたほかのレストランも、化粧室に大胆な模様の壁紙が使われていたり、化粧室のギャラリーウォールに芸術作品が飾られたりしていた。

同じ喜びあふれる手法を使って、家の中の使用頻度の低い空間である客用バスルームを明るくしてもいい。より小さな規模では、クローゼットや戸棚の内側に明るい色を塗ったり、引き出しに模様入りの紙を敷いたりすると、開けるたびに新鮮な驚きを感じられる。

「隠して明かす」手法は、デジタルの世界でも用いられている。ソフトウェア開発者は楽しい画面や機能、いわゆる「イースターエッグ」を、いろいろなアプリケーションのコードに埋め込み、ユーザーが特定の操作をしたときに見つけ出せるようにしている。

たとえばマイクロソフトエクセルの1997版には、特定のキーを特定の順序で押していくと現れる、フライトシミュレーターが仕込まれていた。

グーグルでは「斜め」を検索すると、検索画面が少しだけ傾く。また「zerg rush」という奇妙なフレーズを検索すると、勝ち目のなさそうなゲームが出現する。グーグルのロゴのOの文字が降ってきて検索結果を破壊してくるのを、クリックで阻止しなくてはならないのだ。ほとんどのソフトウェア機能とは違って、こうしたイースターエッグには実用性がない。ユーザーが偶然見つけ、友人にシェアできるようにつくられた、純粋な楽しみだ。

「隠して明かす」手法を使えば、朝の着替えから書類のタイピングまでの多くの日常活動に、遊び心を取り入れることができる。

だがその影響は、一時の楽しみを超えて持続する。自分や誰かがあとで見つけられるように楽しいものを隠すことによって、リスのように、いつか見返りを得るために喜びをためていくことができる。すると世界には目に見える喜びと、日常生活のすぐ下に潜む喜びという2つの層ができる。そして1つ喜びを発見するたびに、自分の歓喜と幸運は自分でつくっていくものだと気づくことができるのだ。

家を「驚きの場所」にする

――動きながら生活する

マンディとケヴィンのホレシュ夫妻は、ピッツバーグのアパートメントに暮らし始めて5か月ほどで、「むずがゆい」ような落ち着かない気分になり始めた。アパートは美しく、街のにぎやかなエリアにあり、結婚して初めての住まいだった。でも結婚式後に出かけた旅行のことが、二人の頭を離れなかった。

その旅行ではマンディの叔母からポップアップルーフ付きのキャンピングトレーラーを借りて、アメリカ南部をめぐった。州立公園に車中泊しながら新しい街を探検し、二匹の犬連れだったにもかかわらず、その生活の心地よさに驚いた。二人は冗談めかして言い合った。「こうやってここで暮らし続けたらどうなるかな――この先ずっと」

いまや彼らは生まれ育った街に戻り、同じように結婚して初めての家に落ち着いた友人たちに囲まれていた。家を買いたい誘惑は強かった――仲間はみんなそうしていたし、二人で見つけたかわいい小さな家をもう少しで買うところまでいった。

でも彼らの気持ちは別のところにあった。二人とも旅行が好きで、二人ともフリーランスで――マンディは結婚式カメラマン、ケヴィンはスマホ利用時間を計測するモバイルアプリ、モーメントの開発者として――働いていた。彼らは旅をしながら暮らすことを夢見て、売りに出ている中古のキャンピングトレーラーを調べ始めた。そして2か月後、1台を購入した。

キーストーンクーガー276モデルは見るからに年季が入っていて、古びた青いカーペット敷きで、重厚な木材がふんだんに使われていて、おかしな臭いまでした。だが値段は予算以下の5000ドルだったから、改装にお金をかけることができた。

ケヴィンの実家の私道に停めて、2週間かけて古いカーペットを剝がし、ソファ兼ベッドと朝食用コーナーのソファを張り替え、すべての表面を白く塗り直した。必要最低限の持ち物を厳選し、残りを倉庫に預け、そして彼らは旅に出た。

彼らがトレーラー選びの条件にしていた一つが、窓がたくさんあることだった。マンディいわく、「本当にやるからには、自分たちのいる場所をいつも見られるようにしたかった」からだ。彼らの見つけたモデルは、三方に角の丸い大きな窓があった。おかげで訪れた場所にどっぷり浸っているように感じられるうえ、偶然性を家の中心に取り入れることができた。

このことを裏づけるかのように、マンディとスカイプで話していたとき、突然彼女が「わあ、そこにイルカがいる！」と叫んだ。ケヴィンは振り向いて、「え、ほんとに？　そりゃすごいな」と、頭を振ってつぶやいた。二人は話が途切れたことを詫びたが、私にとっては彼らのライフスタイルを知るまたとない機会になった。

家をどこにでも連れていけるなら、窓は驚きの可能性をつねに秘めた、動く壁紙になる。ホレシュ夫妻はキャンピングカー専用の駐車場ではなく、大自然の中でキャンプしているから、偶然性はいっそう高まる。海辺や州立公園など、さらに珍しい風景が見られる野生の地で目を覚ますことができるのだ。

「目立たない場所」に視線を引きつける

110平米のアパートから17平米のトレーラーに引っ越すことになったとき、マンディは余計なものを置かずにわが家のように感じられる空間をつくる、という難題を抱えた。そのため、なるべく控えめに抑えたデザインを、意外な場所に取り入れようと決めた。

ケヴィンが思い出し笑いをしながら話してくれたのだが、ある日彼はマンディに頼まれていろいろな大きさのジャガイモを買いにいったそうだ。マンディはイモを半分に切って断面を黒いペンキに浸し、ベッドのうしろの壁にペタペタと押していって、自然なかたちの風変わりな水玉模様をつくった。

「トレーラーは長い廊下のようなかたちだから、どこにいてもこの壁が目に入るのよ」とマンディは言った。「だから普通の壁にしたくなかったし、窮屈に感じるような壁紙も貼りたくなかった」

またマンディは、買ったポンポンを紐でつないで蔓飾り（ガーランド）をつくり、出窓の窓枠に飾った。「この出窓は私のお気に入りの場所なの」と彼女は言った。「だからカーテンでさえぎらずにおこうと思って」。窓にカーテンのようにかかったガーランドが窓の縁を和らげ、見晴らしを損なわずに華やいだポップな色を添えた。

マンディが楽しい工夫をしようと思ったもう一つの場所は、寝室に続く2段の階段だ。スペインに旅行したときカラフルなタイルに魅せられたが、トレーラーの重量制限があるため、重い装飾は避けた。代わりに見つけたカラフルなスペインタイルのシールを階段の前面に貼って、普通は誰も見ない場所に視線を集めた。

家が驚きを日々体験する場になること、またそこでは住み手が私的空間の喜びをいつでも再発見できることを、ホレシュ夫妻のキャンピングトレーラーは教えてくれた。私はフランスの建築家ル・コルビュジエの名言、「家は暮らしの宝箱でなくてはならない」を思い出した。

マンディとケヴィンの家は、ただ体を休めるためだけの場所ではなく、新しい体験への入口でもある。二人はいつか落ち着くことを否定しないが、現時点での二人の計画は、目の前の道と同じくらい開けている。

「風変わり」はすばらしい
——「いい趣味」じゃなくていい

ホレシュ夫妻は、結婚して家に落ち着くという慣習に抗い、ノマド的ライフスタイルを選んだことで、友人や家族に怪訝（けげん）な顔をされることも多かった。いまではほとんどの人が受け入れてくれたそうだが、意外な決定をするのには勇気がいることを、私は改めて思い知った。

私たちはキャリアであれ、パートナーであれ、髪形であれ、何かを選択することによって他人の期待に反する道を歩むとき、居心地のよい規範の外側に足を踏み出す。

踏みならされた道にとどまっていた方が安心できると感じることもあるだろう。ニューヨーク市の学校を鮮やかな色彩に塗り替えているパブリカラーの創設者、ルース・ランド・シューマンは、こんなふうに表現した。「『いい趣味』という考えの陰に隠れている人が多い。本当の自分を出すのが怖いのよ」

シューマンの言葉は、長い間私の頭を離れなかった。私自身、いい趣味の高い壁に隠れるようにして、人生のほとんどを過ごしてきたからだ。10代と20代のころは毎月のようにデザイン雑誌を読みあさり、編集者の勧めるスタイルを神のご託宣のようにうやうやしく研究した。自分の体形を引き立たせるようにあつらえた服だけを着た。派手で斬新なファッションは遠巻きに憧れるだけだった。

「いい趣味」は、いうまでもなく魅惑的な安心を約束する。何しろその言葉の示すとおり、ただの趣味ではなく、「いい」趣味なのだ。店でイスやドレスや芸術作品を買うとき、適切な選択をすれば世間に受け入れられ、帰属意識を感じられるかもしれない。だが、いい趣味の神は生け贄(いけにえ)を要求する。そしてまっさきに火に投げ込まれるのは、私たちの風変わりで滑稽で厄介な個性なのだ。

しかし風変わりで滑稽で厄介な個性にこそ、多くの驚きと、したがって喜びが詰まっている。たとえばフラミンゴは、おかしなピンク色と、くねくねした首、細い枝のような足を持つ不思議な鳥だ。愛される鳥は多くあれど、フラミンゴほどプラスチック製のオブジェが多くの郊外住宅の前庭に置かれている鳥はほかにない。

同様にアリウムは、わが家に庭ができたらまっさきに植えてみたいと思っている、ボール状の変わった花だ。細い茎の先に大きくふわふわした花がついていて、現実の花というよりドクター・スースの本に出てくる架空の植物のように見える。

風変わりな喜びを最もよく表すものといえば、昔ながらのドッグショーだろう。最近テレビでショーを見ていたとき、競技場にいる多種多様な犬を紹介していたコメンテーターの口調の変化に驚かされた。

スマートでそつのない犬たちには、画廊の絵画を品評するかのようにまじめな称賛を浴びせていた。ところが愛らしい変わり種――モフモフ感がたまらないチベタンマスティフや、短い脚をフル回転させて必死にハンドラーのあとをついていくコーギー、目がもさもさした毛に隠れてモップにしか見えないコモンドール――の番になると、まるでほほえんでいるかのような明るい口調に変わったのだ。

いい趣味が、ものごとをシンプルでノーマルにとどめようとするのに対し、喜びは正規分布の端に存在する。これは「驚きの美学」の別の現れだ。つまりものごとは「こうあるべき」「こうふるまうべき」だという期待を混乱させるかたちの驚きであり、反逆的な混乱を帯びた美学である。

「型破りな精神」を生活に加える

こうした型破りな精神を生活に加えたら、いったいどうなるだろう？

すぐに答えは出せなかったが、どこを探せばよいかはわかっていた。1990年代半ばのオランダで、家具や装飾品に関する古くからの慣習に対して、愉快な方法で異を唱えるデザイン運動が起こった。

情熱と自由奔放な創意にあふれるオランダのデザイナーたちは、伝統的なデザインの形態を押したり引いたりして変形させ、ものの大きさやバランスについて人々が持っている期待や先入観を、一風変わった方法でもてあそんだ。

巨大な、部屋中のどんなものよりも大きなランプや花瓶、おとぎ話のこびと用に見えるほど小さく縮んだテーブル。伸縮素材の鞘で結ばれ、驚くほど斬新なシルエットに変わった古い木製のイス。花瓶や壺はセラミックの代わりにシリコンでつくられ、伝統的なオランダの陶器に似ているが、落としても割れない容れ物になった。

デザイナーにとって、当時は刺激的な時代だった。洗練された趣味のよい家具が量産されていた長い時代を経て、業界に多くの風穴が開けられ、新風が吹き込み始めた。

「一般に驚きと呼ばれるものを――ウィットと呼ぶ人もいれば、ユーモアという人もいるが――私は軽やかさと呼ぼう」。マルセル・ワンダースはシルバーグレーの髪に指を走らせ、何かを思い出すように遠くを見つめて語ってくれた。

最初は新興デザイン集団ドローグのメンバーとして、その後はスタジオ兼家具ブランドのモーイ（オランダ語で「美しい」を意味するmooiに、強調の意でoが一つ加えられた「Moooi」）の創設者として、オランダのデザイン界を牽引してきたワンダースは、この運動の中でもとくに衝撃的な作品を生み出した。

彼のデザインを説明するのは、夢で見たものを説明しようとするようなものだ。たとえば代表作の一つ、「ノッテドチェア」を見てみよう。このイスはハンモックの網に似ていて、ロープを精緻なマクラメ編みにしたものだ。だがハンモックとは違って、編まれているのは座面だけではない。イス全体、脚までもがロープでできている。

初めて見たとき、かがんで下をのぞきこんでみたが、添え木も、隠れた金属の支柱もな

ノッテドチェア

かった。イスがどうやって自立しているのか見当もつかなかった。

息を止めて、思い切ってすわってみると、イスは私の体重を楽々と受けとめた。しっかりしているが、空中に浮かんでいるような気分だ。頼りなく見えるロープは、じつは軍用の防弾ベストやジェットエンジンのカバーにも使われる強靭な合成素材のアラミド繊維に、カーボンファイバーの芯を仕込んだもので、木や金属でできたイスに劣らず頑丈だった。

その秘密をわかってからもなお、私は不思議と好奇心をそそられ続けた。

見慣れたものに「おかしな部分」をつくる

ワンダースの一見突飛に思える作品が、じつは綿密な計算によって裏打ちされていることを、ほどなくして知った。

「私の作品には、たいてい2つの要素が存在する」と彼は話してくれた。「1つは、あなたがよく知っている何かの性質だ。イスなら、脚が4本あるとか」。そう言ってかすかに笑い、少し黙った。「18本も脚のあるイスはつくらないよ。ある意味であなたにとってなじみ深いもの、遠くから見てもわかるものをつくる。まずはそうやって安心させるんだ。だがそのほかに……」と言って、車が急停止するような音を立て、目を輝かせながら左手で急カーブを曲がるような仕草をした。「何かちょっとおかしなところ、驚かせるところを加える。われわれはそれを〝予期せぬ歓迎〟と呼んでいる。ちょっとした驚きだが、歓迎すべき驚きなんだ。そうやって、プロダクトに軽やかさの感覚を吹き込んでいる」

私はそれまでに見たことのある、ワンダースのデザインを考えてみた。柔らかな光を放つ、特大のマッシュルームのような、大きな紙製のランプ。床に置かれた巨大な皿のように見える、青いデルフト柄の円形の絨毯。それにスポンジの花瓶は、遠目からは自然の海綿そっくりに見える。実際、もとはスポンジだったのだが、ワンダースはそれに磁器の粘土を染み込ませて、窯（かま）で焼いた。スポンジは焼け落ち、残った磁器製のスポンジのレプリカに、花を挿すための筒を組み込んだ。

予期せぬ歓迎は矛盾であり、見慣れぬものと見慣れたものという、正反対の方向に私たちの心を引っ張る緊張である。

純粋な見慣れぬものは、それ単体では人を遠ざけてしまう。だが風変わりなものは、見知った要素と結びつけられると、すばらしいものに変わる。

フラミンゴが私たちを喜ばせるのは、あれほど特異でありながら、2枚の翼とくちばしと羽を持つ鳥であることに変わりはないからだ。その「鳥らしさ」を判断基準として、私たちはフラミンゴがどれだけ変わっているかを測ることができる。

同様に、私たちは自分の体を基準にして身のまわりのものの大きさを測るから、巨大なランプやミニチュアのカップケーキを見ると、自己の感覚が変化し、ウサギの穴に入ろうとしているアリスや、リリパット人に交じったガリヴァーになったように感じるのだ。

ワンダースは、型破りなアイデアを見慣れたものというマントで覆うことによって、私たちを安全な地面につなぎ止めつつ、魅惑的な旅へと連れ出してくれる。

もちろん、私たちはワンダースの想像の産物ほど型破りなものを使う必要はない。たとえば手作り品によくあるかすかな非対称やわずかなバランスの歪みは、さりげない風変わりさを生み出すため、日常に取り入れやすい「驚きの美学」である。

義手を「スーパーヒーロー」の手に変える

この単純なアイデアを利用すれば、ただ家に喜びの瞬間を生み出すにとどまらない、より大きなことができると気がついた。ステレオタイプや先入観に、楽しい方法で挑むことができるのだ。

予期せぬ歓迎につきものの矛盾は、心理学者が「認知的枠組み変更の必要性」と呼ぶものを促す——私たちは驚きによって世界観を揺るがされ、新しく入ってきた情報と以前からの信念を折り合わせる必要に迫られる。

ストレスや不安を感じているとき、人は曖昧さやリスクに対する許容度が低く、見慣れぬものや型破りなもの、新しいものを退けがちになる。

だが喜びを感じているときは、マインドセットが柔軟になり、異質なものを許容しやすくなる。たとえばポジティブな感情は、「自己人種バイアス」と呼ばれる思考の偏り（自分の属する人種の顔の方が、ほかの人種の顔よりも認識しやすいという現象）を弱めることがわかっている。

またポジティブな感情を持っていると、当初の仮説と矛盾する証拠を与えられたとき、仮説に執着することが少なくなるという研究もある。うれしい驚きが有害なステレオタイプを揺るがす結果、違いを脅威ではなく、喜ばしいものとしてとらえやすくなるのかもしれない。

一例として、3D印刷が義肢の世界に革命を起こしたときのことを考えてみよう。従来型の義肢は、補う身体の部位に似せてつくられている。肌の色を合わせ、実物のようなディテールを持たせることによって、機能を取り戻すだけでなく、できるだけ自然に見えるようにして、四肢切断者や先天性の四肢欠損者を安心させるように設計されている。

義肢の3D印刷は、とくに子どもが義肢を利用しにくいという問題に対処する方法として始まった。義肢装具は複雑で高価なため、成長の速い子どもに合わせてつくりかえることは、費用面での負担が大きく難しい。そのため手や指のない子どもの大半が、義手を使うことができなかった。

しかし3D印刷の登場により、ボランティアのデザイナーが子ども用の義手のカスタムキットを製作し、家族はレゴブロックのようにして、子どもに合った義手を50ドル未満でもつくれるようになった（従来型の義肢は数千ドルする）。

おかげで子どもたちが義手をとても利用しやすくなったが、もう一つ思いがけないメリットもあった。義手が、アクセサリーのように見えたのだ。赤や青、紫などの鮮やかな色が使われ、ものを握るための腱の役割を果たす連結部分とゴムバンドがむき出しで見えていて、手を蛍光色や夜光色にすることもできる。

生まれつき肘から下の左腕がない11歳のジョーダン・リーヴスは、ラメを噴射する義手を自分でデザインした。現在彼女は、ユーザーがラメの噴射機能を好きな機能と交換できる、着脱交換可能なアタッチメントの開発に取り組んでいる。

従来型の義肢のように目立たなくする代わりに、新しい義肢はむしろ注目を集めるようにできている。そしてそうすることによって、障害は不利だという一般通念を揺るがしているのだ。以前はからかいやいじめの対象だった子どもが、いまではスーパーヒーローのような手をうらやましがられているという声が、親たちから寄せられている。

3D印刷の義肢は、喜びあふれる方法で違いをとらえ直すことによって、子どもたちに驚くべき新しい自由を、自分らしくいられる自由を与えたのだ。

驚くたびに「慣れ」がリセットされる

どんな子どもも、驚きに満ちた世界に暮らしている。どんなに平凡であっても、一つひとつの新しいものごとに、驚きと喜びを覚える。だが物珍しさはたいてい年齢とともに薄れ、周りの世界は見慣れた退屈な日常になっていく。

心理学者はこの現象を「快楽順応」と呼ぶ。人間がダイナミックな大自然をさすらう狩猟採集民族だったころに比べると、現代は快楽順応がずっとひどくなっているのではないだろうか。

現代の硬直的で変化に乏しい室内環境には、積極的に取り入れようとしない限り、驚きは存在しない。快楽順応が怖いのは、刹那的な物欲に追われるようになるからだ。つねに目新しいものを渇望し、魅力を失ったからという理由でまだ使えるものを捨てて、ピカピカの新品に取り替える。

実際、快楽順応は「快楽の踏み車」とも呼ばれる。快楽を追い続けているのに、いつまで経っても幸福に近づくことができないのだ。

「驚きの美学」を利用すれば、周囲のものとの間に、感情的に疲弊しない関係を築くことができる。暮らしの中のものにいつも驚きを感じていれば、それらを新しいものに取り替えようとは思わないだろう。

ものの中に喜びをくり返し再発見すれば、そのたびごとに愛着が増していく。周囲の世界に目新しさと予測不能性を取り戻せば、小さな驚きの連続を通して、世界全体との関係性を変えていくことができる。

驚きを感じるとき、私たちはほんの少し揺さぶられ、新しいアイデアや違う視点をほんの少し受け入れやすくなる。子どものような、あの新鮮な感覚をほんの少し取り戻すことができる。小さな驚きを通して、習慣的な思考パターンを抜け出し、喜びメーターをリセットし、新しい目で世界を見ることができるのだ。

第7の扉

超越

TRANSCENDENCE

「高み」に目を向ける

眠ったか眠らないかのうちに、目覚まし時計が鳴った。午前3時15分だ。アルバートと私は服に着替え、エナジーバーを2本つかんでホテルをあとにし、月のない闇夜に出ていった。目的地は車でほんの20分ほどの場所にあったが、駐車場はすでに3分の1ほど埋まっていた。

間もなくゲートが開き、私たちは屋台や土産物屋の立ち並ぶ長いアーケードに向かった。夜明けまでまだ何時間もあるというのに、カーニバルのような雰囲気が漂っていた。

ジャケットに記念品のピンバッジをつけた白髪のカップルが、湯気の立ったコーヒーを手にアーケードを散策していた。人々は屋台に朝食の注文を叫び、子どもたちは光るおもちゃや風車、帽子が山積みになった売り場に駆けていった。ドーナツを揚げる匂いが立ちこめていた。

私たちは卵サンドを買って、夜明けを待つ間すわる場所を探した。辺りは劇場の開幕前のような、楽しげなそわそわ感に包まれていた。そろそろ待ちきれなくなったころ、「おおー！」というどよめきがアーケード中に響き渡った。

ざわめきがやみ、人々は一斉に振り向いて野原の方を見た。数秒間は何も起こらなかった。だがすぐにオレンジの光がパッと燃え上がり、気球の丸いかたちが星空に向かって静かに昇り始めた。すぐにもう2機の気球が浮かび上がった。濃い藍色の空に2つの真っ黒なシルエットが音もなく昇っていき、やがてバーナーが燃え上がると、気球の全貌が明らかになった。

私たちはその場に立ち尽くし、バーナーがホタルのように点滅するのを、ただうっとりと眺めていた。それらの気球が野原を離れて空に昇ってしまうと、ほかの気球も次々と離陸し始めた。浮かび上がるその瞬間、ちょうどシャボン玉が飛び立つ前にストローの先に一瞬くっつくように、気球はかすかに揺れた。一条の細い光がサンディア山脈の上に現れ、空が白み始めた。一斉浮上（マスアセンション）が始まったのだ。

「上」へと向かう超越の喜び
――気球を見ると誰もが楽しくなる

毎年10月の10日間にニューメキシコ州の砂漠地帯で行われるアルバカーキ・バルーンフィエスタは、世界中から数千人もの気球ファンを集める大イベントだ。期間中の週末の朝には、500機を超える気球が一斉に浮上する、「マスアセンション」と呼ばれる光景が見られる。熱気球の一斉打ち上げとしては、世界最大規模のイベントだ。

この光景はあまりにも喜びに満ちているため、地上から見上げるだけのために集まる人も大勢いる。でも私にとってはこれが初めてのマスアセンションだったから、どうしても上空から見てみたかった。そこでバルーンフィエスタ歴20年のベテラン、ジョン・トンプソンの操縦する気球に2席を予約した。

私たちの乗る気球は、家よりも大きい、黄、ピンク、青、緑の気球だった。離陸をひと目見ようと、にぎやかな群衆が集まっていた。子どもたちはフィエスタのパイロットから集めた、野球カードのような気球のブロマイド写真を見せびらかした。気球がよく見えるように、小さな子どもを肩車している親もいた。アルバートが私に聞いてきた。

「ほほえんでいない人が一人でもいた?」

私は周りを見まわしてみた。どんなお祭りでも、人混みに目を凝らすと、しかめっ面の人や、かんしゃくを起こしそうな子どもがいるものだが、このときは一人も見当たらなかった。

トンプソンの合図で、私たち乗客は踏み台に上ってバスケットに乗り込んだ。フィエスタの航空管制官のゴーサインを受けて、クルーがバスケットを放すと、気球は浮かび上がった。たったいま昇ったばかりの太陽がレモン色の光を放ち、低い雲の帯が日の出でピンクに染まっていた。

私たちは多くの気球に交じって空を漂い、気球がゆっくりと上下するのをただ見ていた。

マスアセンション

気球が右にも左にも、上にも下にも、どこにでもあった。景色を眺めながら乗客の一人が言った。

「空にクリスマス飾りをつけたみたいだね」

ときおり特殊なかたちの気球が過ぎていった。スター・ウォーズのヨーダにペンギン、シルクハットの金魚。

「見て！　卵がズボンをはいてる！」と私は叫んだ。アルバートは私の指す方向を見て、「ハンプティダンプティだろ？」と笑った。広々とした空では、見慣れたものさえ目新しく見えたのだ。

パイロットのトンプソンに、長い間気球を飛ばし続けているのはなぜかと聞くと、彼はパッと顔を輝かせて、「ほんとに安らかなんだ」と言った。「ふだん見られないものを見ながら、ただ漂っているのが好きでね」

人々の、とくに初めて気球に乗った人の反応を見るのが楽しいのだという。「みんな満面の笑みを浮かべる」と、自身もそれに負けないくらい大きな笑みを浮かべながら言った。

上向きは愉快、下向きは悲しい

私がフィエスタで話をした気球パイロットの多くが、飛行機やヘリコプターのパイロットを経験していた。そしてどんな乗り物を飛ばすのも好きだが、気球には特別な喜びがあると言った。

気球は実用性が高いとはいえない。重い貨物は運べないし、舵取りもできない（気球の降下中に、どこに着地するつもりかとクルーに無線で聞かれたトンプソンは、「いま言えるのは、地面ってことだけ！」と茶目っ気たっぷりに返していた）。

だが気球は実用性に乏しくても、それを補ってあまりある喜びを与えてくれる。

「気球飛行が特別なのは、上空に昇って、モーターもエンジンも使わずに静止できることだよ」と、アリゾナ州ページから来た気球パイロットで、私が数年前に出会い、フィエスタで再会を果たしたブライアン・ヒルは言った。

飛行機やヘリコプターとは違い、気球にはブンブンうなる推進装置も、くるくるまわるプロペラもない。ただ上空に気ままに浮かぶという、瞑想にも似た純粋な喜びがあるのだ。

このような喜びは、私たちの言語にも刻み込まれている。

天にも昇る心地。ウキウキする。宙に浮くような気持ち。うれしいときは高揚し、意気揚々とし、落ち込んでいるときは意気消沈する。

研究によると、こうした喜びと上方向との関連づけは、無意識的で自動的に行われるという。たとえばポジティブな言葉は、パソコンの画面の上部に表示されている方が、下部に表示されているよりも見つけやすく、ネガティブな言葉は下部に表示されている方が見つけやすい。

1920年代に行われた研究では、被験者に多様な形状の線を見せ、「陽気」または「愉快」に見える線を選んでもらったところ、圧倒的に多く選ばれたのは上向きに上昇している線で、下向きに下降している線は「悲しい」とみなされた。

上方への動きは、喜びとも相関している。たとえば最近の研究で、被験者に上下2つのトレーの間でビー玉を移動させながら、過去のできごとを思い出してもらった。被験者はビー玉を上に動かしているとき、つまり下のトレーから上のトレーに移動させているときは、下に動かしているときよりも、ポジティブなことを思い出す傾向が強かった。

うれしいとき、体は上を向く

感情が垂直軸に沿って変化するように思われるのはなぜだろう？　認知言語学者のジョージ・レイコフと哲学者のマーク・ジョンソンによれば、それは私たち自身の体の成り立ちがもとになっているという。

人はほほえむと口角が上がり、しかめっ面をすると口角が下がる。喜びあふれる体は上向きだと、ダーウィンも指摘する。

「この状態の人は、まっすぐ立ち、頭を高く掲げ、目を見開く。顔面には下がっている部分は一つもなく、眉をひそめることもない。……上機嫌の人の表情全体が、悲しみに苦しむ人の表情の正反対である」

喜びの比喩と同様、健康や活力の比喩には上向きの特性があるのに対し（「健康の絶頂（ピーク）」「絶好調」など）、病気は下向きである（「病に倒れる」「風邪でダウンする」など）。

レイコフとジョンソンは、喜びや幸福の身体的経験には上向きの特性があるから、「上向き」は私たちの生活に起こるポジティブなことのたとえになったのだと考える。

この説明はもっともだが、感情と垂直性のつながりにはさらに深い意味があるのではないかと思う。

私たちはこの自転する地球上のどこにいてもつねに地球に向かって引っ張られていて、ほとんど意識することもない。

だがその引力は世界で最も重要な力である重力の一部を構成している。

人は走ったり、泳いだり、飛び込んだり、飛び上がることはできても、自力で空中に浮かんだり飛行したりすることはできない。そのことを思えば、上に向かう動きが喜びに満ちているように感じられたり、空が万人にとっての夢の世界に思えたとしても、不思議ではないだろう。

地上を離れる「至福の歓喜」

人間は太古の昔から、重力の制約から自由になるという考えに長らくとらわれてきたが、有史以来のほとんどの間、空を飛ぶのは神と天使だけが持つ能力だった。

紀元前2世紀までに中国で凧(たこ)が発明され、陸から離れた場所に釣り糸を垂らしたり、戦闘中に合図をしたりするのに用いられていた。中世には滑空機や翼、ロケット(の原型となった飛び道具)、玩具のプロペラなどで実験が行われた。

だが人間が地上に係留されない状態で上空に舞い上がることができたのは、1783年に気球が発明されてようやくのことだった。史上初の気球飛行を見た人は、筆舌に尽くしがたい喜びと驚きを覚えた。

初期にパリで行われたテスト飛行には、打ち上げをひと目見ようと何千人もの人々がシャン・ド・マルス公園に詰めかけた。歴史家のリチャード・P・ハリオンが、見物人の感想を伝えている。

「人間が地上から離れて空を旅する光景は、あまりにも神々しく、通常の摂理とはまるで異質に思えたため、すべての見物人が心を奪われ熱狂した。満足はとても大きかったため、最新流行の装いに身を包んだご婦人方までもが、雨でびしょ濡れになるのもかまわず、気球の動きを一瞬も見逃すまいと目を凝らした」

初期の気球パイロットにとっては、喜びはさらに大きかった。水素気球の発明者で、2

度目の有人飛行のパイロットを務めたジャック・アレクサンドル・セザール・シャルルは、自身の初飛行についてこう書いている。

「地上を飛び立ったときに私を満たした喜びに勝るものは何一つない。あれはただの楽しみではない、至福の歓喜だった。……大観衆が目の前に広がっていた。どこを見ても人の頭が見え、われわれの上には雲一つない空が、そして遠方には世界一魅惑的な光景が広がっていた」

地上を離れることによって、地球や私たちの生命を支える動植物に対する見方が変わる。心配事やささいな行き違いは、家や車とともに小さくなっていくような気がする。もちろん、いまでは多くの人が日常的にこれを経験している。この本を、ビジネス会議や家族旅行に向かう空の上で読んでいる人もいるだろう。

とはいえ、飛行機旅行のわずらわしさ——混雑した空港や、荷物のスペースをめぐるいざこざやバトル、窮屈なシート——のせいで、空の旅の感動は薄れがちだ。でも気球に乗ったことで、高みに上ることには雑念を払い、喜びに道を開く、魔法のような力があることを、私は改めて思い知った。

この喜びは、気球に乗らなくては見つけられないのだろうか？　またこの楽しみははかないものと決まっているのだろうか？　私はバルーンフィエスタを去りながら、この軽やかさの感覚を利用して、日々の暮らしに「超越の美学」を生み出す方法がほかにもあるのではないかと考えた。

「高い場所」に上る
――世界を見つめる「視点」が変わる

ヨーロッパを旅すると、古い村のいちばん高いところに教会か要塞があり、景色を一望できる展望塔がついていることが多い。そうした塔のもともとの目的は、襲撃者を遠くからとらえることにあった。だが塔はいまも観光客のお金で永らえている。なぜなら人間には新しい土地を上から見たいという、普遍的ともいえる欲求があるからだ。

こうした高みへの巡礼は、世界中の大都市でも行われている。高層ビルにはたいてい、上からの展望を楽しみたいという人々の欲求を満たすためにつくられた展望デッキがある。

幼いころの病気がもとで耳が聞こえず、目も見えなかったことで知られるヘレン・ケラーは、1931年に開業したばかりのエンパイアステートビルを訪れた。てっぺんから何を「見た」かと問われて、ケラーはこんな胸を打つ手紙を書いた。

「虹色の海に浮かぶ宝石のような小さなマンハッタン島が下から私を見つめ、太陽系が頭上でまわっていました！　太陽や星がニューヨークのこんなに近くにあることを知らなかったなんて！　私はどこかの惑星にほんの小さな土地を買ってみたいという、途方もない願望を持ちました。憂鬱な気持ちやつらい記憶はすべて消え去り、星と遊んでいるような気分になったのです」

ケラーは高層ビルの展望デッキで、目がくらむような軽やかさ、一種の高揚感を覚えた。

私はこの手紙を読んだとき、英語で強烈な喜びの感情を表す「イレーション（elation）」という言葉が、ラテン語で「持ち上げられた」や「高い」を意味する「エラトス（elatus）」に由来する理由を理解できた。

人は長年のうちに、高みに上る高揚感を得るための巧妙な構造を編み出してきた。崖や森の間を猛スピードで滑空するジップラインや、急斜面を上るケーブルカー、ゆっくりまわって景色を一望できる回転レストラン。

1893年のシカゴ万国博覧会でお目見えした観覧車は、エッフェル塔への斬新な対抗策として建設された。「遊び」と「超越」の美学を巧みに融合させた巨大観覧車は華々しい成功を収め、会期中の4か月間に140万人を超える人々が入場料を払って地上80メートルに上った。いまでは遊園地や地方のフェアの定番となった観覧車は、その陽気な丸いかたちで、はるか遠方まで喜びを投影する。

最も高価な不動産は、都市の最も高い場所にある。最も人気の高いアパートメントは、高層階のペントハウスだ。だが最も喜びあふれる高架構造物の一つは、最もささやかなもの——郊外住宅の裏庭にひっそりと立つ、簡素なツリーハウスだ。

「ツリーハウス」の言葉を口にするだけで、人はいくつになってもほほえむことに気がついた。それは子ども心を開くためのパスワードのようなもの、魅惑的だがなじみ深い場所、思い出と夢にあふれる場所なのだ。

ツリーハウスはそれほど高くに上れるわけでも、それほど広い展望が得られるわけでもない。だがみすぼらしいボロボロの——数枚の板を曲がった釘で打ちつけ、ロープの階段をつけただけの——木の上の家でさえ、どんなにおしゃれな丘の上の邸宅よりも大きな喜びを発散させる。なぜツリーハウスはこんなにも想像をかき立てるのだろう？

世界で最もユニークな「ツリーハウス」

この問いに答えられる人がいるとすれば、それはピート・ネルソンを置いてほかにいない。ネルソンはテレビ番組「仰天！　夢のツリーハウス」の情熱的なスターで、子どものようなひたむきさと熟達した木工技術によって、世界で最もユニークで大胆なツリーハウスを建設している。

ネルソンのキャッチフレーズは「いざ、木々へ！」だが、その長身でがっしりした体格と、樹皮の色の髪、大股でゆっくりと林を歩きまわる様子を見ると、むしろ彼が木々の中からやってきたかのように見える。

私が初めてこの番組を観たのは機上だったが、彼のまき散らす喜びが、小さな画面から飛び出してくるように感じた。ネルソンは木をハグしてキスし、昔からの知り合いのように話しかける。ツリーハウスの構想が浮かび始めると、その表情豊かな顔は歓喜と感嘆に輝く。

またネルソンは喜びを表現する独特の方法を持っている。チームの巧みな職人技を称賛する、低音の畏敬に満ちた「ワーーーオ！」、ちょうどよい木を見つけたときの激しい

「アヤイイイイイ！」、新しいツリーハウスの入口で発する、フクロウのような「オホホオオウ！」。

ネルソンが熱狂的に愛されていて、ファンから手づくりの贈り物が殺到し、彼の会社の壁一面に世界中の子どもたちから寄せられた夢のツリーハウスの絵――ガラスでできたツリーハウスのお城に、宇宙船のような木の上の部屋、らせんの滑り台のある複層の御殿――が飾られているのもうなずける。

こうした子どもたちと同様、ネルソンは幼いころからツリーハウスの壮大な構想を持っていた。初めて建設を試みたのは6歳のときだ。

「森の中に動物園をつくろうと思ってね」と、ネルソンはワシントン州で家族とともに経営するB&B、ツリーハウスポイントの節くれ立ったイスにすわって話してくれた。「本当にすばらしい家にするつもりだった」

でもスキルが野心に追いついていなかったため、初めての家は実現に至らず、父の助けを借りてガレージ脇の3本のカエデの木にツリーハウスを建てた。

それから何年も経って、妻と幼い子どもを連れてワシントン州フォールシティに引っ越したとき、彼は映画「スイスファミリーロビンソン」風の木の家に住もうと考えた。

まず中央に4、5メートル四方のツリーハウスを建て、それから周りにベッドルームをつくり、ロープの橋でつなぐ計画だった（「ターザンの国にしたかったんだ」とネルソンは目を輝かせて言った）。

だが妻のジュディが、3人の子どもたちは木の上を走りまわるにはまだ小さすぎると賢明にも反対したため、ツリーハウスは彼のオフィスになり、ネルソンはツリーハウス建設のエネルギーを事業に注ぎ込んだ。

当初は一般住宅の建築で生計を立て、ツリーハウスはあくまで副業として行うもので、3児の父親のフルタイムの仕事になるとは思ってもいなかったという。

だがツリーハウスでもっと稼げると友人に勧められ、やってみることにした。ツリーハウス製作ワークショップを企画すると一夜で満席になり、その数か月後、のちにツリーハウスポイントになる土地を見つけた。

文明と隔たった「安心感」が得られる

「ツリーハウスはアメリカに限らず、世界中の文化を象徴する存在だ」とネルソンは言う。ノルウェーやブラジル、日本、モロッコを旅してツリーハウスを見てまわり、つくり手たちとハウスを共同製作した。

なぜツリーハウスは万人の心をとらえるのかと私が尋ねると、こう答えてくれた。

「自然の中、文字どおり木の枝の中に隠れ家を持つことで、文化を超えた大きな安心感が得られるんだ」

もちろん、これはそう驚くべきことではない。私たちの祖先は木の上に暮らしていた。人間がサバンナの草原を直立歩行するはるか前に、霊長類の祖先は樹冠から樹冠へと飛び移りながら暮らしていた。いまでもすべての大型類人猿が木の上に寝床をつくる。ただし成長すると大きく重くなりすぎる、オスのゴリラは別である。

主に南アジアの熱帯地域には、洪水やヘビの危害から身を守るために、いまもツリーハウスを主な住居とする文化がある。木の中にいると自然に抱かれているように感じ、見えないところに隠れているという安心感が得られるのだ。

それでいて、ツリーハウスはある種の野生の自由を与えてくれる。子どもにとってツリーハウスは、初めて親から離れて一人になれる場所、親の目の届かない隠れ家になることが多く、そこでは子どもたちがルールをつくり、誰が出入りするかを決める（ネルソンは自分のツリーハウスに対する縄張り意識が強く、妹は自分のために別のツリーハウスをつくらなくてはならなかったという）。

ツリーハウスは、次の2つの点で、文明世界と隔たりを置いている。

家や街、車、建物から離れた森の中にあるという点、そしてめまぐるしい日常生活を超越した、木の上に立っているという点だ。

「窓の外を見るとアメリカコガラがいる」とネルソンは言う。「僕は鳥の生息地に住んでいるんだ。いつだってそれが魔法のようで、感動的でね」

ネルソンはツリーハウスの一つに案内してくれた。「エンレイソウ」という木の表札がかかった、2階建ての美しい家だ。前面は2枚のガラスをはめた透明な壁になっていて、家を支える巨大なベイスギの周りを、らせん階段が囲んでいる。中を歩きまわると家はかすかに揺れた。

ネルソンはほほえんで「いい風が吹き抜けるとすごく揺れる」と言った。「ボートに乗っているみたいにね」

揺れのせいで、自分が林の一部になり、地上の世界がさらに遠ざかったような気がした。

「忙しさ」から距離を置ける

ツリーハウスは子どもの空間のように思われがちだが、じつは大昔から大人のくつろぎや娯楽にも利用されてきた。

ツリーハウスに初めて言及した1世紀の大プリニウスは、ローマ皇帝カリギュラのためにプラタナスの木につくられたツリーハウスについて書いている。ツリーハウスはルネサンス期（メディチ家も数軒所有していた）や、ロマン主義の時代のフランスとイギリスでも人気を集めた。

1850年代には、ロビンソン・クルーソーに憧れる進取的なレストラン経営者の集団が、パリのすぐ南にツリーハウスのレストランとバーをつくった。マロニエの木の高い枝の上に、蔓バラに縁取られたあずま屋のようなダイニングルームがつくられ、客は滑車で引き上げられたバスケット入りのランチとシャンパンを楽しんだ。ピーク時には木の上に10種類のレストランと200以上の小屋があったという。

ネルソンによれば、最近では大人が主に趣味や情熱を追求する場として、ツリーハウスの喜びを再認識している。ネルソンとクルーは、これまで録音スタジオや、アトリエ、温浴施設とサウナ付きのスパ、座禅と瞑想のための保養所を、木の上につくっている。「われわれの文化では、何ごとも競争、競争だ」とネルソンは言う。「資本主義社会では自活するだけでも大変だ。沈むか、それが嫌なら泳ぐしかない。だからたえまなく動いていなくてはならない。そこで役に立つのがツリーハウスだ。ツリーハウスの上にいると、そうしたすべてから切り離される。生計を立てるためのせわしない動きから、ほぼ一瞬にして距離を置くことができる」

慌ただしい生活から私たちを引っ張り出し、ものごとを俯瞰できるようにしてくれるツリーハウスは、自分を見つめ直すのにうってつけの空間になる。

「なぜ地上から3・5メートルほど離れるだけで、違う気分になれるのかはわからない。でも日常から切り離されるのは確かだ」とネルソンは言った。「日常の煩わしさを逃れたいと思わない人がいるかい？」

そう言うと、ネルソンは会議のために出ていったが、親切にもエンレイソウのツリーハウスに好きなだけいていいと言ってくれた。

私は窓に囲まれた部屋のイスにすわり、苔に覆われた枝を見やり、近くのせせらぎの音に耳を澄ましながら、ノートにペンを走らせた。涼やかで静かな空気の中で、ふだんは乱れがちな心はゆったりと落ち着いていた。

家を出るとき、ゲストブックのページをめくってみた。「ツリーハウスづくりの人生を選んでくれてありがとう！」と、感謝に満ちた訪問者が書いていた。「夢のようだ」と別の人がコメントしていた。「目が覚めても、まだ木の上にいられるなんて！」

自分を「特別」に思える

ツリーハウスにいると、視点が変わったように感じるのは、気のせいではない。研究によると、人は高いところに上ると、細かい事情よりも大局に目を向けやすくなるという。

たとえば、階段を降りてきた人は、「誰かが部屋にペンキを塗っている」と聞くと、ペンキ塗りの具体的な行動（「刷毛(はけ)で塗っている」など）を思い浮かべることが多いのに対し、階段を上ってきた人は、ペンキ塗りという行動の背後にある、より大きな目的（「部屋の雰囲気を一新している」など）を考える傾向にある。

そうした抽象的思考は、創造的思考を促進し、複雑な決定を行う際に価値観に従った行動を促し、長期目標を阻害するような短期的誘惑を退けやすくする。

私が喜びを探求するうちに、ネルソン以外のツリーハウスにも出合ったのは、おそらくツリーハウスにこうした特性があるためだろう。

第5の扉で紹介した、遊びの専門家で精神科医のスチュアート・ブラウンも、前庭にツリーハウスをつくり、ゲストハウスとして使っていた。第1の扉に登場したエプロン会社ヘドリー＆ベネットの創業者エレン・ベネットも、会社のロサンゼルス本部にツリーハウスのような構造を設置し、そこを自身のオフィスにしていた。

サンディフック小学校の新校舎にも、2階の廊下の両端に、学校を取り巻く緑に向かって張り出した、ツリーハウスに似た遊びエリアがあった。「とくに決まった使い方がない空間なんだ」と建築家のバリー・スヴィガルズは言う。「子どもたちが外を見て、自分は特別な存在だと思えるような場所さ」。ツリーハウスは子どもたちに大事にされ、「学校の大人気スポットになっている」という。

カリフォルニア州バークレーの有名な、ファームトゥテーブル〔生産者の顔が見える食材を使う〕のレストラン、シェ・パニースには、2階正面にツリーハウス気分が味わえる、人気抜群の小さな客席エリアがある。ダイニングルームのほかの部分より一段高くなっているだけなのに、席を取り囲む窓から外の緑が見え、19世紀フランスのツリーハウスレストランを思わせるつくりになっているのだ。

このように、ツリーハウスに似た構造が伝統建築に取り入れられているのを見て、私は考えた。「超越」の感覚を得るには、どれだけ高く上がる必要があるのだろう？

高さが思考に与える影響を調べた前述の研究では、普通の階段を使っていたが、1、2メートル高いところに上るだけでも、地上からの高さは2倍になる。また、中2階や踊り場、出窓といった、わずかに高い眺望が得られる程度の場所も好まれている。

二段ベッドや屋根裏の寝室には、高みからの視野が得られるとともに、狭い空間を活用できるというメリットがある。親友の子ども時代の部屋にはロフトがあり、泊まりに行くのが本当に楽しみだった。なにしろ、家中でいちばん高いところに隠れられるのだ。

もちろん、ロフトやバルコニーで感じる超越感は、高層ビルのてっぺんで得られる感覚と同じではない。おそらく高みの経験には、空の飛行や山頂の息を呑むような感覚を一方の極とし、階段のゆるやかな上昇の感覚をもう一方の極として、その間にさまざまなレベルの経験が存在するのだろう。

とはいえ、たとえ感覚の強さは違っても、どんな高みの経験も、喜びに満ちた方法で視点の転換を促し、日常の営みとは異なる次元と規模へと私たちを引き上げてくれるのだ。

「浮かぶもの」で軽さを感じる

――デジタル時代のプレッシャーを和らげる

喜びの研究を続けるうちに、人は浮かんだり飛んだりするものに自然と引きつけられることに気がついた。虫はふだんはほとんど人目を引かないが、どこからかやってきて庭をひらひら飛びまわる蝶は愛おしまれている。バードウォッチングや凧揚げ、グライダーに日がな一日興じる人もいる。

また夏の午後、ピクニックバスケットを空っぽにしてアイスティーとレモネードを飲み干したあと、草に寝転んで雲の動物たちが頭上を通り過ぎていくのを眺めることほど、うっとりすることはない。

浮かんでいるものは、間接的な超越感を与えてくれる。何かがサッと舞い降りたり風を受けて進んだりするのを見ると、自分の足は地面を踏みしめているのに、心が躍るのだ。

とはいえ、モバイル機器が生活に浸透するなか、私たちの注意はますます下向きに引っ張られている。スマホを眺める時間が長くなり、首に深刻な負担がかかっている。研究によると、スマホを見下ろすと頭が27キロもあるように感じ、首にかかる負荷は最大で5倍にもなるという！

また多忙がよしとされるこの文化では、のんびり空を見上げることは、なまけ者や夢想家だけが耽（ふけ）るうしろめたい喜びのように感じられる。この無為な時間の過ごし方を擁護するために、イギリスの雲愛好家ギャヴィン・プレイター＝ピニーは、雲ウォッチングのガイドブック『「雲」のコレクターズ・ガイド』（河出書房新社）を書き、「雲を愛でる会」を立ち上げて、4万3000人を超える会員を集めている。

「空を見ることは、デジタル時代のあらゆるプレッシャーを和らげるのにうってつけの方法じゃないかな」と、プレイター＝ピニーは話してくれた。

彼に連絡を取ったのは、4月の朝のことで、青空いっぱいにふわふわした積雲が浮かんでいた。「最近ではそういう時間、脳が休止モードで惰性運転できる時間がどんどん減ってきている。そういう時間にこそ、脳は価値ある活動を行うのに」と彼は言った。

そしてfMRIを使った研究で、空想に耽っているときと集中して思考するときとでは、活性化される脳の部位が異なることがわかったと教えてくれた。

実際、ぼんやり考えごとをしている間も脳は活発に働いているうえ、これまで拮抗（きっこう）していると考えられていた脳の2つのネットワークが同時に活性化することが、研究により示されている。

1つは、自分の内面を見つめたり、自分の中で生み出される思考に集中したりするときに機能する「デフォルトネットワーク」、もう1つは困難な課題に取り組んだり、外から与えられた目標を追求したりするときに機能する「実行系ネットワーク」だ。研究によれば、この神経活動のパターンは創造的思考のパターンに似ており、また空想は目先の課題を完了する妨げになることはあるにせよ、斬新なアイデアを思いついたり、短期的ではなく長期的な影響をおよぼす問題を考え抜くのに役に立つという。

人は「軽み」を喜びととらえる

プレイター＝ピニーは、のんびり雲を眺めるのは瞑想のようなものだと考え、雲は「なまけ者の守護女神」だという、ギリシアの劇作家アリストパネスの言葉を好んで引用する。雲ウォッチングは、何もせずぼーっと過ごす時間をつくる口実になり、生活の中に空想の時間を生み出すのに役立つのだ。

「長い時間じゃなくてもいい」と彼は言う。「ほんのしばらくでいい。でもその時間はある種の解放になる。地上のものごとから自分を切り離すことができる」

この考え方は、高みへのつかの間の逃避が、日常生活の緊張を和らげるという、ツリーハウスのピート・ネルソンの意見と一致するように思われる。

雲がすばらしいのは、世界のどこにいても逃避の手段になることだ。

「雲ほど平等な自然の景観はないよ」と、プレイター＝ピニーは言う。「すばらしい自然景観がない場所でも、すばらしく美しい空を見上げることができるんだから」

これを聞いて、第1の扉で紹介したロンドン在住のカラースペシャリスト、ヒラリー・ダルクが、刑務所での取り組みについて教えてくれたことを思い出した。

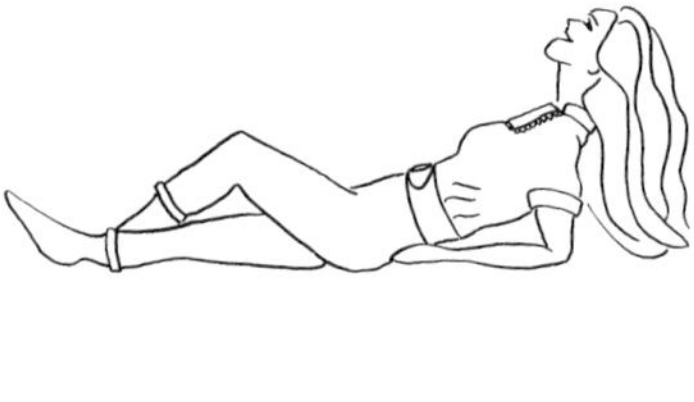

刑務所の監房の窓は安全上の理由から、たいていは高い場所に設置され、鉄格子が取りつけられている。ダルクは鉄格子を取り除けないことはわかっていたが、陰鬱な感じを和らげようと心に決めた。

「まずまっさきに、窓の鉄格子をすべて薄い色で塗り直すよう提案した」と彼女は言った。「窓から見える空に比べて、鉄格子が暗く見えすぎないようにね」

それは小さな配慮だったが、空にはどんなに陰鬱な環境にも希望を呼び起こす力があることを踏まえた、心に響く配慮だった。

雲やその他の「浮かぶもの」について考えるうちに、その喜びが高さだけから来ているのではないことに気がついた。軽やかさの感覚も、喜びを生み出しているのだ。

高揚と同様、軽やかさの特性も、世界中で喜びの比喩として使われているようだ。マルチリンガルの友人たちに、「気軽」と「気重」のような言葉が母国語にあるかどうか聞いてみると、フランス語からスウェーデン語、ヒンディー語、ドイツ語、ヘブライ語、韓国語に至るまでの多様な言語にそうした例があるという答えが返ってきた。

中国で行われた研究も、この関連性を裏づけている。人は軽い物体（風船など）の画像を見たあとは、ポジティブな単語をよりすばやく識別し、重い物体（岩など）の画像を見たあとは、ネガティブな単語を識別しやすくなる。

それを知って、緻密で硬質な構造にあふれるこの世界に、軽やかさの感覚を生み出すにはどうすればいいだろうと考えた。

「軽く見える」を利用する

シャボン玉は、どんな場所にも軽やかさを生み出すように思える。あるときマンハッタンのカナルストリート駅で地下鉄を待っていると、シャボン玉が暗い線路の上をふわふわとやってくるのが見えた。

それはじめじめした地下世界に射した、明るい超越の光のようで、大いに想像をかき立てられた——もしも地下鉄の到着を知らせる合図が、ラウドスピーカーからの雑音混じりのアナウンスではなく、シャボン玉だったらどうだろう?

友人の父親は数年前、ポートランドマラソンの催し物を担当したとき、シャボン玉職人の一団を雇って、コースの角に立ってもらったそうだ。角を曲がって空を埋め尽くすシャボン玉を見たとき、重い足取りのランナーはどんなに足が軽くなったことだろう。

１９６０年代の一時期に一世を風靡(ふうび)した建築様式にも、泡の軽やかさを見ることができる。空気注入式(インフレータブル)構造は、もとは１９４０年代半ばに米軍向けに、レーダーアンテナ用の仮設シェルターをつくるために開発されたものだ。発明者のコーネル大学航空研究所の技師、ウォルター・バードは、その後、技術の汎用化(はんようか)をめざし、インフレータブルな屋外プール用カバーや温室、郊外住宅用の物置小屋を開発した。

プラスチック技術が向上し、また環境保護運動の高まりを受けて従来型の建築手法の環境への影響が問題視され始めるにつれ、インフレータブル建築は盛んになっていった。インフレータブル構造は、安価で移動可能で超越的に軽やかという、建築の未来像を示していた。重い金属の支柱もコンクリートの土台もいらない、文字どおり空気でできた建物なのだ。

だがインフレータブルの夢は膨らみすぎた。インフレータブル素材が快適な住まいにならないことに、人々はすぐ気がついた。空気圧を保つためのポンプは騒音と熱を発し、また窓を開けることもできなかった。

その一方でインフレータブル構造は、祭典やインスタレーションのためのエネルギー効率のよい一時的な構造として、喜びあふれる活路を見出した。どこからともなく出現し、とくに冬に寒々とした屋外空間を心地よい屋内空間に変えてくれる巨大なインフレータブル構造に、私たちはある種の喜びを感じる。

最近の魅力的な利用例としては、遊具がある。子どもの誕生日パーティのエアー遊具や、地方のフェアのエアー滑り台、夏の午後にプールの上でのんびり浮かぶフロートなどに、インフレータブル建築の名残を見ることができる。

だがレンガや石ではなく、空気の家に住みたい人はどうすればいいのだろう？　私は軽い風船や重い岩の画像を見るだけで、無意識のうちに脳が影響を受けることを示した前述の中国の研究を思い返し、デザイナーが「視覚的な重み（ビジュアル・ウェイト）」と呼ぶ概念を思い出した。

視覚的な重みとは、その物体がどれだけ重そうに見えるかを表す尺度をいい、実際の質量と必ずしも相関性はない。

たとえば明るい色は暗い色より視覚的な重みが小さい。透明な素材は不透明な素材よりも、薄いものは厚いものよりも軽そうに見える。余白スペースも視覚的な重みと関係があり、穴や隙間のあるものは中身が詰まったものよりも軽く見える。

この知識をもとにして、シャボン玉や雲のような軽やかさを空間に取り入れる方法を考えればいい。明るい色や透ける生地、脚の長い家具、透明な装飾品などを使えば、空の軽やかさを地上に少し持ってくることができるのだ。

見上げることで「畏怖」を感じる
――「聖なる感覚」を体感する

気球とツリーハウス、雲との冒険を通して、超越の経験がウキウキした喜びの感情と、俯瞰的な視点を生み出すことを知った。

だが私はもう一つの別の効果、言葉で説明するのが難しい感情があることにも気がついた。これを、神や霊の存在を認識するといった、宗教やスピリチュアルの言葉で説明する人もいる。また、安心感や目的意識、万事うまくいっているという感覚といった、宗教の絡まない言葉で説明する人もいる。深遠な調和の光景、たとえば完全に水平な岩石層や緻密な模様のイスラムの彫刻などが、日常的なものに神聖な感覚を与えることを思い出した。

超越のこの側面について考えていたところ、心理学者のダッチャー・ケルトナーとジョナサン・ハイトが行った、まだ研究がほとんど進んでいない領域である「畏怖」と呼ばれる感情に関する研究のことを友人に教わった。

ケルトナーらは畏怖の感情を、壮大さ――既存の枠組みではとらえられないほど大きい、または強いものごと――を経験したときの反応と定義した。雄大な峡谷や、高くそびえる山々、天空の現象などは畏怖の念を起こさせる。偉大な芸術作品や音楽もそうだ。

「畏怖は、世界に関する人間の理解を超越する」とケルトナーは言う。

ケルトナーは、過去15年間に行われた畏怖の研究の多くを指揮しているほか、大衆文化における感情の取り扱い方の指南役として、たとえばフェイスブックのリアクションボタンや、ピクサーの映画「インサイド・ヘッド」について、助言を行っている。

驚きの瞬間と同様、畏怖は目の前の光景に注意を喚起し、その重大さを理解し、それに応じて世界観を更新するよう、私たちを促す。だが畏怖の感情は、驚きよりも強烈で、かつ持続性が高い。畏怖は感覚を圧倒する。畏怖は一時的な興奮ではなく、全面的な没入なのだ。

この強烈な状態は、私たちの心理に深く影響をおよぼすことがある。研究者のヤン・バイの指揮する研究で、サンフランシスコのフィッシャーマンズワーフとヨセミテ国立公園を訪れていた観光客に、自分の絵を描いてもらった。絵を比較したところ、ヨセミテの壮大な景観に浸っていた人たちは、サンフランシスコの雑踏にいた人たちに比べ、自分の姿をずっと小さく描く傾向にあった。

この研究は、多くの人が畏怖の瞬間に持つ、自分が「小さくて取るに足りない」存在だという感覚を如実に表している。ケルトナーはこのときの心理を「ちっぽけな自分」の感覚と呼ぶ。この呼び方は気に入らないかもしれないが、たいていの人はこの感覚を抱くと同時に、幸福感に満ちた共感や、他者との一体感を覚える。

畏怖の状態にある人はこの状態を、「高位の力の存在を感じる」「日常的な関心事から注意が離れる」といった表現で説明することが多い。

「大きなもの」には畏怖を覚える

超越は、人生に意味と目的を見出すうえでとても重要な経験だが、宗教心が低下している先進国では、そうした機会を伝統的に提供していた仕組みや儀式が廃れつつある。その結果、現代生活には、心理学者のエイブラハム・マズローが「没価値性の状態」と呼ぶ、大きな精神的隙間が生じている。

マズローはこれを「空虚さ」「根無し草」「疎外感」といった言葉で表す。

伝統的な精神的教えは、祈りや瞑想といった内面を見つめる行為を通して、この状態を改善しようとする。

だが私は畏怖に関する研究がとても役立つと感じた。なぜならただ周囲に目を向けることによって、人生の聖なる部分に触れる方法を見つけられる可能性を示唆しているからだ。

多くの人が「自分は不可知論者や無神論者だから」「特別な存在や選ばれし存在ではな

いから」「精神修養を欠かさず実践できるほど規律正しくないから」といった理由で、精神世界とは無縁だと思い込んでいる。でも身のまわりに超越の感覚を見出せることを理解すれば、信仰に関係なく、聖なるものを自分に解放し、日常的に触れることができる。

何であれ壮大なものは畏怖の瞬間を引き起こすことがあるが、そうした感情が心の奥底から湧き上がる経験は、何かを下から見上げたときに起こる場合が多い。キリマンジャロの雪に覆われた頂や、北カリフォルニアの巨大なセコイアの木、きらめく北斗七星を見上げるとき、自分自身と頭上に広がる壮大なものの大きさの違いを実感する。

このことをケルトナーに指摘すると、彼は目を輝かせ、「畏怖の念の特徴の一つは、上方に向かうところだ」と興奮気味に言った。「畏怖は大きなもの、たとえば親、木、教会などからやってくる」

畏怖を示す身振りさえもが上向きだという。「あるときヒンバ族の研究のために、ナミビアにチームを派遣した。西洋文明の影響をほとんど受けていない2万人の民族だよ。彼らに畏怖の物語を聞かせてもらうと、こんな身振りをした……」と言うとそこで言葉を切って、腕と目を上げて驚嘆の仕草をしてみせた。

彼らは手を額の上にかざし、高い棚から手渡されたものを受け取るかのように、手のひらを上の方に向けていたという。

礼拝所に高い建物が多いのは、おそらくこのためだろう。単純な平屋根や切妻屋根にする代わりに、ドームやアーチ、円天井などを取り入れることによって、高揚感を演出する。

教会や寺院、モスクでは、柄入りタイルやフレスコ画が天井を飾り、視線を上に集める。

宗教音楽にも、上方に向かう性質を持つものがある。ある日曜の朝、アルバートを午前6時にベッドから叩き起こして、ハーレムのゴスペルに付き合ってもらった。

聖歌隊が軽快なアレンジの「主の真実は奇しきかな」を歌い始め、会衆に唱和を促すと、教会内のエネルギーがぐんと高まるのを感じた。あとでアルバート（音楽一家の出身）が説明してくれたのだが、メロディのキーが徐々に上がり、空間に上向きの動きを生み出していたという。

「垂直」を大きく見せる

畏怖は祝祭日やキャンピング旅行などの生活の片隅に追いやられがちだが、日常的に訪れる場所でも小さな超越体験を得ることができる。

たとえば、うまく設計された博物館は、学びの聖堂になる。驚異の念が心を開き、視点の転換を促すきっかけとなるのだ。ニューヨーク市のアメリカ自然史博物館では、巨大なシロナガスクジラの実物大模型が、海洋生物ホールの人工の青い太陽光が降り注ぐ天井から吊り下げられている。

ニューヨークのグランドセントラル駅の広大な吹き抜けの構内と、金色で星座が描かれた天井は、家と職場を往復する通勤客にしばしの熟考の空間を与えている。ワシントンDCのイースタンマーケットの高い天井と空からの光は、買い物という日常の行為を超越の冒険に感じさせる。

このように、超越感のある公共空間には歴史的な建造物が多いが、現代の建造物の例も少なからずある。たとえば総ガラス張りのシアトル公共図書館は、繁華街の喧騒から逃れられる光あふれるオアシスを、無料で万人に提供している。

ほとんどの住宅は、その規模から畏怖の念を起こさせるとまではいかないが、垂直の空間を際立たせることによって、高揚感を覚えやすくすることはできる。

幸運にも天井の高い家に住む人は、枠装飾(モールディング)や木の梁(はり)、彩色などで、天井に注目を集めるといい。目立つ照明器具や彫刻も視線を上に集めるが、天井装飾は軽くしておくのが無難だ。重いディテールは超越の正反対の圧迫感を生むことがあるからだ。

天井が低い場合は、とくにソファやベッド、ドレッサーなどの大型家具は背の低いものを選ぼう。

天井の色を明るくすると高く見えるという一般通念は、研究によって裏づけられている。壁を明るい色にすると、いっそう大きな効果が得られる。

背の高い植物や、縦のストライプ柄、つくりつけの本棚、天井近くから吊り下げた丈の長いカーテンも、天井を高く見せる。小さな工夫でも、驚くほどの効果を出すことができる。つつましやかな環境でも、「超越の美学」を利用すれば、精神が高揚するような空間を生み出せるのだ。

「光」が超越感をかき立てる

――「無限の部屋」で感じた恍惚

私たちはその場に所在なくたたずんでいた。一度にギャラリーに入れるのは数人までで、2月の寒空の下、すでに数時間も待たされていた。ようやく入場を許されたそこは、滑らかでつややかな床と、突き当たりに光り輝く壁のある、真っ白な部屋だった。部屋の端から端まであるプロジェクター用スクリーンが、壁に白い光の平面を映し出しているように見えた。すてきだが、観覧時間の10分は長すぎると思った。

観覧していた女性が、壁に向かって歩き始めた。壁に近づきすぎて係員から注意が飛んでくるかと思ったが、あたりは静まりかえったままだ。女性がさらに一歩進み――そして壁をすり抜けるのを、私は呆然と見つめた。

遠巻きに見ていた私たち観覧客は、目を丸くして顔を見合わせた。だがすぐにわかった。私たちが見ていたのは光の壁ではなく、別の部屋への入口だったのだ。好奇心と驚きに駆り立てられた私は、それに近寄り、こわごわと敷居をまたいで奇妙な光の部屋に入った。そこではどの一点も見つめることができなかった。

無限の光のように見えるものに向かってさらに進むと、目の焦点がぼやけた。濃霧の中を歩いたり、猛吹雪の中をスキーするときのように、高揚と平静の入り混じった、不思議な感覚を覚えた。街の喧騒は遠ざかり、そこにできた隙間を埋めるかのように、喜びがなだれこんできた。部屋に入ったつもりが空に足を踏み入れたかのような、真の超越を感じた。私は解き放たれ、恍惚(こうこつ)として浮遊していたが、スタッフの合図で体の中に戻った。観覧時間が終わったのだ。

貸し出された白い不織布の靴カバーを外し、目がくらんだままコートの袖に腕を通した。9分余計だと思った観覧時間は、100分足りなかった。

「神に近づく」感覚がする

この不思議な体験を思い返しながら、光のいったい何が、強い超越感をもたらすのだろうと考えた。この答えがわかったのは数か月後に、マンハッタンの中心部、ミッドタウンの高層ビルが落とすギザギザの影の中を歩いていたときのことだ。

光にも垂直方向のグラデーションがあるのだ。光は真上の太陽から放射され、雲や葉、建物を通って私たちのもとに届く。影は物体の下にできる。この一貫した原則があるから、脳は無意識のうちに周囲のものの形状や位置を把握することができる。

地上から上を見上げたり、上に上ったりすると、影は遠ざかり、私たちは光の世界に入っていく。こうして、光は「エネルギーの美学」だけでなく、「超越の美学」にもなる。光と影が垂直方向に変化することを考えれば、光が精神性の比喩に使われるのは不思議ではない。天国は光、地獄は暗黒の世界である。

宗教的または精神的に開眼した人は、「光を見る」といわれる。大聖堂に光を取り入れたいという欲求が原動力となって、ゴシック建築が生まれ、飛梁（とびばり）などの新機軸により、高い壁にかかる負荷を吸収して、レースのようなバラ窓を多くはめこむことができるようになった。光は私たちを持ち上げ、神に近づけてくれるような気がする。

だが光による超越の経験は宗教に限らず、芸術的なものも多い。

私が訪れた光の部屋は、ダグラス・ウィーラーによるインスタレーションだ。ウィーラーは1960年代にカリフォルニアで起こった、ライト&スペースと呼ばれる芸術運動の創始者の一人である。自然と人工の光、透明素材と反射素材を用い、純粋に光によって心揺さぶる体験を生み出そうとする試みだ。

ウィーラーのこの「無限の部屋（インフィニティルーム）」は単純に見えるが、その実はあらゆる継ぎ目と影を排除することをめざす、緻密な職人芸のたまものだ。このためにウィーラーと制作チームは、ファイバーグラスパネルと樹脂、ペンキを使って、それぞれの部屋の突き当たり部分を、卵の殻を内側から見たような凹状のかたちにした。これにさまざまな光源から光を当てることにより、奥行きが完全に消失したような幻覚を生み出したのだ。

「空の青」で敬虔な気持ちになる

ライト&スペースのアーティストの多くが、空から着想を得ているのは当然だろう。彼らの作品は、上空に見られる光と色のバリエーションを地上にもたらし、間近に見せてくれる試みのようにも思える。同じく光のアーティストであるジェームズ・タレルも、ガラスのない巨大な天窓のように見える、完全な正方形や楕円形の開口部が天井にある、ミニマルな空間を設計している。

この作品、「スカイスペース」の中に入ると、気を散らすものが周囲に何もなく、ただ頭上の真っ青な空間を仰ぎ見ることになる。天窓や採光窓（目より上のレベルにある窓）は、こうした喜びを自宅空間に取り入れる方法の一つだ。最近では、アパートに取り入れる方法もある。イタリアの会社コールクスは、ナノテクノロジーを利用して日が上から差し込む感覚を再現する、手が届く価格の（といっても高価ではある）人工太陽光を開発した。「エネルギーの美学」で見たように、色と光は互いに影響を与え合う。部屋を高く見せる明るい壁や天井は、当然反射性が高いため、上空の神々しい光を真似る効果がある。

明るい色の濃淡のグラデーション（ぼかしとも呼ばれる）は、空の色が地平線に近づくにつれ薄くなる様子を思わせる。空の色である青は、とくに超越感をかき立てる。

モロッコのシャウエンという町には、このアイデアが極端なまでに取り入れられている。旧市街メディナのほぼすべての壁や戸、通路が、幻想的で多彩な青に塗られているのだ。この伝統は、1492年の追放令を機にスペインから逃れてきたユダヤ人によって始められたとの説があるが、その起源をめぐってはいまも議論が続いている。

青い色はハエ除けのための実用的な選択だったという説もあれば、空と天国の色である青によって敬虔で超越感に満ちた生活を促すという、宗教上の選択だったという説もある。

「地球」を眺める
──空虚に浮かぶ存在を実感する

空は、日中は頭上で光り輝く天幕になる。だが夜になると暗闇の中で光を放つ星々が、私たちの注意を別世界に引き寄せる。

人間は気球で空高く昇る方法を発明してから200年も経たずに、地球の大気圏を完全に離脱する方法を生み出した。

宇宙飛行士が「概観効果」と呼ばれる超越感を経験することは、昔から知られている。強烈な畏怖の念を覚えることにより、生命の相互関連性を実感し、国境や文化などの境界がなくなるように感じるのだ。ニール・アームストロングは次のように書いたが、おそらく月へ向かう間に概観効果を経験していたのだろう。

「親指を上げて片目を閉じると、地球が指にすっぽり隠れてしまった。巨人になったようだとは感じなかった。自分をとても、とても小さく感じた」

ほかの宇宙飛行士も、心を強烈に揺さぶられ、地球上の生命の脆(もろ)さを実感したと報告している。

超越への憧れに駆り立てられた人間は、いまや宇宙という広大な未知の世界の、さらに奥深くへと向かっている。宇宙旅行は実現間近で、居住可能性のある惑星が発見されていて、火星コロニー建設はもはやSF小説の中だけの話ではなくなっている。

だが宇宙での発見と同じくらい重要なのが、地上での生活への新しい視点である。初期の宇宙計画で、宇宙船アポロ8号の乗組員は月を周回中に、青と白に彩られた回転する地球が漆黒の宇宙空間を昇っていくのを見た。

このとき宇宙飛行士のウィリアム・アンダースがカメラに飛びつき、美しい地球の全体像を史上初めて写真に収めた。

アンダースの写真は「地球の出（アースライズ）」と名づけられ、このとき初めて、宇宙へと飛び出すことのない大多数の人間が、宇宙飛行士と同じ視点から地球を見ることができた。それは果てしない空虚に満ちた空間に浮かぶ、ちっぽけな物体だった。

あの写真が呼び起こした畏怖と驚異の念が、地球資源の有限性への意識を高め、現代の環境保護運動のきっかけをつくったのである。

超越の感覚は、私たちを現実世界から切り離し、日常生活の荒波の上へと引き上げてくれる。だが矛盾するようだが、私たちを大切な人やものごとから遠ざけるのではなく、逆に近づけてくれるような気がする。本当に大切だと思える人やものごとに、また自分自身にも近づけてくれるのだ。

第8の扉

魔法

MAGIC

「不思議」に心を開く

子どものころ大好きだった映画のシーンは、1959年のディズニーのアニメ映画「眠れる森の美女」のものだ。王女オーロラを悪い魔女マレフィセントの呪いから守るために、3人のよい妖精、フローラ、フォーナ、メリーウェザーは、オーロラ姫の身分を隠して、森の奥の小屋で育てていた。

呪いが解けるはずの姫の16歳の誕生日、3人の妖精はオーロラに内緒でパーティを計画する。だが人目を引かないように暮らしてきた妖精たちは、このときも魔法をいっさい使わずに準備することにした。

ケーキなどつくったこともないフォーナは、「わすれな草を飾りつけた15層のケーキ」という壮大な構想を立て、裁縫をしたこともないフローラは、「お姫さまが誇らしく思えるような」ピンクのドレスを縫うことにした。アニメの妖精たちはせっせと楽しげに準備にかかり、口笛を吹き、歌いながら働き始める。

数分後、再び準備のシーンに戻ると案の定、妖精たちの周到な計画とは似ても似つかない代物ができている。ケーキは傾いて青いフロスティングがずり落ち、ドレスは5歳児が包んだプレゼントのように端がギザギザで、おかしなリボンがたくさんついている。

「本で見たのとは違うわね？」と、がっかりした顔でフォーナが言う。とうとう3人は人間的能力の限界を認め、メリーウェザーが長らく封印されていた魔法の杖を取り出す。

杖から放たれたきらめく白い靄（もや）の中で、卵と小麦粉、牛乳がボウルの中に飛び込むと、そこからケーキが飛び出してきて優雅な層をつくる。ピンク色の布地はくるっと回転して、華やかな舞踏会のドレスになる。モップとバケツは命を吹き込まれて妖精たちと踊り出し、小さなシャボン玉をまき散らしながら小屋を掃除する。

ほんの少しの魔法で、大きな夢がいきなり手の届くものになり、退屈だった世界がたまらない魅力を帯びるのだ。

「魔法」を信じる
――自分は見守られているという感覚

魔法――と魔法を信じる特権――は、子ども時代の真の喜びの一つである。どんな人も幼いころには、人魚やユニコーン、スーパーヒーローなど、特殊能力を持つ不思議な生きものやキャラクターが登場するおとぎ話やファンタジー映画に夢中になる。また困ったときにこっそり助けてくれるおとぎ話の妖精に似た、気前のよいサンタクロースや歯の妖精の物語を聞かされ、魔法の世界は日常と見分けがつかなくなる。

だが大きくなるにつれておとぎ話の真実を知って、神話と現実の世界を線引きし始め、そして大人になるまでには合理的世界で地に足を着けて、魔法などすっかり忘れてしまうことを期待される。

それでも私たちは、魔法の感覚を失いはしない。異国の街角で友人に再会する、停留所に着いたとたんバスがやってくる、といった不思議な偶然があると、人生が魔法で守られているような気分になる。数学者はこうした偶然を確率的に説明するが、ほとんどの人は何か意味があるにちがいないと考えずにいられない。

また、満月の夜に眠れないと感じたことがある人ならわかるように、天文現象も魔法のように思えることがある。天体の動きが運勢を左右するという考えはあまりにも浸透していて、金融市場を動かすことさえある。研究によれば、アメリカとアジアの上場企業の株式は、日食と月食の翌日は確実に下落するという。

条件がそろえば、何でもない経験が超自然的に感じられることもある。嵐雲から射す乳白色の日の光や、早朝の野生動物との出会い、一陣の秋の風に舞い上がる枯葉といった一瞬の美しい光景は、運命や神の存在の証(あかし)と解釈されることも多い。

魔法の信仰は不合理かもしれないが、『なぜ、これを「信じる」とうまくいくのか』(ダイヤモンド社)の著者、マシュー・ハトソンによれば、魔法は人生に大きな意味があると感じさせてくれるという点で価値がある。

「人間が宇宙の孤独な存在であり、すわって考えごとをするようにたまたま進化した原子の集合体にすぎないという寒々しい気持ちを、魔法は忘れさせてくれる」とハトソンは言う。「われわれには究極の目的があり、宇宙が見守ってくれているか、少なくともわれわれにとって大切なことを気にかけてくれているという幻想を、魔法は紡ぎ出す」

このような目的意識は、人間の幸福と、自尊心、長寿、回復力（レジリエンス）に必要なものだ。

ある研究で、つらいできごとが「運命だった」「愛に満ちた神の思し召しだ」などと信じる人は、そうしたできごとに意味はなく「たまたま起こったにすぎない」と考える人に比べ、トラウマからよりよく立ち直るという結果が出たと、ハトソンは指摘する。

魔法を信じることで、未来への楽観的な期待が高まる場合もある。「どんな逆境にも希望の光があると信じていれば、それを探そうとするだろう」とハドソンは言う。

超常的・宗教的信念を研究する心理学者によると、魔法を信じる人が生活のいろいろな面に楽しみを見出すことが多いのに対し、信じない人は生活をまるで楽しめない無快楽症（アンヘドニア）の状態に陥ることがある。

魔法は「日常の下」に隠れている

このように魔法は人生の意味と深い関係があり、宗教的・非宗教的を問わず、精神性を呼び覚ます効果がある。神秘体験は、エイブラハム・マズローが「至高体験」と呼ぶものに含まれることが多い。至高体験とは、神や何らかの崇高な力の存在を確信して、強烈な喜びに包まれる瞬間をいう。この意味で、魔法は「超越」に似ている。

だが超越が、高みや遠くに対して感じるものであるのに対し、魔法は身のまわりのどこにでもある。「驚き」と同様、魔法は日常のできごとの表面下に隠れている。ほんの少しの魔法との出合いによって、世界全体が刺激と活気、そして喜びに満ちているように感じられる。

だが現代の生活では、そう簡単に魔法に触れることはできない。宗教には、たとえば預言者や天使の神秘的な教え、儀式や祈禱の実践などに、超自然への信仰が見られる。だがほとんどの宗教では、そうしたものは魔法とはみなされていないし、それを魔法と呼ぶのはほとんど冒瀆(ぼうとく)に近い。

私たちがサンタクロースや月のウサギの物語を語り継ぎ、ディズニーのマジックキングダムパークへの入場に並ぶのは、子どもたちのために魔法の世界をつくり、彼らの驚きと喜びを見守り分かち合うことで、喜びを得るためだ。

だがそのとき私たち自身は、魔法の世界の中ではなく、外にいる。霊能者に相談したり、水晶玉を買ったり、新居を「清める」ためにお香を焚いたりはしても、それらはおおっぴらに認めたくない、どこかうしろめたい楽しみだ。

現代文化における魔法は、数少ない例外を除けば、幼稚で原始的、または不気味でオカルトチックに思える。明るく慈愛に満ち、成熟した「魔法の美学」は、大人の生活からは抜け落ちている。

少なくとも私はそう思っていた――ある調査を知るまでは。2007年にアイスランドで行われた調査で、国民の58%がエルフ（妖精）の存在を信じているという結果が出たのだ（さらに21%が、いないとは思うが、絶対にいないとはいいきれないと答えた）。あまりにも意外な調査結果だったので、思わず二度読みしたほどだ。

喜びあふれる魔法は、飛行機ですぐの北大西洋の小島に生き残っていた。なぜアイスランドでは、超自然が楽しげに受け入れられているのだろう？

日常生活に魔法の喜びを取り戻すアイデアを学べるのではないかと期待して、私は答えを探しに出かけたのだった。

「妖精」を真剣に探す
――どこで何をしているのか？

妖精を探すには、探すべき場所を知らなくてはならない。そこで、アイスランド妖精学校で講義を受けることにした。学校長のマグヌス・スカルプヘイジンソンは、パンケーキとフレッシュクリームを私たち生徒に勧めながら、妖精がどんな見かけをしていて、どこに住んでいるかを教えようと請け合った。

陶器の人形がところ狭しと置かれた、少々狭苦しい部屋で、スカルプヘイジンソンは妖精の目撃談を、まるでキャンプファイヤーを囲んでいるかのように楽しそうに語った。

アイスランドで目撃される自然の精には、2種類あることを知った。小柄であまり見られない「エルフ（アルファル）」と、人間の大きさに近い「隠れ人（フルドゥフォウルク）」だ。どちらもたいてい自然の中で目撃され、透明なものもいて、多くが古風な服装をしているという。

「妖精は存在すると、私は一点の曇りもなく信じている」と、スカルプヘイジンソンは真剣な口調で言った。

彼は妖精を見たという800人以上のアイスランド人に聞き取り調査を行っている。講義の途中で、その1人を部屋に招き入れ、自由に質問するよう私たちを促した。

鮮やかな緑のズボンにミントグリーンのシャツ、茶色のビロードのジャケットを着た、50代の控えめな男性が入ってきたが、腰は下ろさず立ったままでいた。どの指にも指輪をはめ、首には4本の十字架と羽をぶら下げている。靴は履かず、白と黒のソックスを片方ずつ。銅縁の丸眼鏡の奥に見える青い目はうるんでいた。

スカルプヘイジンソンは男性を紹介してから、こう尋ねた。「初めて妖精を見たのはいつだい？」

「6歳のときだね」と男性はアイスランド語で答え、スカルプヘイジンソンが英語に通訳した。

「妖精だとわかった？」

「ああ、前から話には聞いていたからね。母も見ているんだ」

「どこで見るんですか？」と、生徒の女性が尋ねた。

「隠れ人は海の近くにいるよ。手つかずの大自然、人里離れた場所にね。でもうちの庭でもエルフを見たことがある。いちばん小さい花のエルフは、花の中に住んでいるんだ」そう言いながら、彼は口の右端をくいっと上げて笑った。

「何時くらいに見るんですか？」

「明るいうちだね、夜には見たことがない」

「見たとき、妖精は何をしていましたか？」と私は聞いた。

「遊んでいるところしか見たことがないな。追いかけっこをしていた。いつも楽しそうにしているよ」と言って、彼はまたにやりとした。

「音を立てますか？」

「ノーオ」と、彼は長く伸ばして言った。「いつも妖精との間に壁があるように感じる。喋っているのが見えるのに、喋っている声は聞こえない」

「妖精は年をとりますか？」

彼は、まるで考えたことのない質問を受けたかのように少し黙り、それから答えた。

「母の家の近くで、同じ妖精を15年ぶりに見かけたことがある。年をとったかもしれないけれど、とてもゆっくりだね」

やりとりはとても淡々としていて、神話上の存在というより隣人の話をしているようだった。質問が途切れると、男性は私たち一人ひとりに、どこから来たかと尋ねた。私の番が来たので、ニューヨークだと答えた。

「大都会だね！」と彼は青い瞳をきらめかせて言った。

私はうなずき、たぶん妖精は住んでいないと思いますと言った。

彼は笑い、哀れむような顔で「そうだろうね」と言った。「私もニューヨークでは一人も見かけなかったな」

妖精が「社会の一員」になっている

妖精を実際に見たというアイスランド人は全体のたった5％で、それを公言する人はほとんどいないものの、別世界の生き物の存在を国民が暗に認めていることは、アイスランド文化に目立たないが幅広い影響をおよぼしている。

アイスランドでは、少なくない数の大型建設プロジェクトが、妖精の生息地が破壊されるという懸念から、中止または移転に追い込まれている。

たとえばアイスランド北部のある道路は、広大な土地を周回するように走っているが、それはがれき撤去作業の初日にブルドーザーが謎の故障を起こし、妖精社会の代表との間で計画変更の合意が得られるまで動かなかったためだと、地元民は言う（開発業者は妖精との交渉のために、通訳を雇うこともある。通訳は、私が妖精学校で出会った男性のように、地元の隠れ人と会話し、設計案の変更や、新しい道路や建物によって破壊されるおそれのある妖精の集落の移動を交渉することができる）。

別の道路では岩に番地がついていて、土地に住む妖精が人間と同様、社会の一員であることを示している。

アイスランドの人々がエルフと隠れ人の存在を信じているのは、国民の10人に1人が生涯に1冊は本を出版するほど教育水準の高い国にしては、不可解な傾向にも思える。

だがアイスランドの荒涼とした不思議な大地に数日間どっぷり浸ったことで、魔法を信じる気持ちが道理にかなっていると思えるようになった。蒸気を噴出する溶岩原。何もないところにぽっかり空いた乳白色の塩湖。巨大な滝の白いしぶきにかかる二重の虹。

ある日私は水着に着替え、白一面の溶岩原の真ん中にできた小さな地熱温泉に入った。太陽は地平線からわずかに顔を出すだけで、沈むと空はわたあめのようなピンクに染まった。

日常が「魔法の瞬間」に変わる

ありふれた日常が、突然、魔法の瞬間になることがある。クリスマスの数日後、私はアイスランド西部のスナイフェルスネス半島のツアーに参加した。ガイドは夕方にレイキャビクに戻る予定を立てていたが、地元の民宿で農村の聖歌隊の催しがあり、かがり火が焚かれ、ホットチョコレートカクテルがふるまわれたものだから、誰も帰りたがらなかった。ようやくバスが帰路についたときには、雪は雨に変わり、道路がつるつるした凍結路面になった。深夜をとうに過ぎていて、すべりやすい道路をバスはのろのろとしか進めなかった。

そのときガイドがドライバーに何か声をかけると、バスはゆっくり路肩に停車した。ドライバーは何も言わずに雪の中に出ていき、どうしたのだろうと、みんなで顔を見合わせた。ガス欠だろうか？　タイヤのパンク？

だが彼は1分もしないうちに戻ってきてドアから顔をのぞかせ、「ものすごいオーロラが出ているよ」と言った。「ちょうど雲の隙間から見える！」

みな驚きのあまり固まった。巨大な太陽嵐の発生が報じられていてオーロラが出現する確率は高かったのだが、雲が終日垂れ込めていたから見えるとは思ってもいなかったのだ。「ほら、こっち！」と彼は叫んだ。私たちは急いで帽子と手袋をつかみ、バスを飛び降りた。

それからまるまる7分の間、私たちは凍りついた路肩で身を寄せ合い、驚異に目を見張りながら空を見上げていた。

最初、月明かりに照らされた雲をオーロラと間違えた。でもそのとき、オーロラが煙のように動き、光り輝くリボンが折り重なるようなかたちになった。まるでひなたぼっこをしていた猫が、背中を丸めてから伸びをするような動きだ。

水あめのように伸びては、またまとまった。低い空に浮かぶオレンジの太めの三日月――普通の夜ならば、単体で注目を集めたであろう月――の上で、ピンクと緑の羽のようなかたちになった。亡霊のようなその動きは、カメラでとらえるには速すぎるとともに遅すぎ、幅が広すぎるとともに狭すぎた。

それはとらえどころのない喜びだった。その場に立ち尽くし、光の動きを追って波のように聞こえてくる、歓喜のため息や恍惚とした「おお！」という叫びに耳を傾けていた。私たちは音とざわめきを発するだけの原始動物と化していた。信じられないという面持ちで、みんなで笑い合った。

「自然の驚異」を理解する

アイスランドでは、妖精に出会うことはなかったが、たくさんの魔法を見つけた。「魔法はある意味で、人格化された風景に宿る力だ」と、アイスランド大学の民俗学教授で、2007年のアイスランド人の超自然的信仰に関する調査を行った研究者である、テリー・ガンネルは話してくれた。

ガンネルはイギリス出身だが、アイスランド人と結婚してここに暮らしている。焦げ茶色の長髪に、白髪交じりのあごひげを生やし、ファンタジー映画のナレーターのような、低く情感豊かな声をしている。

私たちが会ったのは彼の大学のオフィスだ。壁一面が木の本棚で、古い紙の匂いが漂っていた。エルフや隠れ人の言い伝えは、アイスランドの不安定な大地が直接生み出したものだと、ガンネルは考えている。

「ここは地震という目に見えないもので家を破壊されるかもしれない国だ」と彼は言った。「強風に足をすくわれ、氷河のうなり声が聞こえ、温泉が話しかけてくる。大地がエネルギーに満ちている。それと折り合うために、大自然に向かって話しかけるんだ」

これは、前出のマシュー・ハトソンから学んだことと一致する。つまり、曖昧さに満ちた状況が、魔法を信じる気持ちを促すということだ。

私たちは不思議なものごとを目にすると、この世界や、自分がその中に占める立ち位置について持っていた確信を揺るがされる。だからその理由を探し、必然的に魔法にも説明を求めるというわけだ。

原始人がこの景観をどうやって理解しようとしたかを考えてほしい。

周囲の岩や木、苔、身体を養う果実や肉といったものは、五感でしっかり把握することができる。だがこうした安心できる確実なものに混じって、不思議なできごとがある。謎めいた光や、揺らめき変わりやすい色、変化する温度、見えない力による震動。

物質世界の上に、隠れたエネルギーに満ちた見えない世界の表層が覆いかぶさっているのだ。そうしたエネルギーには無害なものもあれば、危険なものもある。これらの現象を理解できなかった人間が、人目を忍ぶ生きものの影響を疑ったのも無理はない。

「科学」は魔法を締め出せない

自然現象を説明する独創的な物語が、アイスランドと同じくらい驚異的な景観を持つ場所で生まれている。

オーストラリアの先住民アボリジニには、世界は先史時代の「ドリーミング」と呼ばれる時期に精霊の祖先によってつくられたと信じる人が多くいる。主な創世神話の一つは、太古の昔、地球は平らで冷えていたが、虹ヘビがのたうちながら大地をめぐり、岩や谷、湖、川をつくった、というものだ。いまでも虹の出現を、虹ヘビが泉から泉へと移る前触れとみなしているアボリジニ集団がいる。

メキシコには、石灰岩の水中洞窟を通じて地下でつながり、最終的に海に流れ込む、淡水泉の水系がある。サイエンスライターのマット・カプランによると、マヤの人々はこれらが地下世界への入口だと信じ、供え物や生け贄を捧げていたという。おそらくマヤの人々は泉に潜った際、水質が淡水から海水へと変わる、塩分躍層(ハロクライン)と呼ばれる境目を見たはずだ。そこでは魔法の入口のような、靄に似た不思議な効果が見られる。

魔法は文明が興る前から、未知なるものへの不安を和らげてきた。歴史家のアルフレッド・W・クロスビーが、シベリアで発見された1万5000年前の子どもの墓について、副葬品としてネックレスや鳥の置物、骨針(こつしん)、刃などの宝物が埋められていたと報告している。子どもを埋葬した人々は、これらの品々が死後の霊界で役に立つと考えていたことがうかがえる。また中世の人々は、今日私たちが医師や精神科医を頼るように、占い師や占星術師、霊能者に日常的に相談していた。

しかし16世紀の科学革命以降、多くの科学的発見が行われ、かつて謎めいていた空間が知識によって埋められた。電力や重力、磁力などの力が経験的に証明されたことで、精霊の気まぐれではなく、定義可能な自然界の法則によって支配される世界が確立した。

だが私がアイスランドで学んだのは、科学的知識は必ずしも魔法的な解釈を締め出さない、ということだ。

たとえオーロラの背後にある磁気の乱れや、温泉を温める地熱の仕組みが理解されていても、ある種の状況でそれらの現象に遭遇すれば、認知的理解と感覚的現実との隔たりが広がることがある。そしてこの隔たりに、魔法が流れ込むのである。

目に見えないエネルギー
——見えないものを可視化する

数年前のある夏の夜、ニューヨーク州北部の実家を訪れていたとき、裏庭の芝生の端の、ちょうど林が始まるところにいたアルバートが、こっちにおいでと私を呼んだ。木々の間に薄い霧が立ちこめ、一瞬何も見えなかった。

だがそのとき1匹のホタルが光を放ったかと思うと、1匹また1匹と発光していった。点滅する燐光(りんこう)を霧が反射してキラキラと輝き、柔らかな光を辺り一面に広げた。目が慣れるにつれ、森の奥深くで光を発し、夕暮れを照らし出しているホタルが見えるようになった。いつもの裏庭が、このときばかりは地球上で最も魔法に満ちた場所になった。

身のまわりの謎に目を向けることで、魔法を呼び寄せることができる。凧やヨットで風をとらえ、波に乗り、潮に身を任せる。映画を観る代わりに、（もちろん安全な場所から）雷雨を眺める。隕石（いんせき）の流星が空を埋め尽くす数少ない夏の夜に外で眠る。

魔法はある意味で、「エネルギーの美学」の片割れとなる。魔法は身のまわりにある別の種類の——めったにしか見られず、よく理解されていない——エネルギーを明るみに出すことによって、エネルギーの目に見える現れ（鮮やかな色や明るい光）に注目するエネルギーの美学を補完するのだ。

たとえば、空気は空っぽだと思われがちだが、吹き流しや風車を庭に置けば、空気に独自の質量と動きがあることがわかる。モビールにも同じ効果がある。コネチカット州のサンディフック小学校の新校舎には、アーティストのティム・プレンティスがつくったモビールが吊るされている。

「アルミニウムの小片が、木についた葉っぱのように見えるんだ」と建築家のバリー・スヴィガルズは言う。「エアコンをつけるとほんのかすかに動いて、反射した光が床に落ちる。流れる空気と、それと戯れる（たわむ）モビールとが生む謎と喜びと驚異は、筆舌に尽くしがたいものがある」

風鈴やベルも、そよ風によって息吹を吹き込まれ、魔法をまき散らす。風鈴は家族や友人を亡くした人たちを慰める贈り物にもなる。風鈴の鈴と目に見えない風との舞いが、愛する人の体は滅んでも魂が残っていると教えてくれるのだ。

私がもう一つ気に入っている魔法のものは、日光に潜む光のスペクトルを目に見せてくれるプリズムで、いつもデスクの上に一つ置いている。知人はサンキャッチャーと呼ばれる、多面体にカットしたプリズムを窓に吊るしている。日中、太陽の光が当たると、部屋中に小さな虹が散らばるのだ。

プリズムは科学教材のネットショップで買えるし、アンティークショップで1、2ドルで売っている古いシャンデリアのクリスタルを使ってもいい。

畝（うね）のあるガラスやエッチング加工のガラスの食器にも同様の効果があり、グラスに水を入れて虹をつくることができる。プリズムガラスを使用した窓や天窓によって、空間に虹を投影する建築家もいる。

目の前で起こっている魔法に気づく

魔法が宿る身のまわりのものは、窓や日光だけではない。住んでいる地域にもよるが、不思議な効果を生む状況はいろいろある。

乾燥した2月の夜、暗がりの中でベッドに潜り込んだとき、ベッドカバーの間で黄色い光がパチパチはじけた。パジャマとシーツの摩擦が生み出した静電気だったが、隠れた謎の力を見つけたような気分になり、この光景を見たさに寒波が過ぎ去るまでの間、毎晩べッドを転げまわった。

雨の多い地域に住む人なら、普通の縦樋（たてどい）の代わりに鎖樋（くさりどい）という、金属のカップや輪をつないだものを屋根から吊るして雨水を伝わらせると、魔法が起こるかもしれない。雨水の流れを金属製の雨樋の中に隠してしまう代わりに、鎖樋はそれを愛でることによって、嵐を小さな滝に変える。

砂漠の灼熱は魔法のような蜃気楼を生み出す。熱い空気と冷たい空気の層の境目を光が通るとき、光が不規則に屈折するせいで、遠くに虚像が浮かび上がって見えるのだ。

そしてもちろん、高緯度地方の厳冬は魔法の機会にあふれている。窓の内側に水晶のような模様を描く霜、氷の球になるシャボン玉。凍った池に足を踏み出せば、文字どおり水の上を歩くことができる。

冬は最も喜びが少ない季節といわれる。たしかにほかの季節ほど開放感もないし、色鮮やかでもない。だが、最も魔法に満ちた季節なのは確かだ。作家のJ・B・プリーストリーも書いている。

「初雪はただのできごとではなく、魔法のできごとである。ベッドに入ったときの世界と、目覚めたときの世界がまったく別になるのだ。これが魔法でないというのなら、いったいどこで魔法が見つかるというのか？」

「幻想」を生み出す
――地図にない場所で見たもの

そのメールには、8時と8時15分の間に、「それより早くもなく、遅くもなく」来てほしいとあった。羽織れるものを一枚お持ちくださいという注意書きと、サンフランシスコ・ミッションディストリクトの「・5」で終わるおかしな番地が記されていた。「この番地は地図にはありません」とメールには書かれていた。「グーグルマップはあまり役に立たないでしょう。でも常識が頼りになるはずです」

その夜、友人のアシュリーと私は遅れ気味だった。通りに着くと、急いでそのおかしな番地を探したが、整数の番地しか見当たらない。歩をゆるめ、目についた番地を声に出しながらもう一度通りを歩いてみると、建物と建物の間に狭い鉄の門が見え、小さな表札にあの不思議な番地がアールデコ調の数字で書かれていた。

門を引くと大きく開いたので、急いで通路を進むと、突き当たりに小さなロビーがあった。壁にはトランプ手品の古い仕掛け図や「アブラカダブラ」誌の表紙の入った金の額縁が飾られている。

私たちはチケット売り場の短い列に並び、順番が来ると、窓口担当の赤いドレスの女性に名前を告げた。お金の受け渡しをすませて、小さなテラスに出た。

外の雰囲気は地元の劇場風でもあり、ガーデンパーティ風でもあった。前方に赤いカーテンがかかり、木彫りの枠で縁取られたステージが設置されている。40人ほどの観客のために、カフェチェアが短く3列に並べられている。人々は席に着こうと押し合いへし合いしながらも、ほほえみ合っていた。後方のバーの周りには、「消えるロバ」というカクテルを片手に、たむろする人々がいた。インディフォークが静かに流れ、頭上には電飾ライトが張り巡らされ、和気あいあいとした空間を演出していた。

しばらくして、ここが住宅の裏庭だということに気がついた。青い壁沿いに置かれた鉢植えの蔓に花が咲き、スポットライトの一つは非常口に取りつけられている。辺りが夕闇に包まれると、近所の家の窓に明かりが灯り、切妻屋根の尖った輪郭が夜空に浮かび上がった。やがて音楽がやみ、着席の合図があった。

かくしてマジックパティオでの冒険が始まった。イリュージョニストのアンドリュー・エヴァンズが夏の夜に開催する、隠れ家風のマジックシアターだ。

エヴァンズはまだ30歳そこそこだが、人生の半分以上をマジックのパフォーマンスに捧げてきた。子どものころにもらった手品セットでマジックに目覚め、学校の図書館にあるマジックの本をあっという間に読み尽くし、地元のマジックショップで仕事を見つけ、近所の親たちに頼んで子どもの誕生日パーティでマジックを披露した。

プロとしてマジックショーの初舞台を踏んだのは、12歳のときだ。高校卒業後、ブラウン大学に進学し、大学の図書館が、古くは6世紀にまでさかのぼる、世界有数のマジック関連の書物や写本の蔵書を誇ることを知った。

エヴァンズは過去の偉大なマジシャンが使った仕掛けの設計図を掘り起こし、再現することに取り組み始めた。この夜の「誇大幻想」と題したイリュージョンにも、いにしえのトリックを現代風にアレンジしたものが含まれていた。

「だまされる喜び」を味わう

カーテンが開き、黒っぽいジーンズと袖をまくった真っ白なシャツ、グレーのベストとネクタイというういでたちのエヴァンズが、ステージに上がった。茶色い髪を短く刈り、ひげを生やした顔で、これから思いっきり楽しむぞというかのようにニッコリ笑った。最初はロープを使うトリックだ。

「種も仕掛けもないロープ、どんな寝室にもある普通のロープです」と、まじめくさった顔で言う。

もちろん、ロープは普通とはかけ離れていた。エヴァンズは観客の一人にロープを調べてもらい、それからハサミで切るジェスチャーをしながら、指だけで2つに切断しようとした。ロープは簡単に切れ、聴衆から「おおー」という声が上がったが、エヴァンズは長さがそろっていないのが気にくわないようだ。

頭をかいてしばらくロープを見つめ、それからロープを丸めて魔法の呪文「ストレッチ・オー!」を唱えると、長さが同じ2本のロープになった。だが、こうするつもりじゃなかったと、彼は言う。そして歯でロープを噛むと、2つの小さな切れ端がぽろりと落ち、残りのロープは継ぎ目のない輪っかに変わった。

華々しくはないが、シンプルで楽しめるトリックだ。近くの席から静かな「ワーオ」が次々と上がった。

それまで私は、ステージマジシャンは安っぽいか不気味だという印象を持っていたが、エヴァンズはそのどちらでもなかった。太陽輝くカリフォルニアのエネルギーにあふれ、聴衆との親しげなやりとりで、マジックを明るく楽しいものに感じさせた。

女性をのこぎりでまっぷたつにしたときでさえ、怖くなかった。快活なアシスタントは、半分に切断されることが何でもないことのようにふるまい、不安な様子をみじんも見せなかった。

ほとんどの出し物に、「驚き」や「豊かさ」など、魔法以外の喜びの美学が見て取れた。あるトリックでは、エヴァンズは気前のよいホストを演じ、魔法のカクテルシェイカーからお好きな飲み物を出しましょうと言った。

観客に飲みたいものを挙げてもらい、それを一杯ずつ注いでいった。マルガリータ、チョコレートミルク、オレンジジュース、ホワイトルシアン、グリーンスムージー、赤ワイン、ネグローニ、スコッチウイスキー。

そしてショーの締めくくりでは、最後のお辞儀をする前にロウソクの火の中からバラを取り出し、花びらを粉々にちぎった。両手に扇子を持ち、片方の扇子でもう片方の扇子の上に花びらの破片を落とし、それを空中に舞い上げると、花びらは一気に増え、エヴァン

ズは花吹雪に埋もれてしまった。

その夜見たすべてのトリックの中で、あまりにも信じがたく、いまも忘れられないものがある。エヴァンズは薄いサテンのテーブルクロスがかかった小さなテーブルを、ステージ上に持ってきた。そしてクロスの端をつまんで深く息を吸い込むと、テーブルがゆっくりと宙に浮かんだのだ。

ほかのトリックのときには上がっていた大きな笑い声や歓声はやみ、観衆は驚きのあまり呆然とすわっていた。私が驚いた顔で隣のアシュリーを見ると、彼女も同じ顔で私を見ていた。

エヴァンズがクロスをゆっくり引っ張り上げると、テーブルはますます上昇し、生きているかのようにエヴァンズの周りを飛びまわった。テーブルは最前列の観客の頭上に飛び出していこうとしたが、エヴァンズが引き、ステージ上に戻した。

観客はテーブルを吊るワイヤーがあるのではと、首を伸ばして探したが、見えたのは暗い空を横切る飛行機の点滅光だけだった。

高揚した観客たちは、陽気なおしゃべりを続けながら三々五々、夜の中に消えていった。会場を出るとき、入ったときには見なかった言葉が黒板に書かれていた。オスカー・ワイルドの戯曲からの引用だ。「人生の秘訣とは、とことん、とことんまで、ひどくだまされる喜びを味わうことである」

「自然法則」が破られると魔法が起きる

翌日、私はエヴァンズに会うために戻ってきた。彼のマジックの芸術をもう少し理解できればと思ったのだ。彼にもらった住所に来たとき、最初の驚きがあった。その場所は昨夜の会場の真横だった。

蛍光色の絞り染めTシャツを着たエヴァンズが出てきて、一見ごく普通に見えるアパートに招き入れてくれた。でも彼がキッチンの近くのドアを開けると、そこにはマジックパティオの小さなロビーがあった。ただし「チケット売り場」のうしろにはベッドが置かれ、レンガ造りに見えた壁は薄い移動式の壁だった。

「そう、ここは僕の寝室」と、エヴァンズは照れ笑いを浮かべて、（自分のデザインした）収納式ベッドを指さし、いつかショーに使うつもりだというインコのパディに「ハロー」といとおしそうに呼びかけた。

その夜のショーのためにすでにセットされた中庭に出て、二人でステージの床にすわった。私は隠れた仕掛けはないかと、辺りを見まわした。

「世の中に存在するマジックは、種類が限られている」とエヴァンズは言った。「出現、消失、空中浮遊、瞬間移動、変身、貫通（固体物を固体物の中に入れる）、復元（壊れたものを新品同様に戻す）、予想、脱出」と彼は指で数えながら言い、全部で9種類の基本的なトリックを挙げた。全世界の全ステージマジシャンの全レパートリーが、これらに分類できるという。

「たった9つ？」と私は言った。「どうしてそんなに少ないの？」

「マジックっていうのは分解してみると、何らかの基本的な物理法則に逆らうものなんだ。空中浮遊は重力を無視するし、出現と消失は質量保存の法則に反する。貫通は2つのものが同時に同じ場所に存在できないという法則を無視する。これらは、世の中がまわっていくのに必要な法則だ」

日ごろ、物理法則を意識して考えることなどめったにないが、たしかに地球上のすべての物質がそれに従って動くおかげで、人は日常生活を支障なく送ることができている。たとえば、地上の重力が日によって変化したら、歩きまわるのにも苦労する。ものが勝手に消えたり現れたりしたら、自分の持ち物も管理できない。

魔法が起こるのは、こうした物質のふるまいを支配する、破られないはずの法則が否定されたように思えるときだ。

スーパーヒーローや魔法使いは、空飛ぶマントや透明マントなどの不思議な道具で、物理法則を意のままに打ち破るが、それができるのは本やスクリーンの中だけだ。これに対しステージマジシャンは、私たちのすぐ目の前で自然法則をひっくり返しているという幻想を生み出す。

子どもにはすべてが魔法になる

自然法則は普遍的真実だから、それに矛盾する現象を見た人は、並みの驚きではなく、驚嘆を覚える。デカルトは6つの基本情念の1つに驚きを挙げ、それを「普通ではない、並外れているように思われるものごとに（魂を）向けさせる」情念と定義している。

驚嘆は畏怖と一部重なり、どちらの感情も、目を見開き口があんぐり開いた表情を伴う。だが畏怖にはポジティブとネガティブの両方の感情があるのに対し、驚嘆はほぼ必ず喜ばしい感情を表すのに用いられる。また驚嘆は、新しい環境に身を置いたときに湧き上がることが多い。

このことから、なぜ旅行が魔法のように感じられるのか、なぜ子どものころは魔法と現実生活の境界が曖昧なのかがわかる。子どもにとってはすべてが新しいから、すべてが驚嘆を生むのだ。エヴァンズは、6歳以下の子どもにはマジックを見せないという。失敗することが多いからだ。

「小さい子は空中浮遊と同じくらい、ガレージの開閉ボタンに夢中になる」と彼は言った。「考えてみればすばらしいことだ。子どもにとっては、何もかもが魔法になるんだからね」

では子どもの対極に位置する、人生経験を積み、マジシャンのトリックを見飽きた、私たち大人はどうすればいいのだろう？

エヴァンズは、日常的な状況に魔法を持ち込むと、驚嘆が増すという。

「もし僕がアンドレウィーニー大王なんて名乗って、派手なセットとオーケストラを従え、舞台上で空中浮遊をしたら、劇場みたいだろう？」と彼は言った。「すると観客は、『どうせ何かのすごい技術や特殊効果を使ったインチキだろ、ワイヤーは見えないけど、きっとどこかにあるはずだ』と思う」

この観点に立てば、近所の人たちが窓から顔を出してのぞいている普通の屋外の裏庭にマジックパティオを設置する、という選択が重要なことがわかる。エヴァンズはそうすることによって、劇場の管理された、何でもありの状況から魔法を引っ張り出し、不思議なことは起こらないはずの現実世界に持ち込んでいるのだ。

「ここはセットでもないし、劇場でもない」と彼は言う。「丸見えだろ」

そう言ってエヴァンズは、昨夜テーブルが浮遊していた辺りの空に向かって飛び上がるふりをした。マジックが本物の魔法に見えるためには、あり得ない光景が目の前で展開する間も、観客はずっと現実世界につながっていなくてはならない。

「現実世界」に魔法を生み出す

魔法は、舞台を離れて現実生活と混じり合うとき、さらに驚異を生む。

エヴァンズはこのことに関して、ユニークな視点を持っている。夜はマジシャンの彼も、昼間はＩＤＥＯのプロダクトデザイナーとして、運転や食料品の買い物、通学バスの乗車といった日常の経験に驚嘆をもたらすことに取り組んでいるからだ。

デザイナーは、マジシャンがもてあそぶのと同じ自然法則に挑戦することによって、魔法のような効果を生み出すことができるとエヴァンズは考えている。

一例として、建築家の妹島和世は、日本の西武鉄道に車両のデザインを依頼されたとき、田舎の風景を颯爽と駆け抜ける見えない電車、という構想を描いた。そして、車両に半透明の鏡面仕上げのようなメタル塗装を施すことによって、沿線の風景が車両につなぎ目なく映り込むようにし、透明に見える電車を実現した。

またオランダの企業クリアレヴは、磁気を使ってものを宙に浮かせる技術を開発した。私の元生徒でデザイナーのリチャード・クラークソンは、この技術を使って、鏡面素材の台座の上で浮遊する、シュールレアリスムの絵画から飛び出してきたような雲形のスピーカーを生み出した。

SF作家アーサー・C・クラークが提唱した有名な3法則のうちの1つ、「十分に発達した科学技術は魔法と見分けがつかない」は、人が初めて新しいイノベーションを見たときに感じる混乱を説明する。

熱気球が初めて空に打ち上げられるのを見た18世紀のパリっ子は、その光景に高揚したが、パリから20キロほど離れた野原に落下する気球を見た村人は、悪魔の仕業だと思い、鎌や熊手で攻撃した（この事件以降、気球パイロットは不審がる村人への友好の印として、シャンパンを気球に積むようになったという）。

しかし、テクノロジーが魔法の感覚を生み出せるとしても、それを持続させられるかどうかはまた別の問題だ。初登場から何十年経っても喜びをもたらし続けるプロダクトがあるかと思えば（たとえばポラロイド写真は、スマホが普及したいまも結婚式やパーティの必需品だ）、背景のありふれた一部と化すものもある（Ｗｉ－ＦｉやＧＰＳなど）。

喜びと驚嘆をもって迎えられたイノベーションも、普及が飽和点に達すれば平凡に見え、やがて陳腐化することが多い。

エヴァンズと話してから、なぜそうなるのかをよりよく理解できるようになった。テクノロジー業界は、顧客の消費体験からすべての摩擦を取り除き、シームレスな体験を提供することにとらわれがちだ。当然、利便性は増すが、ユーザーはいつしか消費体験に関心を払わなくなる。

オフィスビルの最上階まで最速で上がる最先端のエレベーターは、技術的にはすばらしいが、乗り物としては退屈だ。これに対し、たった3階分のガラス張りのエレベーターが、たまらなく魅力的に感じられることがある。上昇とともに変化する景色を見せることによって、ボタンを押すだけで空中に持ち上げられること自体が魔法であることに気づかせてくれるのだ。

テクノロジーは、かつてないほどのペースで世界をつくりかえ、魅惑的な機会を提供する一方で、「モノ疲れ」を招くリスクがある。これを防ぐための最善策は、ハイテクのものとありふれたものの対比を保つことだ。

私たちがテクノロジーの魔法を最も感じるのは、テクノロジーによって現実世界の境界を乗り越えることで、その境界の存在を改めて意識するときなのだ。

「平凡なツール」で驚嘆を生み出す
――魔法の本質をつかむ

まだ早い時間だったので、装飾花壇に挟まれた砂利道を歩きまわる間も、ヴェルサイユの庭園は静かだった。花壇には赤、金、紫の一年草が植えられ、マリーゴールドとゼラニウムの葉の香りが漂っていた。

私はらせんを描く石段を降り、水を吹き出す金のカエルとカメの彫像が飾られた、ウェディングケーキのような段々の噴水を通り過ぎた。散歩道の縁には球形に刈り込まれたトピアリーが見張り番のように並ぶ。プラタナスの黄褐色の枯れ葉が、足もとでかさこそ音を立てた。右に曲がり、両側の高い生け垣に埋もれるようにして林の中の道を歩いた。

手入れの行き届いた林を通るすべての道が、噴水や列柱廊、ゆったりとしたローブを着たローマ神話の神々の青銅や大理石の彫像を中央に据えた、塵一つない庭へと通じていたが、この道だけは違った。突き当たりに見えたのは真っ白な塊、地上の雲だ。

近づくにつれ、たちこめる霧の中の構造が見えてきた。高さ約3・7メートルの垂直な金属パイプで支えられた、巨大で水平な金属の輪である。庭園の至るところにある蔓棚（パーゴラ）を細くしたようなかたちにも見える。

この輪の上から真っ白い筋状の濃い霧がもうもうと吹き出し、広場全体を半透明の渦で覆っていた。オレンジのコートを着た少年が駆けまわり、雲の中心に出たり入ったりして、映画の亡霊のように現れては消え、消えては現れた。

少し離れた周縁部にいる、雲で下半身が隠れた女性が、そろそろ時間よと少年に呼びかけた。でも少年は帰るつもりなどなく、楽しそうに笑いながら駆けまわった。霧をたなびかせながら木立に向かって走る少年を、母親が追いかける。

私は輪の真ん中まで歩き、手を伸ばした。霧は思ったよりも湿っていて、指先に触れた水蒸気は冷たかった。芝とクローバーは露で真っ白に輝き、私の髪とまつげも細かいしずくで覆われた。私はその場でくるくるまわって、しぶきを集めた。ウールのコートは芝のようにきらめき、少し目がまわってしまった。

世界が新しくなって現れる

私がヴェルサイユに来たのは、新たな種類の魔法を探すためだ。自然から発するように見える原初的な魔法、だがそれでいてじつは完全に人工的な魔法である。

この雲発生器、フォグ・アセンブリーは、期間限定でヴェルサイユに設置された、アーティストのオラファー・エリアソンによる一連のインスタレーションのうちの一つだ。

私が初めて彼の作品を目にしたのは、ニューヨーク近代美術館（ＭｏＭＡ）だった。上に向かって流れる滝や、きらめく巨大な万華鏡、暗い地下室の霧の中に現れる虹といった、好奇心をそそる作品が展示されていた。

おそらくエリアソンの最も有名な作品は、2003年秋にロンドンのテート・モダン近現代美術館の広い吹き抜けのホールに設置された、照明でできた巨大な太陽だろう。鑑賞者は床に足を投げ出してすわり、太陽が降り注ぐ海辺で旅行客がやるように、琥珀色の光を浴びながら何時間も過ごした。

また彼の別のインスタレーションに、天井に吊るしたパイプから吹き出す水にストロボライトを点滅させ、水の玉が空中で瞬間的に静止しているように見せる作品がある。時間が滑らかな直線上を進む代わりに、しゃっくりをしながら進んでいるかのように思わせる。

エリアソンのインスタレーションは芸術作品というよりも、生活をかたちづくるとらえどころのない力を、具体的な形状を通して明らかにすることを目的とする、驚嘆の手段といった方がふさわしい。鑑賞者は水の流れを通して時間の流れを感じ取り、その波乱万丈な性質に思いをめぐらせる。靄のかかった人工の太陽に照らされることで、自然のリズムに密接な影響を受けていることを思い知る。

エリアソンがアイスランド人の血を引いていて、あの国の不思議な景観の中で人格形成期の一部を過ごしたというのもうなずける。彼は魔法使いのように大自然の気まぐれな力を利用し、それをあり得ない環境の中に——雲を庭園に、虹を地下室に——配置する。

こうした対比には、建造環境に神秘性を取り戻す効果がある。鑑賞者は、まるで目から古い膜が剝がれ落ち、世界全体が新しく見えるようになったかのように感じながら、目をぱちくりさせてインスタレーションから出てくるのがつねだ。

だがエリアソンの作品は魔法に満ちあふれているのに、その構造は意外にもそっけなく、蛇口や管、支柱がむき出しになっていることも多い。構成要素を隠そうともせず、鑑賞者が調べられるように露出している。また、作品に使われる素材を見ると、ごくありふれたものばかりで、アーティストの媒体というより、金物店への補充注文のようだ。「スチール、水、ノズル、ポンプシステム」が、フォグ・アセンブリーの素材リストだ。それだけで雲ができるのだろうか？　上向きの滝の素材リストも同じくらい簡潔で、「足場、スチール、水、木、ホイル、ポンプ、ホース」となっている。少なくとも半分が、その辺のガレージに転がっているものだ。

「釣り糸」でも魔法をかけられる

簡単な素材から霊妙なものをつくりだすエリアソンの能力に触発されて、私も小さな規模で同じことができないだろうかと考え始めた。

たとえば磁気浮上技術はすばらしいが、昔ながらのただの釣り糸でも、同じような幻想効果を得ることができる。ショーウィンドウの目を引くディスプレイをつくるデザイナーは、遠目にものが浮いているように見せたいとき、この仕掛けをよく使う。

同様に、何の変哲もない空間も、鏡を使えば魔法の空間に変えることができる。エリアソンのインスタレーションで私がとくに気に入っているのは、何もない部屋の天井に巨大な円形の鏡を取りつけたものだ。

友人のマギーとその母親と一緒に訪れたとき、3人で鏡の下の床に寝そべってみた。1分ほどすると、空間感覚がひっくり返ったような感覚を覚えた。自分は床にいて天井を見上げているのか、それとも天井にいて床を見下ろしているのだろうか？　感覚は何度も切り替わり、数分後に起き上がると、まるでスパイダーマンの吸着する足で、逆さの世界を歩いているような気がしたものだ。

鏡は空間を反転させ、現実が裏返しになったか、折りたたまれたように見せる。

鏡の魔法がとくに際立つのは、狭い空間だ。大きな鏡は空間を広く見せたり、もう一部屋あるかのような錯覚をつくりだす。光源のうしろに置いた鏡は光を輝かせる。合わせ鏡は光を反射し続け、無限の鏡と呼ばれる効果を生み出す。

魔法を得る簡単な方法の一つが、線や形状、曲線の反復によって奥行きや動きの印象を生み出す、目の錯覚を利用することだ。錯覚の不思議な魔法への探究心は、オプアート（光学的芸術（オプティカルアート）の略）と呼ばれる芸術運動となって、1960年代にブームを巻き起こした。

劇的な効果を挙げるには、オプアートの壁紙を使って壁が動いているような空間をつくったり、幾何学模様のタイルでオプアート風の床にしたりするといい。ポスターやラグを使っても、より小さな規模で同様の効果が得られる。

最近では母娘で活躍するインドのアーティスト、シャクンタラー・パーンディヤとサウミャ・パーンディヤ・タッカーがこのテクニックを使って、ドライバーの目に3Dに浮かび上がって見える横断歩道を描き、歩行者が道路に浮かぶ飛び飛びのブロックの上を歩いているような錯覚を生み出している。

「恐怖」も「驚嘆」も呼び起こす

古代に起源を持ち、現代に通じる魅力を持つ光学的現象には、遊色効果（イリデッセンス）もある。油が浮いた水たまりや蝶の羽、ムール貝の内側などに見られる玉虫色の輝きである。

玉虫色の素材は、見る角度によって色が変化、変容することから、昔から魔法のように思われてきた。マヤの人々は寺院が日光を受けて輝くようにと、真珠のような光沢を持つ雲母（うんも）の粉末を混ぜた塗料を使った。

古代エジプト人は空の神ホルスを称えるために、きらめく顔料でアイシャドウを施していた。ちなみにこの化粧には、不思議な副次的効果があることがわかっている。すりつぶしたミネラルに含まれるイオンが、皮膚による酸化窒素の生成を促し、バクテリアを攻撃する免疫システムを活性化するのだ。この効果が、毎年起こるナイル川の氾濫時に流行した感染症から目を守っていたかもしれないと、研究者は推測している。

「魔法のメイクアップ」の伝統は今日も続き、光沢のある輝きを得るために玉虫色の顔料を使う、ユニコーンや人魚風メイクのオンライン講座が盛況だ。

遊色効果は化粧品を除けば、大人向けの製品よりも、妖精やプリンセスのドレス、シールブックといった、子ども用品に使われることの方が多い。

だがこの光学効果には洗練された側面もある。7世紀からこの方、織物の縦糸と横糸に対照的な色糸を使うことによって、普通の毛や綿で織られているのに色が変化するように見える玉虫織りの手法が用いられ、いまでもホテルのインテリアやイブニングドレスなどに欠かせない素材となっている。また水晶にも遊色効果を持つものが多く、水晶に魔力があると考えられているのはおそらくこのためもあるのだろう。

遊色効果を利用した最古の素材の一つに、薄い金属膜をガラス板の片面に付着させるかガラスに混ぜるかしてつくった、二色性（ダイクロ）ガラスと呼ばれるものがある。これはローマ人が4世紀に考案したものだが、ＮＡＳＡがスペースシャトルに利用するために開発を進めている。ダイクロガラスの最近の利用例では、オラファー・エリアソンが万華鏡に使い、デザイナーが乳白色の光沢を持つ照明器具やコーヒーテーブル、ジュエリーなどをつくっている。

オプアート作品がもたらす錯覚の動きであれ、クジャクの羽の色であれ、魔法の要素には「手に負えなさ」や「とらえどころのなさ」がある。魔法は本質的に得体の知れないものだから、状況次第で楽しく感じられたり不気味に感じられたりする、感情の境界域に位置している。

たとえば、あなたがすみかから遠く離れた野原に一人で立っているとき、地平線に黒い雲のような巨大な影が現れたらどう感じるだろう？　あるいは同じ野原に立っていて、雲ではなく虹色の輪が空に現れたら、どんな気分になるだろう？　どちらのできごとも不思議で謎めいているが、一方は恐怖を、もう一方は驚嘆を呼び覚ます。

だが「魔法の美学」にほかの美学を取り混ぜると、どんな経験も喜びに近づけることができる。遊色効果や錯覚を利用するときは、「エネルギーの美学」の要素を取り入れて、軽く明るい色合いを保つといい。鏡を使うときは、「調和」や「遊び」の美学の要素を取り入れよう。ビックリハウスの鏡のような歪みは不気味になりやすい。シンメトリーは反射のバランスを保ち、丸い縁には反射が尖ったり鋭くなったりするのを防ぐ効果がある。

魔法が「イノベーション」を後押しする

魔法は魅惑的で、キラキラしていて、神々しく感じられることがある。魔法にこれほどの魅力がある理由は、それが可能と不可能の境界線を破り、周囲の世界への好奇心に火をつけてくれるからだ。英語の「wonder」は、名詞でもあり動詞でもあるという、すばらしい単語だ。私たちは驚嘆（名詞のwonder）を感じると、なぜだろうと不思議に思い（動詞のwonder）、答えを探しに出かける。驚嘆は学習と探究を駆り立ててくれる。

喜びを研究するうちに、意外にも魔法がイノベーションと技術進歩の推進において中心的な役割を果たしてきたことを知った。だがそれが歴史として語られることはあまりない。

オックスフォードの歴史家キース・トマスによれば、人は占星術をきっかけに星に好奇心を抱き、星や惑星の動きを測定するよりよい手法を追求するようになり、それが天文学の発展を促したという。近代化学の父と呼ばれるロバート・ボイルは、もとは錬金術師であり、彼の初期の実験は、原子の存在を証明するために行われたのではなく、たんに鉛を金に変えたいという思いに駆り立てられていた。

誘導電動機の発明によって、現代の住宅や建物に電力を供給する交流発電システムのもとを築いたニコラ・テスラは、子どものころに経験した魔法のようなできごとによって、電気への好奇心をかき立てられたという。

幼いテスラが冬場の乾燥した時期に飼い猫をなでていると、猫の「背中一面が光」になり、火花が飛び始めた。母は仰天し、火事になるといけないから猫と遊ぶのをやめなさいと言った。この小さな経験はとても衝撃的で、80年経ってもなお電気の研究への関心をかき立て続けていると、テスラは書いている。

私たちの起きている間の時間を支配する〝生産性・効率性信仰〟においては、魔法は白昼夢や遊びと同じ、贅沢とみなされる。だが魔法は注意を散漫にするどころか、発見を促すきっかけになることも多いのだ。

私たちが魔法に感じる喜びは、視野を広げたい、状況を改善したいという、より深い衝動からやってくる。虹や流れ星、ホタルを愛する心の奥底には、世界は私たちが思い描く以上にすばらしいはずだという、小さな信念の泉がある。創造性とインスピレーションを得るには、この泉を涸らさないようにする許可を、自分に与えることが欠かせない。

イギリスの作家イーデン・フィルポッツもこう書いている。「宇宙は魔法に満ちていて、私たちの理解力が追いつくのを辛抱強く待っている」。私たちが探そうとする限り、世に驚きは尽きない。

第9の扉

祝い

CELEBRATION

感情を「爆発」させる

マンハッタン島を毎日周回する赤い大型バスは、観光客をニューヨークの最も楽しい観光地に効率よく案内してくれる。

停車地はエンパイアステートビルに、ロックフェラーセンター、ブロードウェイ、タイムズスクエア。自然史博物館のジオラマと恐竜、それにリトルイタリーに立ち並ぶすてきな店々。セントラルパークの動物園と回転木馬や、子どもたちがリモコンで動かすおもちゃのヨットでいっぱいの池。

でもこの街で最も喜びあふれる場所は、そうした人気スポットではない。ガイドブックやバスツアーでは見つからない場所だ。そこで朝を過ごせば、ニューヨークで最も伝染しやすい喜びに浸ることができる。

ワースストリート１４１番地にあるその場所は、市職員オフィス、通称シティホールだ。

平日の朝には、結婚を待つ、年齢も背景もさまざまなカップルが列をなし、周りを晴れやかな友人たちや誇らしげな親たち、サテンドレスを着て飛び跳ねる少女たちに囲まれているのが見える。花嫁が身にまとうのは長いドレスや短いドレス、サリーや着物、マタニティドレスやジャンプスーツなどだ。通りに並ぶ露店は花束をつくり、忘れた人のために指輪も売ってくれる。

私は数年の間、この心躍る光景を横目に通勤していた。夏の朝には、時間に余裕があれば少し立ち止まり、回転ドアが開いて新婚カップルを世に送り出すのを眺めたものだ。友人たちの紙吹雪を浴びて両手を挙げるカップルや、写真撮影のために熱烈なキスを交わすカップル。またあるときはちょうどよいタイミングに通りかかり、市役所の階段から家族とのお祝いが行われる近くのレストランまで、ブラスバンドが新婚カップルを送っていくのを見ることができた。

「祝い」は喜びの頂点
――なぜ動物まで浮かれ騒ぐのか？

祝いは暮らしにおける喜びの頂点にあたる。人々は結婚やパートナーシップ、勝利や収穫、成長や新たな門出を祝う。そうした瞬間には喜びがあふれ出るように思われ、人々を集めて歓喜を分かち合いたいという、抗いがたい衝動に駆られる。

数百人の招待客を集めるホテルでの宴会であれ、公園での家族との少人数のピクニックであれ、喜びの頂点にある人々は共通体験の中に引き込まれる。日常活動の手をしばし止めて、乾杯し、踊り、羽目を外し、浮かれ騒ぐ。個人としての好みや望み、心配事はひとまず脇に置き、集団として沸き上がる喜びに浸る。

なぜそうするのだろう？　進化という観点から見れば、祝いはとても軽薄にも思える。羽目を外し、浮かれ騒ぐことに貴重な資源とエネルギーを費せば、生産的な取り組みがおろそかになる。なのに、どんな文化にも祝祭はあるし、動物にさえ浮かれ騒ぐ種がいる。

離ればなれになったあと再会したゾウは、興奮に足を踏み鳴らし、放尿し、牙を打ちつけ合い、耳をはためかせ、鼻を絡ませ合う。互いの周りをまわり、恍惚とした高い声で鳴き、喉を鳴らし、吠える。オオカミも再会を騒がしく喜び合うことで知られる。狩りのために離れていた集団が戻ってくると、うれしげに遠吠えし、そのコーラスは長ければ２分間も続く。

すべての動物種の中で最もお祭り騒ぎをするのは、人間に最も近い種のチンパンジーだろう。霊長類学者フランス・ドゥ・ヴァールは、檻（おり）に新鮮な黒イチゴやブナノキ、モミジバフウの枝が運ばれてきたときに、チンパンジーが典型的に見せる喜びを次のように説明する。

チンパンジーは食べ物を運ぶ飼育員を見つけると、騒がしい叫び声を上げて近くの全員を呼び集める。仲間同士の激しいキスと抱擁の嵐がそれに続き、親しみを込めた触れ合いが、いつもの１００倍にも増える。それからみんなで一緒にすわり、恵みを分かち合う。チンパンジーの社会生活を支配する厳格な階層関係はこのときだけはゆるめられ、全員が祝宴に加わるのだ。

お祝いをすると「結束」が強まる

祝いを好む人間の性質が、高度な知性を持つ種にも分かち合われていることを考えると、興味深い可能性が浮かび上がってくる。もしかすると祝いは楽しい贅沢というだけでなく、生活において何らかの深遠な目的を果たしているのかもしれない。

祝いがほかの喜びと違うのは、それが際立って社会的な喜びだという点だ。

一人で小躍りしたりシャンパンの祝杯を挙げたりすることもあるが、祝いは誰かと一緒に行う方がずっと多い。最もよい状態の祝いは、喜びをみなで分かち合う雰囲気を生み出す。祝い事のある人たちは、意気揚々としたエネルギーに満ちあふれ、その場にいる全員に喜びのオーラを振りまき、ほとばしる歓喜の輪に引き入れる。その結果、一体感と共感が生まれ、はじけるような喜びでしばしの間、全員が一つになる。

この共感が人々をまとめ、共同体を強化し、結束を促すのだ。研究によれば、喜ばしいできごとを人と一緒に祝うと、今後何があってもその人たちがついていてくれる、という安心感が高まるという。そのうえ、人と祝うことで自分の喜びも高まる。

喜ばしいできごとを人と頻繁に祝う人は、よい知らせを自分の胸にしまっておく人に比べて幸福感が高く、またお互いに起こったよいことを祝い合うカップルは、より幸福な関係を築くことがわかっている。それに、人は誰かと一緒にいるときの方が、笑う頻度が高い。マーク・トウェインも言っている。「悲嘆はひとりでに治まる。だが喜びを十全に味わうには、誰かと分かち合う必要がある」。ともに祝うことで、しあわせなときの喜びはいっそう大きくなるのだ。

しかし、社会生活の中心がネット上に移ってしまったいま、この種の喜びを経験する瞬間や空間が減っている。祝いの機会の多くは、フェイスブックの「おめでとう！」や「ハッピーバースデー！」の投稿——送り手が会議に遅れそうでなければ、これにシャンパンや紙吹雪の絵文字が加わる——ですまされる。

ワークライフバランスの崩壊と、ソーシャルメディアがつながりをもたらすという幻想のせいで、祝いの機会は知らない間に過ぎ去っていることも多い。祝いの瞬間をバーチャル世界に譲り渡すことで、私たちは何を失ったのだろうと、私は考えてしまう。

ともに喜ぶという身体的経験の何が、共同生活のきしみを和らげるのだろう？　また「祝いの美学」をどのように使えば、日常生活での喜びの分かち合いを増やすことができるだろう？

そばに「集まる」とうれしい
——一体感をつくりだす

建築家のデイヴィッド・ロックウェルは、祝うことの大切さを幼少期に実感した。幼くして父を亡くした彼は、母の再婚後、家族でニュージャージー州沿岸の小さな町に引っ越した。子ども時代の楽しい思い出は、ガレージの上のスペースを中心にまわっていたという。彼の小さな社会で何か祝い事があると、みんなでそこに集まった。

「その空間をいつも催しに使っていた」と、最近のある午後に彼は話してくれた。「たとえば近所中の犬を集めたドッグショーとか、ハロウィンの幽霊屋敷、イースターの卵探し、筋ジストロフィーの寄付金集めの催しなんかにね」

彼と4人のきょうだいは、主に拾ってきたものを使い、それぞれの催しに合わせて空間をまったく違う舞台に仕立て上げた。

「窓につける、巻き上げ式のブラインドを知っているよね？」と彼は聞いてきた。「それを床に設置して、動く床やベルトコンベヤにした。紐とバケツで頭上の風景をつくって。そうやって私の考える喜びをかたちにしていた」

人々が集うにぎやかな空間を30年以上もデザインしてきたロックウェルの心に、幼くして知った共同体験の力はいまも深く刻まれている。

彼がこれまで手がけてきたデザインには、ロサ・メヒカーノやユニオンスクエア・カフェなどの有名レストラン、アンダーズ・マウイやニューヨーク・エディションなどのホテル、「ロッキー・ホラー・ショー」や「キンキー・ブーツ」「ヘアスプレー」のような大ヒットブロードウェイミュージカルのステージセットがある。

「父の死と引っ越しを通して、世の中には自分の力ではどうにもならないことがあること、そしてある瞬間を表現する場をつくることが喜びだということを、幼くして学んだ」という。建築家という永続性を追求する職業の人から、こんな言葉を聞くのは意外だった。だがロックウェルが指摘するように、非日常的な祝いの印象は長続きする――ときには建築物よりも長く持続する――ことがあるのだ。

祝祭の「雰囲気」をつくるには？

2008年に、最もきらびやかで最も期待される年中行事の一つである、アカデミー賞授賞式のセットデザインを依頼されたとき、ロックウェルの念頭にあったのが、祝祭の雰囲気を生み出すことだった。

「たとえば1935年の授賞式を見てみると、すばらしいことに、映画界のコミュニティ全体を称えていたことがわかる」と彼は言う。

初期の授賞式は、劇場ではなく豪華ホテルで開催され、大規模だが和気あいあいとしていた。出席者はステージに向かってすわるのではなく、シャンパンを飲みながらテーブルに着いた。だがやがて舞台は劇場に移り、テレビ向けの演出が増えていった。

「ショーはステージ上で行われ、コミュニティはここに取り残された」と言って、ロックウェルは劇場のパース画をスケッチし、ステージと観客席の間の隔たりをボールペンでなぞった。「セレモニーはただの儀式化された催しになり、出席者を本当の意味で褒め称えるものではなくなった」

そのせいで、授賞式はパーティというよりはパフォーマンスのように感じられた。また出席者がコマーシャル休憩中に一杯やるために頻繁に劇場を離れ、受賞者が発表されるたび、選に漏れたスターが会場を去るようになったせいで、さらに盛り下がった。夜も半分が過ぎると、観客席の半分はサクラで埋められた。

「そこで1階の600席をすべて撤去し、ステージが見えやすい階段状にして、観客をパフォーマンスや式の中に引き込むようにしたんだ」

出席者とプレゼンターの距離は、わずか4歩になった。ステージの正面を観客席に向かって円形に張り出すかたちにし、そこを中心として座席を同心円状に配置した。これによってプレゼンターは観客の中に入り込み、会場全体に親密な雰囲気が生まれた。

また座席を円形状に並べ、観客がフィールドやステージでの活動と、スタンドの観客の両方を見渡すことができるという、円形劇場や競技場のよさを巧みに取り入れた。休憩中はステージ上でバンドに演奏させ、ナイトクラブのように照明を落とした。その結果、そこにいたいと人々に思わせることができ、多くのスターが一晩中会場にとどまるようになった。

狭くして体を触れ合わせる

ロックウェルのアカデミー賞授賞式のデザインには、祝いの最も重要な要素が人であるという事実がよく表れている。感情、とくに喜びの感情には伝染性がある。人は表情や口調、身振りを通して、互いの感情を「とらえる」（だからパーティにフォトブースを設置すると楽しい。プリントされた写真を飾っておくと、グループの楽しげな顔に注目が集まり、楽しさが伝染するのだ)。よいパーティとは、ただゲストが楽しめるというだけでなく、喜びに内在する伝染性を活用するものをいう。

たとえば、あなたがアカデミー賞授賞式そのものではなく、その鑑賞会を主催するとしたらどうするか？　ロックウェルとの対話を通して、私は物理的な近さの重要性に気づかされた。

パレードやフェスティバルなどの大観衆は自然と体がぶつかりあうが、少人数だとある程度近くにいないと触れ合わない。中学の広い体育館でのダンスパーティで、勇者たちがダンスフロアに出てくるまで端っこにもじもじと立っていたことがある人なら、このぎこちない感じがわかるだろう。ぎゅうぎゅう詰めで窮屈なのも困るが、自然な触れ合いが生まれる方が居心地がいい。

自宅が狭くて人をもてなせないと思っている人にとって、これは朗報だ。じつは空間に関する限り、狭すぎることよりも、広すぎることの方が問題なのだ。

私は数年前、予定していた人数には広すぎる空間でのイベント開催を手伝った。さいわい、仲間の優秀な建築家が、簡単な衝立(ついたて)と鉢植えを使って、空間を半分に仕切る巧みな方法を考案してくれた。部屋は閑散とした冷たい雰囲気にならずにすみ、にぎやかで活気に満ちているように感じられた。

みんなで「同じ服」を着る

もう一つ、映画制作者で脚本家のノーラ・エフロンから拝借したアイデアがある。ディナーパーティには、集団全員を会話の輪に引き入れる円卓がうってつけなのだ。アカデミー賞授賞式の円形劇場風の座席と同じで、ゲストがお互いの表情を見られるというメリットもある。同様の手法として、人をもてなすことが多い部屋に、大きな鏡を置くのもいい。鏡は人々を映し出し、喜びあふれる雰囲気をかきたてる。

物理的な方法で空間の親密感を高められないときでも、照明を使えば同じ効果を生み出せると、ロックウェルは教えてくれた。

「照明が世界の境界を決める」と彼は言う。「エネルギーの美学」で見たように、光は人々を引き寄せるから、明暗のメリハリをつけることによって、集団を一つにまとめる人工の境界を生み出せるのだ。たとえばダイニングテーブルの上にペンダントライトを低く吊るしたり、野外の催しでストリングライトを使ったりすれば、祝いの境界をつくることができる。

空間と同様、衣装にも一体感を促す効果がある。スポーツファンはチームジャージを着たり、顔にチームカラーをペイントしたりする。卒業生はガウンと帽子を着用し、花嫁や花婿の一行は同じドレスやネクタイ、ブーケ、ブートニア〔襟元のボタン穴に挿す花飾り〕を身につける。

友人との普通の集まりも、テーマを設けることで非日常的な機会に変えられる。全員が1980年代風ファッションや「ダサい」クリスマスセーターを着ていると、視覚的な調和が生まれ、自分が何か大きな存在の一部としてみんなとつながっているという感覚が一目で得られる。

集団が共通のアイデンティティを持つと、お互いへの接し方が変わる。研究によれば、集団への帰属意識を分かち合う人々は、お互いとの距離が縮まることを居心地よく感じ、お互いにより高い信頼感を示す。見知らぬ人としてではなく、仲間の一員として行動するようになるのだ。

歌って踊って一つになる

――無私無欲の没入状態を生み出す

21歳になった初夏、私は天にも昇る気持ちだった。3か月間パリで暮らし、働くことになったのだ。でも最初はフランス語をほとんど話せず、冒険に心躍らせながらも、思いのほか孤独を感じた。仕事が終わると長い夕暮れの中、街をさまよい歩き、カフェをのぞき、公園で人間観察をしながら過ごした。

6月のある夜、オフィスを出ると、街には音楽があふれていた。サンジェルマンに昔風のジャズバンドが、サンシュルピス教会を出たところに聖歌隊が、小さな庭に弦楽四重奏団が、カフェの前にレゲエバンドがいた。ほかにもミュージシャンが――プロではなく、たまたま楽器を持ち合わせ、弾き方を知っている人たちが――ギターやアコーディオン、バイオリンを持ち出し、街角にすわって楽しげな音楽で辺りを満たしていた。

その日は、一年でいちばん昼の長い日をパリ最大のパーティにする夏至の祝祭、フェット・ド・ラ・ミュジーク（音楽の祭り）だった。通りはメロディと笑いに包まれていた。人々は音楽に合わせて体を揺らし、歌っていた。年配のカップルは、石畳の広場をダンスフロアにして、慣れたステップでお互いの周りをくるくるまわり、子どもたちはその間を縫うようにして駆けまわっていた。私もいつしか無数の人たちに交じって踊っていた。見知らぬ人ばかりだったが、孤独は薄れていた。

ドイツの小説家ベルトルト・アウエルバッハは、ほんの少しの音楽がふだんの環境を祝祭に変えることを評して、「音楽は魂についた日常生活のホコリを洗い落としてくれる」と述べている。

音楽のリズムは筋肉を伝わり、周囲の振動に合わせて踊ったり体を揺らしたりしたいという衝動に火をつける。実際、体は静止していても、ただ音楽に耳を傾けるだけで、脳内の運動野が活性化する。だから私たちは無意識のうちに拍子に合わせて指を鳴らしたり、リズムを刻んだりすることが多いのだ。

音楽は社交の場に流れると、さらに不思議な影響をおよぼす。アップルと家電機器メーカーのソノス（音楽消費を促進することに明らかに関心のある2つの企業）から資金提供を受けた研究では、家庭に設置したビデオカメラがとらえた映像から、音楽が部屋に流れていると家族のすわる距離が12％縮まったことが示された。また神経科学者が、ギタリストたちに短いメロディを合奏してもらい、その間の脳の状態を観察したところ、脳活動のパターンが同期していたことがわかった。

同様に、合唱団のメンバーを対象とする研究で、合唱には心拍数を同期させる効果があることが判明した。音楽は、生理学的レベルで一体感を生み出すように思われる。科学者が同期性と呼ぶこの現象は、意外な行動を誘発することがわかっている。人は他人に合わせて歌ったり動いたりすると、共同作業でパートナーに協力し、集団の利益のために自分の利益を犠牲にする傾向が高まるのだ。

また同じテンポでロッキングチェアを揺らした被験者は、異なるテンポで揺らした被験者に比べ、共同作業をよりよくこなした。

同期性は、自分に必要なことに向いていた意識を、集団に必要なことに向ける。大規模な集まりでは、同期性が恍惚的な一体感――フランスの社会学者エミール・デュルケームはこれを「集合的沸騰」と呼んだ――を生み、共同体内に至福の無私無欲の没入状態をもたらす。好きな曲を一緒に大声で歌う、ダンスフロアで体を揺らす、といった喜びを経験すると、私たちはより寛容になり、周囲の人の必要に寄り添うようになる。

リズムで「仲間意識」を体に刷り込む

このことから、なぜ音楽と踊りが昔から祝いに欠かせない要素なのかがよくわかる。歴史家のウィリアム・H・マクニールは、人間が大規模な協同的社会を生み出すうえで、他人と「拍子を合わせる」楽しみが――おそらく言語をしのぐほどの――重要な役割を果たしたと考える。

われらが祖先たちは言語を通して意思疎通を図り、共通のルールや目標に合意することができた。だが心を通い合わせたり、個人的な欲求より集団のニーズを優先させるよう人々を促すことにかけては、言語はまるで力不足だった。

これに対し、歌と踊りは、本能レベルで共同体意識を植えつけた。人々は同じリズムで結ばれることによって、集団への帰属意識をただ頭で理解するだけでなく、自分の体の境界を超えて広がる調和を目で見、耳で聞き、体で感じたのだ。

音波やダンスのステップは化石に残らないから、祖先たちがいつ、どうやってこの方法で団結するようになったかを正確に知るのは難しい。だが歌と踊りを伴う祝いの儀式が、書く技術が生まれるはるか昔、おそらく2万5000年前には行われていたことが、事例証拠によって裏づけられている。

パリ大学で音響学を研究するイゴール・レズニコフは、後期旧石器時代の洞窟壁画の多くが、祭礼の背景として用いられていたと指摘する。ある日レズニコフは、先史時代の遺跡内を鼻歌を歌いながら歩きまわっていたとき、洞窟内で最も壁画が集中している場所が、ロマネスク様式の教会堂に見られるような反響音を発する場所だということに気がついた。

レズニコフはフランス全土やロシアのウラル山脈の洞窟を訪れ、洞窟内のさまざまな場所で反響音の回数と持続時間を体系的に測定することによって、最も装飾されている場所が、最も特別な反響のある場所であることを確認した。そうした場所が、歌や詠唱の響きを増幅させるために選ばれ、原始的な儀式の場となっていた可能性があると、レズニコフは指摘する。

「本能レベル」でつながる

今日では宗教的儀式と世俗的祝祭は区別されているが、先史時代に行われていた祝いのほとんどは、おそらく両方の要素を持っていたはずだ。この種の集会は、紀元前8000年紀までには中近東と南欧の初期の文明で、生活の一部として定着していたと、人類学者は考えている。

新石器時代の数百の壁画や陶器の破片に、腕を伸ばし足を蹴り上げて踊る人々が描かれている。たいていは円形に並び、ときには手をつなぐ人々は、全員で同じ姿勢を取り、等間隔を空けていることから、同じ拍子に合わせて動いていると推測される。人々が身につけている仮面や頭飾り、手に持っている棒や葉付きの枝は、儀式的集会で使われる衣装や神器の初期の原型である。

イスラエルの考古学者ヨセフ・ガーフィンケルは、こうした踊りの描写が、新石器時代芸術の最古にして最も一般的なモチーフだと指摘する。この時代の人々は、たとえ踊りに精力を注ぎ込んでいなかったとしても、踊りについて考えることにかなりの時間を費やしていたことはまちがいない。

なぜ文明の初期に、突如として踊りが盛んに描かれるようになったのだろう？

新石器時代の踊りの大流行は、人間の生活史における最も重要な転換期、すなわち小規模な狩猟採集集団での生活から、大規模な農耕社会での生活への転換期と同時に起こった。祖先たちは持ち運びのできるものに限定されずに富を蓄積できるようになり、社会と経済の階層化が生じた。

社会は定住により富と安全を手に入れたが、そうした恩恵とともにやってきたのが、狩猟採集社会にはおおむね無縁だった不安定化要因――不公平、嫉妬、孤立、不信――である。人類文明におけるこの重要な変曲点に、踊りは新しい社会をつなぎ止める、喜びあふれる接着剤の役割を果たしたのかもしれないと、ガーフィンケルは考えている。

ともに踊り、音楽を奏でる行為は、いまも人々を結びつける力を持っている。結婚式でもこれが見られ、友人や親族の2つの異なる集団がダンスフロアで踊って打ち解ける。祝祭でも、パリの街角でのあの夜の私のように、見知らぬ人たちがともに踊りに興じる。抗議運動でも、人々は声を合わせてスローガンを唱え、歌を歌う。

パーティで「ハッピーバースデー」を歌い、ユダヤの民俗舞踊ホラを踊り、一列になってコンガを踊るといった習慣は、陳腐に思えるかもしれない。だがそうした慣習が何度となくくり返されてきたのは、本能レベルでお互いとつながっているという感覚が得られるからだ。

祝いの最も重要な特徴は、それが受け身の喜びではなく、参加型の喜びだという点にある。音楽と踊りを通して、私たちは体全体で歓喜の行為にいそしみ、傍観者でいることをやめて、活動の中心に身を投じるのだ。

喜びを「爆発」させる

――エネルギーを大きく拡散する

数か月前、ニュージャージー州北部の寂れた地域を運転していたとき、ライムグリーンの光が目に留まった。それは長い吹き流しのようなチューブに、腕と笑った顔がついていて、送風機で送り込まれる空気によってクニャクニャした動作をする空気人形（チューブマン）だった。人形は自動車販売店の角にくくりつけられ、リンボーダンスのようにのけぞったり、ベリーダンスのように腕をバタバタさせたりしていた。縮んだかと思えば、また喜ばしげに腕を広げて大きくなった。腕の端にくくりつけられたリボンが、ジャズハンドのようにひらひらしていた。悪趣味でばかげていたが、そのエネルギッシュな動きに思わず笑ってしまった。寂れたショッピングセンターや中古車が並ぶ通りにあって、それは視界に入る中で最も楽しげなものだった。

グーグルでちょっと検索すると、チューブマンに楽しみを感じるのが私だけでないことがわかった。チューブマンのクネクネしたおかしな動きを真似て、隣で一緒に踊る人たちの動画が、ユーチューブにたくさん上がっている。チューブマン好きが高じて、コスプレをする人までいる。

だが謎は残った。なぜチューブマンは、熱狂的だが悪趣味な、一種独特の喜びを生み出すのだろう？　チューブマンを見かけるたびに首をひねっていたが、その一風変わった由来を知ってから、魅力を理解できるようになった。

チューブマンは生まれてからまだ20年ほどだが、その起源を理解するためにははるか昔、中世にまでさかのぼらなければならない。当時、カトリック教会の指導者は、各地の教会での行き過ぎたお祭り騒ぎを鎮めるために腐心していた。キリスト教の初期の礼拝は、とてもにぎやかだった。踊りを伴うことが多く、司祭までもがお祭り騒ぎに加わった。作家のバーバラ・エーレンライクが著書『ダンシング・イン・ザ・ストリーツ』（未邦訳）で指摘するように、中世初期の祭りは教会の中で行われていた。当時の教会には信者席がなく、踊ったり浮かれ騒いだりするスペースがたっぷりあったのだ。

教会指導者は、中世を通してこうしたふるまいをおおむね容認していたが、12～13世紀ごろになると、粗暴なふるまいを抑え込み、より落ち着いた形式の礼拝を行わせようとした。

だが祝い事を完全に排除できないことも、彼らにはわかっていた。そこで特定の日を祝祭日に定め、好きなだけ――ただし教会ではなく街中で――騒いでよいことにした。毎年数日間だけ、人々は聖職者の監督から解放され、封建的な生活を支配していた厳格な規則や社会階層を逃れて、奔放で享楽的な雰囲気に浸った。

こうして生まれたのが謝肉祭（カーニバル）であり、その伝統はいまも続いている——毎年四旬節（しじゅんせつ）に入る前の数日間に、世界中の何百という都市で開催される、最も熱狂的な祝祭だ。

今日の最も活気あふれるカーニバルの一つに、小さな島国トリニダード・トバゴで行われるものがある。それは首都ポート・オブ・スペインで行われる「マス」と呼ばれる地元の伝統行事で、幻想的なコスチュームに身を包み、軽快なカリプソ音楽とソカ音楽に体を揺らす大勢のダンサーが通りを埋め尽くす。マスは「マスカレード（仮装）」の略で、祭りを盛り上げるためだけに存在する、生ける彫刻のようなものだ。

ある年には、色とりどりの巨大な蝶の羽をつけた3000人超のダンサーがパレードを行い、スチールドラムのリズムに合わせて楽しげに羽ばたいた。別の年には、何キロメートルも連なっているかに見える長い虹色の天蓋（てんがい）が、その下で踊るダンサーの動きに合わせてうねった。ダンサーは白い布でできた特大の襟巻きをつけ、まるで白い水の渦に体を包まれているように見えた。

喜びの動きを「拡大」する

こうしたパレードは自然発生的な印象を与えるが、とくに手の込んだ衣装などは、何か月もの綿密な計画のもとに制作される。つまり一部のマスアーティストにとって、カーニバルはその場限りのものではなく、ライフワークと化している。

マスアーティストとして最も著名なピーター・ミンシャルは、若くしてトリニダード・

トバゴを出てロンドンで学び、シアターデザイナーとして活動を始めた。1973年にスコティッシュバレエ団の公演「美女と野獣」の舞台装置と衣装のデザインを終えたとき、母親から、故郷に戻ってジュニア・カーニバルクイーンに選ばれた妹のために衣装をデザインしてくれないかと頼まれた。

ミンシャルは快諾し、太陽の光で輝くようにと、緑と青、紫の鱗粉（りんぷん）を重ねた玉虫色のハチドリの衣装をデザインした。12人が5週間かけて制作したこのコスチュームは、カーニバルでたちまちセンセーションを巻き起こした。

それから数十年経ったいま、ミンシャルの作品はトリニダードカーニバルの代名詞となり、彼は現地ではシンプルに「マスマン」と呼ばれている。

「マスは人間の心身のエネルギーを力強く、わかりやすく表現したものだ」とミンシャルは述べている。彼のデザインは、特大サイズのパーツを使ってダンサーの体を、ときには実物の数倍もの大きさに見せることにより、人が自然に発散するエネルギーを活用・拡大しようとする。

彼の手がけたカーニバルクイーンのコスチュームの一つ、その名も「世界に喜びを」には、カラフルなオーラが体から広がるかのような、美しい水彩模様の天使の羽がついていた。別の年にカーニバルの目玉になったキャラクター「楽園から来た火の鳥」は、金色の衣装と、赤とオレンジのクジャクのような巨大な羽飾りをつけた男性で、手足が火を放っているように見えた。

ミンシャルは時とともにますます精巧な仕組みを開発し、コスチュームをダイナミックな操り人形に変えてきた。その一つ、「陽気な君主」は、5メートルを超える巨大な骸骨だ。骨はカラフルな縞模様に塗られ、針金の色とりどりの髪が後頭部から滝のように垂れている。一見、動かない舞台装置のようだが、下に立つダンサーが装着して、足と手首につけられた棒を使って、巨大な操り人形を動かす。ダンサーの一挙手一投足が、頭上の「スーパーパペット」によって、大規模に拡大されるのだ。

「爆発」がエネルギーを解放する

私はこうした息を呑むような作品を身につけたダンサーを見て、ミンシャルのデザインが、ただ何かを大きく目立つようにしただけのものではないことに気がついた。彼のデザインは巧みなつくりによって、喜びに満ちた体の自然なかたちを増幅させているのだ。強烈な喜びを感じた瞬間、体はパッと開く。人は勝利の瞬間にガッツポーズをし、歓喜の瞬間に脚を広げて跳び上がる。喜びが心の奥から手足の先まで伝わるとき、小さな体が大きく広がる。

この動きこそ、ミンシャルの作品が再現していることなのだ。妹のためにデザインしたハチドリのコスチュームについて、ミンシャルはこう語っている。

「最初、妹は何者でもないように見える——巨大な羽飾りやきらめく山車（だし）の間で揺れる、ただの青とターコイズの三角形だ。しかし突然、まるでサファイヤが爆発するかのように、ハチドリに息吹が吹き込まれる」

ミンシャルのデザインは、翼と羽根、尾羽とえり羽によって、体から放たれる、星々の光線のような放射状のエネルギーをなぞっているのだ。

放射状の線やかたちは、昔から文化を問わず、世界中の祝祭の衣装に用いられてきた。パプアニューギニアのワギ族の伝統的な民族衣装に、4種類のゴクラクチョウの羽でできた、巨大な太陽のような頭飾りがある。ブルキナファソのボボ族は、赤や紫などの鮮やかな色の長いより糸でつくった、床まで届く仮面を葬式で着用する。より糸は激しい踊りによって華々しく荒々しい回転を見せ、これが邪悪な精霊を追い払うと考えられている。

現代の例には、チアリーダーが振るポンポンがある。球状のポンポンは目を引き、見る人の視線を体の端に移すことによって、溌剌(はつらつ)としたチアの効果を最大限に高める。

こうしたコスチュームやアクセサリーは、祝いにつきものの身振りを拡大することによって、祝う人たちの喜びを可視化し、群衆に伝染させる。

はじけるかたちは、シャンパンのコルクが抜ける音のように、圧を加えられたものがエネルギーを発する様子を想起させる。それは祝祭で人々の喜びがほとばしる様子にも似ているから、祝祭を盛り上げるために爆発物が使われることが多いのも不思議ではない。

そうした爆発物の代表格である花火は、歴史家によれば紀元前200年に中国で用いられたのが起源である。最古の爆竹は、火にくべられたただの竹だった。竹の節の間の空気が熱せられて膨張し爆発する音には、悪霊を追い払う力があると考えられていた。

中国の錬金術師がこれに火薬を加え、1830年代にイタリアの職人が色を加えて、現代のアメリカ独立記念日などの祝祭日を連想させる、まばゆい閃光と爆音を発する花火が完成した。

新婚カップルに浴びせられる一握りの米や、大晦日の夜に宙を舞う紙吹雪は、同じ効果を簡単に得る方法だ。花の中にも、アリウムやノラニンジンなど、ポンポンや飾り房(タッセル)に似たはじけるような楽しいかたちを持つものがあり、パーティの装飾にも日常のインテリアにも祝いの雰囲気を取り入れるのに役立つ。

「情熱的な自分」を引き出す

「祝いの美学」の広がりのある性質は、祝いの幸福に酔いしれる人々が、ただ親睦を深めるだけでなく、解放感を得ることを反映している。人は喜びを爆発させるとき、自分の殻が破れ、本当の自分がさらけ出されるような感覚を覚える。カーニバルは日常のしがらみから解き放たれ、ふだん抑えつけている隠れた感情を発散できる場になるのだ。

爆竹がはじけるときのように、これは少々波紋を起こすこともある。だがカーニバルのような祝いの場で見られる感情の発散が、健康にとってどれほど重要かは、十分に理解されていないように思える。

そうした機会がなければ、人はほとんどの時間にかぶっている、「責任ある合理的人間」という仕事上のペルソナ〔外向きの人格〕が、自分の全人格だと思い込むようになる。原始時代の生活に溶け込んでいた祝いの太鼓の音は、人々をつなぐだけでなく、人々のより情熱的で本能的な側面を引き出していた。

ソーシャルメディア上で自己イメージが固定化されがちな時代にあって、自分の存在を規定する束縛から自由になれる場を求める気持ちはますます強くなっている。カーニバルが時を超えて人々を魅了し、バーニングマンなどの祭典の魅力が高まっているのは、群衆の荒々しい感情の爆発に混じって、なりたい自分になる自由が得られるからだ。

その意味で、ミンシャルらカーニバルアーティストは、エネルギーを歓喜とともに発散できる場を生み出すという、文化的に重要な役割を担っている。彼らの作品は、その場の感情を目に見えるかたちで表出することによって、集団的カタルシスを与えるのだ。

１９９０年代半ばにミンシャルの作品が、ジョージア州アトランタでの１９９６年夏季オリンピック計画者の目に留まったのは、おそらくこのためだったのだろう。世界中の数千万、数億人のための喜びの祝祭を生み出せる人がいるとすれば、ミンシャルを置いてほかにいない。

かくしてミンシャルは、オリンピック開会式の芸術監督に指名された。

このイベントのために、彼はかつて生み出したどんな作品よりも大きな、動く立体芸術を構想した。以前つくった特大の操り人形に似ているが、ダンサーの男女が操る代わりに、空気で動かすものだ。

この構想を実現するために、ミンシャルはロサンゼルスに拠点を置くアーティスト、ド

ロン・ガジットに協力を求め、ガジットは送風機で空気を送り込む仕組みをもとに、踊る人形をつくった。ミンシャルが「トールボーイズ」と名づけたこの高さ約18メートルの人形は、トリニダードカーニバルのダンサーのように全身をくねらせ、熱狂的に踊った。

開会式は大成功に終わり、ミンシャルはトリニダード・トバゴに戻って、さらに壮大なカーニバルのパフォーマンスを構想し続けた。

他方、ガジットは空気人形の技術で特許を取得し、スポーツのハーフタイムショーや企業のイベントでの使用許可を与えている。模倣品も次々と現れ、ほどなくして空気で膨らむチューブマンが、ショッピングセンターの駐車場で体をくねらせ、電気店の角で踊り、農産物直売所の隣でサンバを踊りながらかかしの役目も果たすようになったというわけだ。

チューブマンは安っぽいかもしれないが、疲れ知らずのダンスによって、カーニバルの恍惚とした熱狂状態を模倣し、最も意外な場にそれを持ち込む。

チューブマンは「祝いの美学」特有の、外に向かって広がる動きをたゆみなくくり返すことによって、喜びが時と場を問わず湧き上がることを、一風変わった方法で思い出させてくれるのだ。

「きらめき」は目を覚醒させる
――一瞬で華やいだ空気をつくりだす

数年前、7月4日の独立記念日に、私はＪＦＫ空港を離陸する飛行機に乗っていた。夜のフライトで、ちらちら光るニューヨークの夜景が遠ざかっていくのを窓から眺めるのが好きだ。でもその夜、プラスチックの丸い窓に鼻を押しつけていたとき、さらにすばらしいものが見えた。ポンポンと上がる色とりどりの花火が夜空に広がっていたのだ。

最初は暗い海と明るく照らされた地面が出合う水際に、花火の塊が見えるだけだった。だが機体が上昇するにつれ、一面に見えるようになった。地域ごとに独自の花火が上がり、ブルックリンの公園からロングアイランドの海沿いの街までが、鮮やかなきらめきに活気づいていた。

祖先たちが夜空に灰を巻き上げながら燃える炎の周りで初めて踊った瞬間からいまに至るまで、祝祭は夜を明るく照らし続けてきた。花火やランタン、誕生日のキャンドル、たき火によって、陰が追い払われ、暗闇の中に喜びの空間が生み出されてきた。

電気で輝く世界に暮らすいまとなっては、夜に光で照らし出された世界を見ることがどんなにまれで特別なことだったか、想像もできない。だが19世紀初頭にガス灯が登場するまで、ほとんどの都市は日没後は真っ暗闇になった。中世の人々が夜に光を見るのは、中国の皇帝の誕生日やヨーロッパの祝祭日など、特別な機会に限られていた。

光と闇のダイナミックな相互作用は、いまも祝いの重要な側面をなしている。パーティをするとき、煌々と光を照らしてもいいが、あまりにも明るく平板な光は、ムードを台なしにする。むしろ人は揺らめく光やほのかな光、何よりきらめく光に魅せられる。

「きらめきは目を覚醒させる」とデイヴィッド・ロックウェルは言った。彼はアカデミー賞授賞式で、出席者が身につけたきらめくジュエリーのまばゆい背景になるようにと、スワロフスキーのクリスタルを20万個つなげたきらめくカーテンでステージを縁取った。

きらめきはほんの少しであっても、華やいだムードを一瞬にして演出できる。きらめく装飾品や、夏の夜の線香花火、一杯のシャンパン、別名きらめく（スパークリング）ワイン。

「きらきら」を身にまとう

それでも生活からはきらめきが減っていると、ロックウェルは話してくれた。「きらめきとぎらつきは、愛と憎しみの関係によく似ている」。きらめきもぎらつきも、光沢のある反射面から生まれるが、ぎらつきがとげとげしく、目をそらしたくなるのに対し、きらめきはより繊細で、活力に満ちている。

「LEDやスクリーンのせいで、世の中の環境はとても平板になっている」と彼は言う。「世界はある意味でシームレスになり、その過程でぎらつきが取り除かれた。だがきらめきも一緒に取り除かれたように思える」

デジタルの体験が、人を介した体験ほどの高揚感を得にくいのは、このことも微妙に関

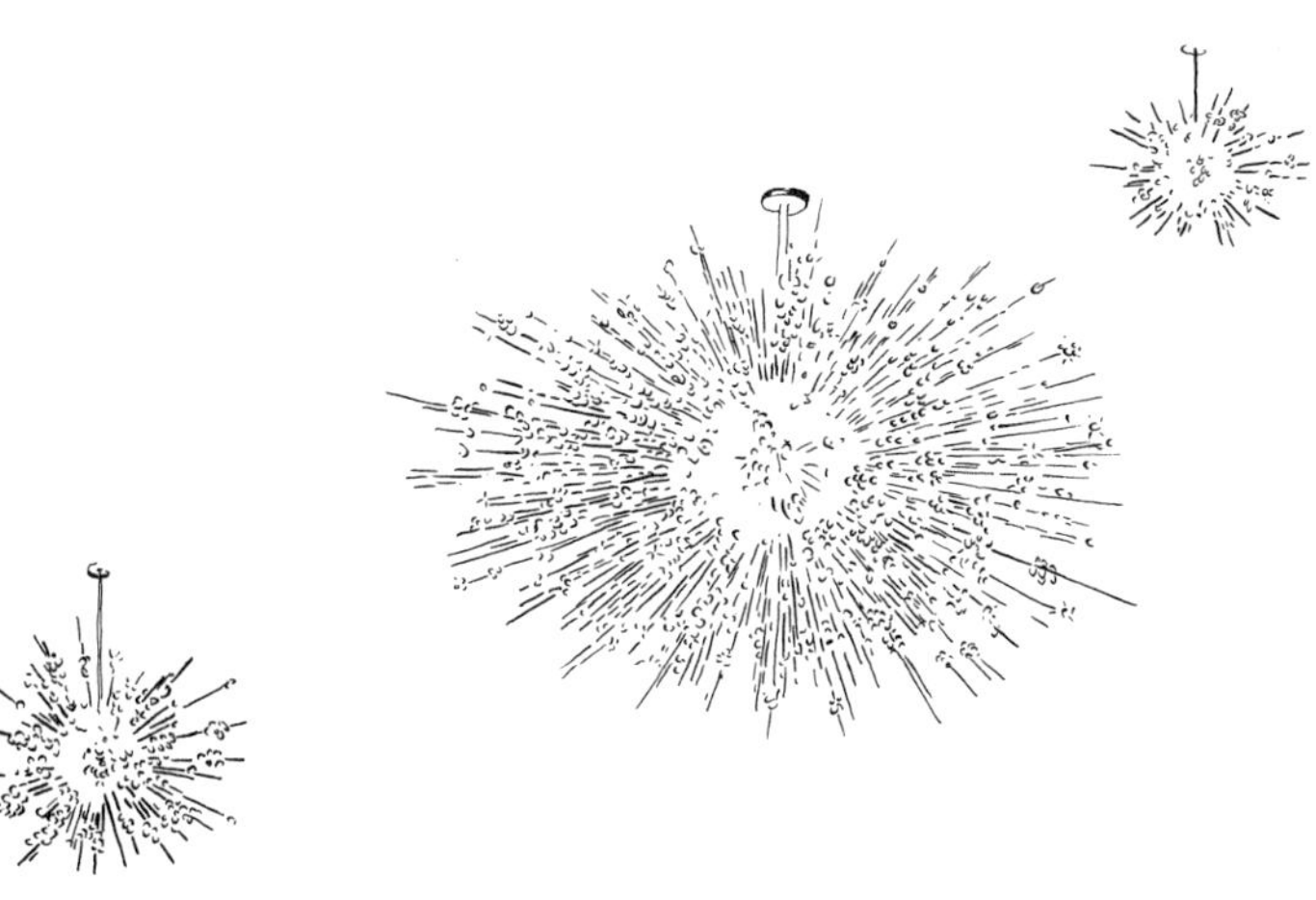

スプートニク

係しているのではないかとロックウェルは考えている。彼はスマホを指さしながら、「きらめきはこの世界の中には存在しない」と言った。「スクリーンを通して処理されてしまうから」

きらめきを取り戻すにはどうすればいいのだろう？　私は花火の喜びを思い出し、きらめきは勢いよく開く光だということに気がついた。花火の楽しみは瞬間的だが、光のはじける性質を静的にとらえる照明器具を使えば、より長持ちする歓喜を生み出すことができる。

ニューヨーク・メトロポリタン歌劇場（MET）のシャンデリアは、遠くから見た銀河を模したきらびやかなクリスタルでできている。愛情をこめて「スプートニク」と呼ばれるこのシャンデリアは、ビッグバンに関する本にもインスピレーションを得ているという。メトの公演を観にいくことが、私のようなオペラファンでもない人間にとってもつねに心躍る体験なのは、このシャンデリアのおかげでもあるだろう。

星形の照明の小型版を使えば、家庭でも華やいだ気分を演出できる。70年代風のきらめきがほしい人は、ディスコのミラーボールで光を華やかにまき散らしてもいい。

どんな種類の反射性素材も、きらめきを生み出すことができる。金モールやリボン、ティンセルやスパンコール、ラインストーンやラメ、そしてもちろんグリッター。

「グリッターは華やいだ気分になれる」と、俳優で作家の故キャリー・フィッシャーはインタビューに答えて言った。「グリッターは楽しいの。これから思う存分楽しもうって気にさせてくれる」

心の健康の大切さを訴えていたフィッシャーは、落ち込んだときは気分を盛り上げるために、グリッターを肌に載せた。サインをする際、ファンにひとつまみ振りかけることもあった。

グリッターに華やいだ気持ちを生む効果があることは、私自身も経験している。少し前、金色のグリッターの靴を買った。よそ行き用のつもりだったが、普通の日を華やいだものにしたくて、ちょっとそこまで出かけるときにも履き始めた。

すると、靴を見た人たちが、何か祝い事があるのだろうと察してほほえんでくれる。それを見て私自身も、何かいいことがあったような気がしてくるのだ。

「巨大なもの」は喜びになる

――なぜ誰もが風船に惹かれるのか？

ジハン・ゼンジルリは、風船をきっかけに何かが始まるなんて、思ってもいなかった。最初の風船は、親友への誕生日プレゼントだった。特大の風船をエッツィ〔ハンドメイドサイト〕で購入し、こういうときのためにとっておいた端切れやリボンを使って、大きくカラフルな飾り房（タッセル）をつくった。ヘリウムガスを入れた風船にタッセルをつけ、それを持ってパーティ会場まで歩いていった。風船は直径90センチほどで、華やかな月のようにぽっかり頭上に浮かんでいた。

「少し早めの6時半ごろ、会場に着いた」とゼンジルリは言う。「レストランの前に年配の食事客や家族が大勢いたわ」と、彼らの驚いたような顔を思い出して笑った。

よく見ようと首を伸ばす人、ほほえむ人、ぽかんと見つめる人がいた。レストランに入っていくと、風船はさらに驚きを呼んだ。店内の空間で、大きな風船は月ではなく太陽になり、風船を中心にものごとがまわりだした。

風船を友人のイスにくくりつけると、「夜じゅうずっと、お客さんが足を止めて風船のことを聞いてきたの」とゼンジルリ。「風船のことを聞かれるのが、その夜の一部になってしまった」

風船が巻き起こした反応は、強烈な印象となって彼女の心に刻み込まれた。

「あんなに注意を引くものを持つとどんなことが起こるかを、生まれて初めて目の当たりにしたわ。誰もが友人を見て、風船を見て、とてつもない喜びを感じているのがわかった」

それからというもの、ゼンジルリはいつも風船を持ち歩くようになった。

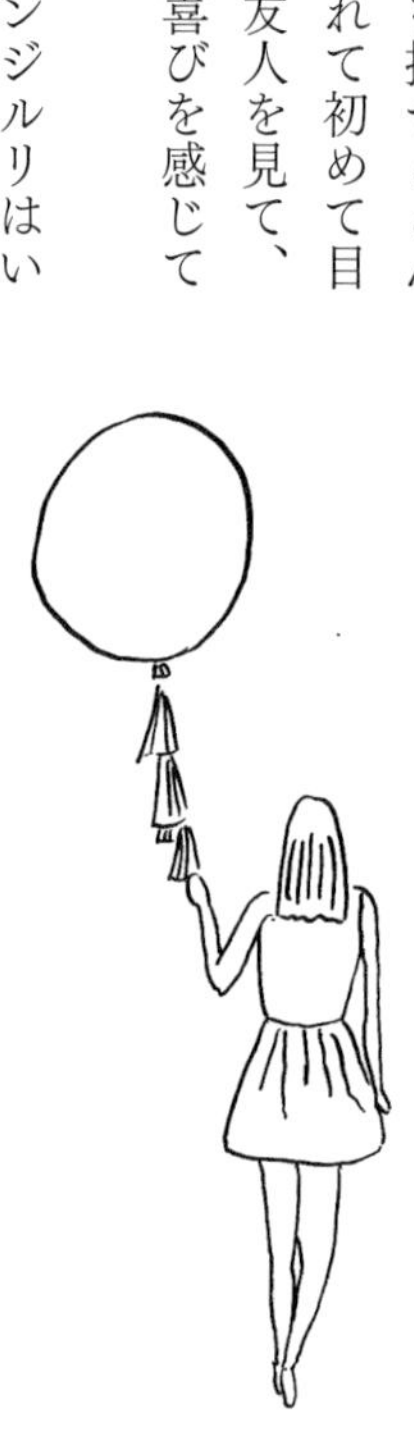

愛車フォルクスワーゲンビートルのトランクは、特大の風船を一つ入れるのにぴったりのサイズだったから、毎日風船を膨らませ、どこへでも持っていった。

「近所では、『あのバルーンガール』で通るようになった」と彼女は言う。

ある日、風船を持ってバーにいたゼンジルリを見かけた女性が、通りまで追いかけてきた。今度の夫の誕生日パーティにそういう風船を持ってきてくれませんかと頼み、ゼンジルリが乗っていたＳＵＶの窓から手を差し込んで、お金を渡してきたという。これが、彼女の初めての仕事となった。

途方に暮れた彼女は、パーティに風船を持っていくのを手伝ってくれる7人の仲間を集めた。仕事は成功に終わり、まもなく顧客がつき始めた。だが当初はフルタイムで働いていて、風船づくりは副業だった。ペイパルで支払いができる必要最小限のウェブサイトを立ち上げ、「ジェロニモバルーンズ」と名づけた。画像すらないサイトだ。

あるとき、ロサンゼルスの有名ブロガーが、特大風船についてのブログ記事を投稿した。翌朝ゼンジルリが起きると、3万ドル相当の注文が入っていた。「風船だけでよ！」と、彼女はいまだに信じられないかのように言った。顧客に売上税を請求することさえ考えていなかったという。

それを機に、ジェロニモバルーンズは大きく膨らみ始めた。ゼンジルリはデザインに磨きをかけ、タッセルを薄紙でつくり、ときにはきらびやかな金銀の素材を使った。

彼女の風船はイベントプランナーや雑誌エディターのお気に入りになり、ベビーシャワー〔出産前の妊婦を祝福するパーティ〕でにこやかに笑うプレママの頭上に浮かんだ写真や、結婚式で通路に花代わりに飾られた写真が誌面を飾るようになった。

価格帯は風船一つにつき50ドルから75ドルと高めだったが、巨大で華やかなため、たった一つで部屋の雰囲気を一変させた。

「みんな喜んでくれて、一度も文句を言われたことはない」と彼女は言う。

その後フルタイムの仕事を辞めてロサンゼルスに引っ越し、増え続ける注文に対応するためにチームを雇った。それから数年経ったいま、ジェロニモバルーンズは特大風船の代名詞になっている。

巨大なもので「祝いの中心」をつくる

私は興味と少しばかりの好奇心を持って、ジェロニモバルーンズが世に広がっていく様子を見守っていた。ヘリウム風船そのものが喜びに満ちている――「遊びの美学」と「超越の美学」の融合である――が、風船を特大にしてひらひらのリボンをつけることで、喜びが別の次元に引き上げられるのだ。

特大のものが祝いの場に登場することが多いことに私は気づいた。

お祭りのアーケードゲームや輪投げで大勝した人は、自分より大きな動物のぬいぐるみをもらう。宝くじの当選者は、賞金を記した巨大小切手を受け取る。シャンパンのマグナムボトルは、普通のボトル2本より華やかだし、車体の長いストレッチリムジンは普通の車2台より祝賀感がある。クリスマスには室内に木がまるごと運び込まれ、その木は大きければ大きいほどよいとされる。

何かを大きくすると、祝いの感覚が増すのはなぜだろう?

大きなものは、共同体の生活にいつもと違う重要な何かが起こっていることを、広く知らしめるのだ。特大風船や数字の飾り（誕生日パーティ）、ハート（バレンタインデー）、赤ちゃんの積み木（ベビーシャワー）など、大きなものは普通の装飾物と一線を画する。

特大の食べ物にもこの効果があり、おまけに分け合えるというメリットもある。料理家のジュリア・チャイルドは、「ケーキのないパーティはただの集まり」という名言を残している。豚の丸焼きや、ガラスボウルいっぱいのパンチ、シャンパンタワーやチョコレートファウンテンも、祝いの中心をつくるために大きくした食べ物の例だ。

同じ原則を衣服、とくに女性のドレスにも応用できる。ロンドン近郊で行われる競馬の祭典ロイヤルアスコットでは、羽飾りや蝶結びのついた大きな帽子をかぶった女性や、シルクハットの男性を見かける。もちろん、競馬を観にいく予定がなくても、ゴージャスなネックレスや花冠(かかん)、カクテルリングなどを楽しめる。

簡単にいえば、大きなものは大きな喜びを表すのだ。大きなものは祝いの中心点となり、人々を引き寄せる灯台の役目を果たす。

このことの大切さは見過ごされることが多い。先日友人と話していて、子ども時代にどちらの家でも突然クリスマスツリーを飾るのをやめた年があったのを思い出した。クリスマスキャロルを歌い、ライトを飾り、プレゼントも開けたが、いつもの年ほど喜びを感じなかった。

中心がないと、祝いは重心を失ってしまう。祝祭の目に見える錨――かがり火やメイポール［5月祭の飾り］、パレードの山車――は、いつの時代も人々を物理的に近づける磁力を持ってきた。心配事や互いの相違点を忘れさせ、その瞬間の喜びに人々を向き合わせるのだ。

喜びは分けた方が増える

ここ数年の間に、ジハン・ゼンジルリは祝いの喜びをさらに広げている。顧客や企業からの受注を減らし、タッセル付き特大風船を売る市場は追随者たちに明け渡し、特大風船のインスタレーションを始めた。

友人のブログの10周年記念には、サンフランシスコの建物を大量のカラフルな風船で覆った。浴槽からあふれ出る泡風呂のような色とりどりの風船が屋根の輪郭線から垂れ下がり、3階下の青果店の日よけにまでこぼれ落ちているように見えた。

2017年にはニューヨークのゲイプライド・マーチに合わせて、さまざまな大きさと色合いの1万個以上の風船で、巨大な虹色の壁をつくった。

また純粋な楽しみのために、ロサンゼルスの非営利の医療施設ハリウッド・サンセット無料医院に、建物の前面全体に巨大なバブルガムやあめ玉がついているように見せるインスタレーションを、予告なしで行った。

ゼンジルリは個人や企業の、主にオープニングイベントや記念日といった重要な機会を祝うための飾りつけを請け負っている。だが譲れないルールが一つだけある。通行人に作品から喜びを感じてもらいたいから、一般の人の目に入る場所だけ――私有の住宅や庭は飾らない――と決めているのだ。

とてもユニークで寛大な考え方にも思えるが、考えてみれば人類の歴史を通じて、祝いは公のできごとだった。

たき火であれ、教会や通りでの祝祭であれ、誰かの祝い事は全員の祝祭になった。公の目に触れるようにすることで、ゼンジルリは祝いをさらけ出す。それはもはや主催者や幸運な少数の招待客だけのものではなく、みんなを喜ばせるための祝祭になるのだ。

祝いの中心には、一種の数学的パラドックスがある。喜びは多くの人と分かち合えば合うほど、ますます大きくなる。

つまり、喜びはお金と正反対の方法で管理すべきだということになる。ありったけの喜びを、折あるごとに惜しみなく分け与えるべきだ。

音楽や花火、特大風船、グリッターを通して、喜びをあちこちに宣伝し、祝いに加わるよう人々に呼びかけるのだ。喜びを気前よく与えれば与えるほど、自分の喜びを大きくすることができるのだから。

*

*　　　　*

第 10 の扉

新生

RENEWAL

*　　　　*

「新しい自分」になる

*

2012年3月24日は私の32歳の誕生日、そしてビリビリとした痛みが始まった日だ。最初は足がしびれたときのように、左足の親指のつけ根がジンジン、チクチクした。足の指をもぞもぞと動かし、足首をまわすうちに治まった。

でも痛みはその後の数日間に何度か戻り、片方の足に来ることも、もう片方の足に来ることもあった。足を触っても何も感じないことがあった。

もしも頭がまわっていたら、その日のうちに診察の予約を入れるか、医師である両親に相談していただろう。でも私は痛みを頭から追い払い、仕事に没頭した。

仕事は逃避にうってつけだった。私には愛する仕事があり、誰一人やったことのない複雑なプロジェクトを成功させるためなら夜中までの残業も厭(いと)わない熱心なチームがいた。

朝昼晩のほとんどの食事をデスクや空港、レンタカーで、プラスチックの容器から食べていた。朝いちばんにも就寝前にもクライアントに連絡した。

こうして私は、オンラインデートアプリにたまっていく、最後にデートした男性と同じくらい優柔不断にちがいない男性たちのプロフィールを無視していられた。メールの受信箱にたまっていく、友人からの結婚式の招待状や、赤ちゃん誕生のメッセージ、私が入口を見つけられずにいる「大人の生活」を始めるという知らせを無視していられた。最後に婦人科の検診を受けたときに手渡されたが見る気になれなかった、「卵子凍結保存」の案内も無視していられた。

でも自分の体から逃げることはできなかった。体はどこに行こうと私についてまわり、一日に数回、手足を通じてビリビリとした痛みの波を送ってきた。たとえ恐ろしい病気だったとしても、それを聞く心の準備はまだできていなかった。それでも痛みが全体として発していたメッセージは明らかだった。私は行き詰まっていたのだ。

「生まれ変わった」気持ちになる

——行き詰まりを打開する

私たちはいつまでも続くしあわせを、いったん見つけたら岩のように揺らがない至福の状態を夢見る。日常生活の「浮き」を増幅し「沈み」から保護してくれる、しあわせの泉をつくるためにできることはいろいろある。だがときには、人生の喜びが思ったようには起こらないことも受け入れなくてはならない。

人生には、思いどおりにいかない面が必ずあるものだ。上司や顧客の要求、パートナーや家族の機嫌、経済や政治、天気の変動、思いがけないところから降ってくる難問。起こってほしいことが起こってほしいときに起こるとは限らない。望みどおりのものを手に入れても、思ったほどしあわせに感じないこともある。こうした困難な状況にあるとき、行き詰まりや閉塞感を覚えたり、喜びが自分のことなど忘れて通り過ぎてしまったと感じることも多い。

6年前、毎日自宅と職場を行き来しながら――いまの生活を夢に見た生活に変えてくれる、思いがけない幸運を夢見ながら――私が感じていたのが、まさにそれだった。そんな幸運は起こらなかった。でも別のことが起こった。

私はダブリンで行われるワークショップの講師を務めるよういわれ、ついでに週末を利用して小旅行に出かけようと考えた。でも新たな冒険にワクワクし始めたそのとき、ワークショップが中止になったのを知った。夜中に何時間もかけて、アイルランドの田舎の宿を探したあとだった。

その夜帰宅すると、ブラウザでいろんなウェブサイトが開いたままになっていた。そこで私は思い切って手持ちのマイル数を調べ、自分のために旅行の手配をすることにした。

アメリカ北東部はまだ冬の灰色の毛布をかぶっていたが、アイルランドは初春真っ盛りの鮮やかな緑色だった。地表という地表が草や苔で覆われ、枝という枝に若芽が萌え出していた。木の幹を覆うオリーブ色の苔からシダが生え、草は空に向かって競うように荒々しく伸びていた。ウキクサは自分のいるべき場所を忘れ、くねくねと溝をたどって、私道を楽しげな沼のカーペットに変えていた。

着いた日の午後、私は何度も目をこすった。夢の世界に足を踏み入れたような気がしたのだ。

それからの数日間、私は宿の飼い犬のテリア、楽しいこと好きのダンプリングを連れてのんびり散策し、緑豊かな風景を満喫した。背の低いその体は、タンポポの咲き乱れる野原に消えたかと思うと、池のぬかるんだ縁からしぶきを上げて現れた。

疲れると、ポット入りの濃い紅茶と分厚い黒パンを一切れ持って図書館に行き、片隅の緑を見渡す窓辺にすわった。それからまたエメラルド、ヒスイ、青緑、ミント色の葉緑素の嵐の中に戻った。

帰りのフライトでは、生まれ変わったような気分だった。ほんの数日前に離れた生活に、また戻ろうとしているのはわかっていた。まだ足はジンジンしていたし、結婚式の予定でいっぱいの夏が残っていたし、一緒に行ってくれる人はいなかった。

それでも私は久しくなかったほど希望に満ちていた。誰にも縛られていないいまだからこそできる、いろいろなことを楽しみに考えている自分に気がついた。毎週土曜には罪悪感を感じずに一日中ベッドで雑誌を読みふけり、カリビアンダンスの講座に申し込み、次の一人旅を計画した。

そしてとうとう勇気を振り絞って主治医の診察を受け、足のしびれに害がないことを知った。それは不安の症状で、診断の結果を聞いたとたん、症状は薄らいでいった。

「もう一度できる」という感覚を得る

「自由の美学」の章で、自然環境が感情資源を回復させ、日常生活で枯渇しがちな感情の泉を満たしてくれることを見た。アイルランドでの経験には、もちろんその効果もあったが、私が感じたのはより深遠な、心の奥底から湧き上がる感情だった。

それはただの回復ではなく、全面的な「新生」だった。満たされない願望に打ちのめされる代わりに、心機一転、不完全だがまるごとの自分のままで、いまいる場所から新たなスタートを切ろうとしている、そんな感覚を得たのだ。

新生の喜びは、いろいろな機会や状況で感じられる。依存症に別れを告げたり、新しい信仰を見出したりするときに、新しい生命に生まれ変わったような新生の感覚を得ることがある。瀕死の経験や、大失敗のあとでやり直すチャンスを与えられたときもそうだ。子どもや孫の誕生は、多くの人が経験する新生の瞬間だ。子どもの純真な目を通して世界をとらえ直す楽しみを感じ、ありふれた喜びに驚嘆する。

新鮮さと可能性の感覚は、もっとささやかなことでも得ることができる。上手なヘアカットや、洗いたての服、それにヘチマで全身をしっかり洗うことでも。

清掃が新生への道を開くこともある。私が一年でとくに好きな日は、ターザンのようにロープにつかまった清掃員が、アパートの窓拭きをしてくれる日だ。そこにあることも忘れていた風景が、さっぱりとした窓から見えるようになる。

個人が新生を感じるように、集団で新生の感覚が共有される瞬間もある。緑あふれるアイルランドの春は、まちがいなくそうした機会の一つだ。その光景は、ペルシアの神秘主義詩人ジャラール・ウッディーン・ルーミーの詩の一節を彷彿とさせた。

われわれは最初
無生物として始まった。それから植物の生に入り込み
動物の状態になり、そして人間になり
そのつど前の状態を忘れたが
初春にだけは緑だったころのことを
かすかに思い出すのだ

春が来ると、私たちは時間の感覚を、そして何より「できる」という感覚を取り戻す。地面を覆っていた硬い氷が解け、樹液が流れ、無数のつぼみが一斉に開き始める。緩慢だった地表での動きが加速するにつれ、周囲の新たな始まりのエネルギーを感じ取り、未来へと目を向ける。喜びが足を速めて近づいてくるのを知り、両手を広げて待つことがど

んなに胸躍ることかを思い出す。

しあわせを見つけることは、悲しみがけっして入り込むことのない、完璧に調和の取れた世界での経験を生み出すということではない。それはむしろ、喜びの浮き沈みをくり返しながら、打ちのめされたときに再び立ち上がる方法を見つけていくことだ。

新生にはレジリエンスがある。喜びが必ず戻ると信じるときに湧き上がる、楽観主義と希望を再び燃え立たせることによって、困難から立ち直る力を得ることができるのだ。

私がアイルランドで見たのは、内側から生まれ変わったような気分になれる風景だった。この感覚を与えてくれる風景には、ほかにどんなものがあるだろうか？　また環境にどんな性質を取り入れれば、日常生活で新生の瞬間を育むことができるだろう？

「はかなさ」を味わう
――花吹雪の「あはれ」な美しさ

「桜前線」は、日本列島を桜色の潮のように北上する。早ければ2月に沖縄から始まり、日本列島を通過して、5月に北海道の山地で終わりを迎える。

桜の開花予想図は、列島各地が開花を迎える時期をバラ色の帯で示したもので、普通の天気図を赤とフューシャピンクで描いたように見える。気象学者が各県で定められた「標本木(ひょうほんぼく)」のつぼみを調べ、その年の開花予想を毎日更新する。標本木の花が5、6輪咲くと、開花宣言が出される。桜が楽しめるのは、開花から長くて2週間ほどだ。

天気予報と同様、開花予想も当てにならないことで知られる。だから東京の満開予想日のほぼ1週間後、4月3日の夜遅くに成田空港に到着したとき、私はやきもきしていた。

都心行きの電車の窓から、まだ間に合うというしるしを見つけようと目を凝らしたが、その日早くに襲った暴風雨のあとの靄と、窓ガラスに映り込む電車の光のせいで、何も見えなかった。

まもなく渋谷に着き、よたよたと駅をあとにして、光と人がひしめく雑踏の中に出た。通勤客や部活帰りの学生の間を縫って、ビルや看板の陰に点在する木を調べてみたが、花は一つもなかった。

ようやく見つけたのは、スーツケースを歩道橋の上まで引っ張り上げたときだ。桜の小さな木立に咲いた、コットンボールのようなふわふわした花が、まぶしいLED看板に照らされていた。スーツケースの車輪をかたかた鳴らしながら、私は満面の笑みで走り寄った。間に合ったのだ。

翌朝、目を覚まして通りに出ると、まるで中綿が飛び出したソファのようにパッと開いたかに見える風景の中に私はいた。

目黒川沿いの狭い道を縁取る桜が、満開の黒い枝を川面に伸ばし、茶緑色の水に桜色の影を落としていた。軽くてひらひらした花が至るところにあり、木の幹から直接咲いていているものもあった。通り沿いにピンクの提灯が吊るされ、ピンクシャンパンを供する屋台が出ていた。

飲食店では桜の花びらを練り込んだ甘い餅や、桜を煎じたアイスティーを出していた。コンビニで薄い桜色のキットカットと、鮮やかな蛍光色の桜風味のペプシを見つけた。花びらが舞い落ちるなか、人々はうっとりした顔でそぞろ歩いていた。青い作業着のゴミ収集作業員は花を全身にまとい、横を通り過ぎていったビジネスマンはおでこの真ん中に花びらをくっつけていた。

日本では、桜の開花は羽目を外す機会だ。桜が咲く短い季節に、ふだんは静かで控えめなことで知られる文化がはじけて心浮かれる。

人々はこの季節のつかの間の喜びに身を委ね、仕事の手をしばし止めて、8世紀にさかのぼる伝統行事「花見」で桜の花を愛でる。

1000本以上の桜が植わっている上野公園では、スーツ姿の男性やおしゃれをした女性が、緑や青のシートにすわって樹冠を見上げていた。友人たちが集まり歓談しながら、桜に顔を近づけて写真を撮り合っていた。

子どもたちは落ちてくる花びらをつかまえようとして手を伸ばし、少女は雪の上でやるように仰向けに寝そべり、腕を上下に動かしていた。桜の季節の間、人々はふだんの仮面を捨てて、公園や街中でにこやかな笑みを浮かべるのだ。

「自然のリズム」を感じる

日本中が桜の歓喜に沸く様子を見て、たとえ人生の喜びに思いがけない浮き沈みがあったとしても、地球が新生のリズムを通して、折あるごとに喜びを取り戻させてくれることを思い知らされた。

地球が一年かけて太陽の周りを公転し、地軸を中心として毎日自転する間に、私たち旅の仲間は、自然のさまざまな周期に影響される。地球の動きを直接感じることはできなくても、周囲の光や色、温度、質感の振動を通して、それを感じ取ることができる。植物の開花や日の出、潮の流れといった反復的なできごとは、時間の循環性を思い出させてくれ、信頼できる喜びの基調のリズムを刻んでくれる。

人間にとって時間の循環性は、進化史のほとんどを通じて身近な真理だった。祖先は大地とのつながりを通して、地球のパターンを必然的に意識していた。

狩猟採集者は、月が満ち欠けとともに色を変えることに気づき、満月の夜が夜行性の獲物を狩るチャンスだということを見逃すはずがなかった。古代の農民は、生育期の訪れを知らせる雪解けのかすかな兆候や日照時間の増加を無視しては生きられなかった。

初期の文明は、こうした周期を暦に記し、季節ごとの祝祭で生活にメリハリをつけ、良好な条件を求めて神々に祈りを捧げ、社会活動を同期させて豊作を確保することに努めた。

時間の循環という概念は、いまも多くの東洋文化や先住民文化の宗教や哲学に見られる。だが西洋では起点と終点を強調し、反復よりも前進をめざす直線的な時間観のせいで、自然の周期への意識が薄らいでいる。

なぜ直線的時間が西洋の考え方を支配するようになったのだろう？

これには文化的な理由もある。ユダヤ・キリスト教思想は人間の物語を、回転する車輪としてではなく、固有の時間の軌跡として説明する。

だが同じくらい重要な理由として、人間はみずからを自然と切り離された存在とみなすようになり、自然の周期的なリズムから距離を置くための構造やシステムを構築してきたということがある。

電灯のおかげで、人は独自の時間軸で活動できるようになったが、月の満ち欠けが目立たなくなり、日の出と日の入りがかつて持っていた意味は失われた。

食欲を収穫物に合わせる代わりに、いまでは収穫物の方を欲求に合わせている。みずみずしい大粒のイチゴが一年中出まわるようになり、かつてはイチゴが6月にしか手に入らず、甘くて赤い火のような味がしたことを忘れてしまった。

建物内では空調が効き、外の天候にかかわらず室温が一定に保たれる。音響装置は要求に応じて、鳥の渡りの時期にかかわらず、どんな鳥の鳴き声も再生する。

そうして私たちは自然の周期から切り離され、時間が直線状だけでなく環状にも進むことを忘れてしまったのだ。

「待つ楽しみ」が喜びを高める

直線的時間が悪いというわけではない。失敗から学び、成長し、革新を起こす人間の能力は、「時間には前方への推進力があり、歴史を土台としてよりよい未来を創造できる」

という信念あってのものだ。

ただ、直線的時間が過度に重視されると、喜びが消えたときの痛みが強まることになる。未来を、確かなものは何もない空白の空間とみなせば、喜びが失われてもまた戻ってくるとは信じにくくなり、喜びの減少は衰退のように、谷は停滞のように感じられる。だが喜びが一定の間隔でくり返されるとわかっていれば、喜びの波状の周期性を生活でより意識するようになる。周期は過去と未来に対称性をもたらし、喜びは必ず戻ってくると教えてくれるのだ。

この考えがとくに大きな力になるのは、大切なものを失ったときや、苦しみのさなかにいるときだ。

2011年3月、日本の東北地方を壊滅的な地震と津波が襲った。被災した人々ががれきから抜け出したちょうどそのころ、桜の季節がめぐってきた。

作業員と住民は、福島の損傷した原子炉から漏れ出した放射能から身を守るためにマスクをつけ、ひっくり返りむきだしになった住宅の残骸の中を、重苦しい足取りで歩いていた。しかしこの無残な光景の中で、桜色の花がいつもと同じように咲き始めたのだ。

ドキュメンタリー映画「津波そして桜」の中で監督のルーシー・ウォーカーは、わずか数週間前には海水に浸っていた木が生き延び、花を咲かせ始めたことに気づいた住民の驚きをとらえている。

「必ず春がめぐってくる」と、桜の名人で、16代にわたって桜を育ててきた苗木店の主人は言った。「リズムを崩さずになんとか前を向いて引っ張ってくれる」

桜がすばらしいのは、葉が出る前に花が咲くところだ。はだかの枝から現れた花は、荒廃した町にこれから起こりうることを象徴しているように思われた。すべてを失った人々は、花という単純な喜びの中に、一筋の希望とレジリエンスを見出したのだ。

周期性の何がすばらしいかといえば、つらいときにもよいときにも、楽しみに待てるものを与えてくれる点にある。そして心待ちにすることは、それ自体楽しみになる。

『プー横町にたった家』で、何をするのがいちばん好きかとクリストファー・ロビンに聞かれたとき、プーの答えはこうだった。


「そうだなあ」とプーは言いました。「何がいちばん好きかっていうと――」そう言って、プーは黙って考えなくてはなりませんでした。なぜなら、ハチミツを食べるのはとても好きだけれど、実際に食べている最中よりも、食べ始める直前のひとときの方が好きだったのですが、それが何と呼ばれているのか、プーは知らなかったからです。

感受性豊かなプーは、科学によっていま発見されつつあることを、直感で感じ取っていた。何かを心待ちにする予期の期間があると、それを実際に経験しているときの喜びが大幅に高まることが、研究からわかっている。その理由は、私たちが未来のできごとを脳内で詳細に疑似体験する間、未来の喜びを想像し、豊かな感覚や刺激的な可能性で心が満たされるからではないかと、研究者は考える。

同様に、金曜日は平日だが、「サンデーブルー」と呼ばれる落ち込みを感じがちな日曜日よりも楽しいと、多くの人が感じる。金曜日は週末がまるまる残っているのに対し、日曜日にはすでに次の一週間のことを考えているからだ。

周期は予期の時間を定期的に生み出すことによって、未来の喜びを現在に持ち込むため、私たちは楽しみに待てる何かをいつでも持っていられるのだ。

「季節の移り変わり」を喜びに変える

日本人は予期の時間をつくることに長けている。日本人が楽しみに待つ季節は4つだけでなく、72もあるのだ。日本古来の暦では一年を「七十二候（しちじゅうにこう）」に分けた。

各候は約5日間で、環境の小さな変化を表す名前がついている。「蟄虫啓戸（すごもりむしとをひらく）」は冬の終わりを告げ、少しあとに「菜虫化蝶（なむしちょうとなる）」。6月には「梅子黄（うめのみきばむ）」があり、10月には「鴻雁来（こうがんきたる）」「蟋蟀在戸（きりぎりすとにあり）」がある。

こうした名前を見ていると、新生の感情を呼び起こす、季節感あふれる瞬間がほかにも頭に浮かんでくる。

地面を真っ白に覆う初雪や、4月の土砂降りの雨、朝焼け、そして金色に輝く収穫の月。寒くて初めて暖炉に火を入れる日や、暖かくて上着がいらない初めての日、夏の夜の庭に初めてホタルが姿を見せる日にも、喜びがある。こうしたかすかな移り変わりを通じて興奮を重ねていけば、周期的な予期の時間を生活にどんどん取り入れることができる。

地球の周期との関係を密にすることは、自然との関わりを取り戻すことと同じくらい、単純なことだ。

産地直送と地産地消の運動は、作物の生育周期に対する意識を高め、食品産業が見過ごしがちな在来種の野菜を見つける喜びや、好きな野菜の短い旬を心待ちにする楽しみをもたらしている。近年の地域支援型農業（ＣＳＡ）や農産物直売所の増加により、ずっと多くの人がこの喜びを得やすくなった。大量生産食品でさえ、季節限定版に旬の素材を取り入れ始めている。

またもちろん、ガーデニングは周期への意識をおのずと高める。とくに毎年生えてくる多年草があると、季節の変化を意識するようになる。室内植物にも独自の周期がある。私の好きな室内用鉢植え植物の一つは、クロカタバミというシャムロックの一種で、毎朝紫の葉を開き、日の入りとともに葉を閉じる。

季節にちなんだクラフトや儀式、たとえばハロウィンのカボチャをくりぬいたり、クリスマスのライトやオーナメントを家に飾るのも、こうした喜びの源になる。

「はかない」ゆえの喜びを感じる

だが季節の楽しみは、湧き上がるような喜びになりうる一方で、その根底にはほろ苦さもある。「桜の花を見ると、うれしいとともに寂しくなるんです」と、アヤさんという若い女性が、満開の桜を見上げながらしみじみと言った。

桜の繊細な花は、開花とほぼ同時に花びらを落とし始める。西洋の視点からすると、そのせいで喜びが減るようにも思われるが、日本人にとってはかえって喜びが増すのだ。

日本語には「もののあはれ」という、英語に訳すのが難しいがおおまかに「茫洋(ぼうよう)とした寂しさ」を表す言い回しがあり、何かのはかなさを意識することで感じる切ない喜びを表すために用いられる。そこから、喜びの大きさは、その後まもなく訪れる喪失の大きさに比例しているという、不思議な意識が生まれる。

西洋では、そうしたつかの間の喜びは敬遠されがちだ。フラワーデザイナーのサラ・ライハネンのスタジオを訪れたときに、彼女が言っていたことを思い出した。

「花屋がいちばんよく聞かれるのは、『この花はどれくらいもちますか？』ということね」と彼女は言い、質問の意図はわかっているが苛立ちを隠せないというかのように、肩をすくめた。

「花が最も美しい姿を見せてくれる時期はとても短いことがある――野から摘んできたガーデンローズのように。なぜそんなにはかないかといえば、酔わせる香りをつくるのに全力を注ぎ込むから。だからキッチンテーブルで24時間ももたない。でもその花の香りをかぐことのできる24時間は、ほんとうにすばらしいものよ」

喜びを持続させようと手を尽くすことが、かえって喜びを弱めることがある。たとえば、香りを高めるために交配してつくられた短命の品種よりも、長持ちするよう遺伝子操作された品種を選ぶ場合がそうだ。

だが日本人は愛する季節のはかなさを避けるどころか、むしろ積極的に楽しんでいる。東京をはじめ日本全国に植えられた桜の大多数が、ソメイヨシノというたった一つの品種だと知って驚いた。この一つの品種の木だけを植えるという決定によって、日本人は一斉に美しく咲き誇る景観を生み出した。多様な品種の続けざまの開花ではなく、たった一度の満開の眺めによって、春の到来を知るのだ。

また、始まりが一斉に来るということは、終わりも一斉に来るということだ。私が日本に滞在している間に花は色を濃くしていったが、これは花が散る準備をしているしるしで、風が強まると無数の花びらが吹雪のように乱れ散った。

日本人はこれを花吹雪と呼ぶ。花びらは道端に小さな山をつくり、車が通り過ぎるたび巻き上げられ、川面に紙吹雪のように浮かんだ。人々はふだんの生活に戻る時間が来たことを知り、足取りを速めた。だが花吹雪の中を急ぐ彼らには、次に来るべき開花がもたらす喜びを心待ちにする様子が、かすかだが見える気がした。

「花」は命を感じさせる
——人は古代から花に熱狂してきた

だが花そのものには何があるのだろう？　花のいったい何が、こうした熱狂を巻き起こすのだろう？　この疑問が浮かんだのは、ローレン・アイズリーのエッセイ「惑星を一変させた花」を読んでいたときだ。アイズリーは花をつける植物がまだ誕生していなかった、1億年前の地球の寒々しい様子を描写している。

「極地から赤道までのどこを見渡しても、冷たく暗い単調な緑しか見当たらなかった。植物はほかの色を生み出すことができなかった」

あなたには想像できるだろうか？　目黒川を縁取る桜もなければ、オランダの平原に縞模様を描くチューリップもない世界を。道端にはブルーベルも、市場にはセロハンでくるまれたカーネーションも、花嫁の腕の中にはシャクヤクもない。植物園の温室の数十種類のバラも、それをいうなら植物園すらない。花柄のドレスも、モネの睡蓮も、おばあちゃんの台所のヒナギクの壁紙もないのだ。

花のない世界は薄暗く、陰鬱である――生気がないわけではないが、活気に満ちてもいない。

とはいえ、花はお腹を満たしてくれるわけでも、体を温めてくれるわけでもない。サフランをつくるクロッカスや、皮膚の炎症を鎮めるキンセンカのように、スパイスや医薬品に利用される品種も多少はあるが、

花は主にその美しさのために用いられる。ボディウォッシュやオードパルファムの香料として使う。家や庭を飾る。贈り物や記念品として人にあげたり、祝祭を華やかにするのに使う。

花を愛でる習慣は、少なくとも、宮殿や寺院の周りに大きな観賞用庭園がつくられていた古代エジプトの時代にまでさかのぼる。花は葬儀や宴会に多用され、招待客はレンゲのつぼみを髪飾りにし、主催者はワインの瓶に花飾りを垂らした。

古代中国やアステカ、古代ローマの社会にも花園があった。庭園をえり抜きの品種で埋め尽くそうとする取り組みが、交易や、ときには征服のきっかけになることもあった。

17世紀オランダのチューリップバブルには、花への熱狂ぶりが如実に表れている。バブルの3年間に、チューリップの希少種の球根1個に対し、家1軒相当の値段がついたこともあったという。今日では世界全体で年間約550億ドルが花に費やされていると推定される。

花は「食料の予告編」だった

多種多様なすべての自然の産物の中で、なぜ私たちはこれほどの関心を、美しいが実用性のない「花」に注ぐのだろう?

10月のある土曜の早朝にニューヨークの花市場を訪れたとき、この疑問を思案する機会を得た。母の70歳の誕生日を祝うパーティを開くことになり、飾りつけの花を集めるために市場に向かったのだ。

そこは28丁目の6番街と7番街に挟まれたブロックで、卸売りが歩道沿いに商品を並べていて、多くのバラや細い茎に咲いたランをはじめ、数え切れないほどの種類の花があった。ロングコートのおしゃれな女性たちが、トロピカルなプロテアや冬の風物詩クリスマスローズを腕いっぱいに抱え、紙に包まれた花束を肩から提げて、混み合った歩道を颯爽と歩いていた。

赤いバケツを持って店をまわっているとワクワクした。手入れの行き届いた大邸宅の庭園を散策しているような気分だった──しかも、花はよりどりみどり選び放題ときている。また、市場にさまざまな喜びの美学があふれているのに気がついた。

まず目に留まったのは、「エネルギーの美学」を絵に描いたようなラナンキュラスで、はじけるように鮮やかな黄、オレンジ、コーラルピンク、ホットピンクの花が並んでいた。「調和の美学」も、多くの花の複雑な対称性に表れていた。無数の小花を咲かせた花があれば、丸くて遊び心いっぱいの花、ポンポンのように華やかにはじけた花もあった。「超越の美学」にあふれた軽い花や、「魔法の美学」の玉虫色の花、それに「驚きの美学」を秘めた花──花が開くと隠れていた色が現れる花など──もあった。花を集め終えてバケツの中を見下ろすと、そこには喜びの小宇宙があった。

これだけでも、私たちが花に抱く特別な愛情を説明することができる。でも帰宅して花のセンターピースをつくっているとき、別の気づきがあった。花は形状こそ多様だが──

杯状、円錐状、星状、房状など——どれも広がる性質を持っている。日光と水のエネルギーを利用して外側に向かって開き、内側を世界に見せているのだ。

その広がる形状と開く花びらは、出現や生成を想起させる。

誰かが本領を発揮するという意味の「開花する」という表現や、時間をかけて大成した人を指す「遅咲きの人」という言い回しにも、このことが暗に表れている。繁栄を意味する英語の「フラリッシュ（flourish）」という言葉は、花の「フラワー（flower）」と同じ語源を持つ。花は抑えようのない勢いや、ほとばしり出る生命力を表象するのだ。

花と繁栄のつながりは、比喩だけではない。祖先の狩猟採集民にとって、花は大地に関する重要な情報を与えてくれるものだった。食用の果実や種子ができる場所を、数週間、数か月前に知る手がかりになった。花はいわば食料の予告編で、それに気づけるほど敏い古代人は、その場所に早めに戻ってくる計画を立て、鳥などのライバルに食い尽くされる前に熟した果実を採集することができた。

このように花の鑑識眼は生存に有利に働いたため、やがて人間に属性として組み込まれ、またそれは普遍的な属性になったため、花への無関心は鬱の一般的な兆候と考えられるほどになった。

果実を枝からではなく青果売り場から選び取るこの世界では、花と食料の間の意識的なつながりが失われている。だが私たちが花に感じる喜びは、太古の昔に人間が感じていた待ち遠しい気持ちの名残であり、未来の喜びの手がかりでもある。

ただの絵でも「希望」を生み出す

切り花は贅沢に思えるかもしれないし、現に花が大好きであるにもかかわらず「お金を出してもいいものか」と悩んでしまう人を、私も大勢知っている。

でも空間のたった一本の花が、劇的な影響をおよぼすことがある。かつてフォルクスワーゲンビートルのダッシュボードに備えられた小さな一輪挿しが、車の内装の雰囲気を一変させたことを思い出してほしい。花は人工の世界の静的な環境に、自然の動的感覚をわずかだが持ち込むのだ。

カウチのクッションは四季に応じて色を変えたりしないし、ラグは突然花開くことも、ランプは月のように満ち欠けすることもない。

身のまわりのものが静的な性質を持っていると、安心感と予測可能性が得られるが、その半面、アイルランドの草木の荒々しい成長や、日本の咲き乱れる桜のような地球の脈動を感じにくくなってしまう。また人生に行き詰まりを感じているとき、生気のない環境は静かに問題を深刻化させることがある。

軽やかに咲きこぼれる花には、静止状態を打ち砕くエネルギーがある。そして興味深いことに、花は本物でなくてもいいのだ。

ジョージア・オキーフのケシやランの絵画の前に立てば、手に一本の花を持ったときと同じ、繊細な力を感じる。ほぼすべての時代のデザインはこの事実に着眼して、刺繍や彫刻、塗装、彫像などによって、建物の装飾に花の要素を取り入れてきた。

ちなみに私の好きなペーパーフラワーは、最近ブームが再燃しているが、メキシコや中国、ヴィクトリア朝イギリスの伝統工芸を起源としている。ペーパーフラワーは楽しいうえ、お金をかけずにつくることができ、ほとんどの造花と違って、古びてきたら簡単にリサイクルできる。

また花柄は、布地や壁紙でよく使われる模様だ。花のデザインを日常空間に取り入れる手法は、ほとんど無限にある。

別の手法に、花の形状をより洗練された方法で用いるものがある。デンマークのデザイナー、アルネ・ヤコブセンのスワンチェアや、フランスのデザイナー、ピエール・ポーランのイスの多くは花冠のように末広がりで、咲いている花の広がる形状をさりげなく模倣する。花のモチーフは派手派手しく感じられることもあるが、これらのイスは控えめなのでオフィスに使われることも多く、落ち着いた空間に喜びあふれる若々しさをもたらしている。

花を模したデザインで私のお気に入りの一つは、日本のデザインチーム、ネンドが生み出したキャベツチェアだ。このイスはロール状の紙の状態で届けられ、それを一枚一枚剝き下ろすことによって、花のようなかたちのイスにしていく。

ほかにも花開く性質を取り入れた装飾品がある。吊り下げ式の照明器具には花のかたちをしたものが多くあるし、近年壁の装飾品として人気を博しているカメルーンのジュジュハットもそうだ。

ファッションでも、エネルギッシュな軽やかさの感覚を出すために花のかたちが使われる。春の風景の花開く形状を模倣したフレアスカートやペプラムスカート、ベルスリーブは、とくに春のファッションとして人気がある。

花の要素は身のまわりに、いわば永遠の春をもたらしてくれる。だがここにパラドックスがある。花は変化を想起させるが、花柄の壁紙や花のかたちのイスはまるで変化しない。もし花の喜びの源がその動的性質にあるというのなら、それを時間の中に閉じ込めても魅力が失われないのはなぜだろう？

花の開いたかたちは、静止状態であっても、より豊かな世界に向かう勢いを想起させるのだ。花の絵を見ても自然の周期と関わることはできないが、花の絵は、喜びの冬の時代に春を予告することによって、希望に満ちた感覚を生み出すことができる。

「曲線」が命を吹き込む
──「生きているようなもの」の秘密

室内に新生の喜びをもたらす方法は、花や開いた花の形状を取り入れる以外にあるだろうか？　私はアイルランド旅行を思い返してみた。花はまだあまり咲いていなかったが、風景は潜在性に満ちていた。もちろん、風景にあふれる緑の色が、新生を感じさせたのは確かだ。でもそれだけだろうか？　それとも、あの緑一面の大地に活気を与えていたものが、ほかにもあったのだろうか？

この問いへの答えは、意外なところにあった。その後入学したデザインスクールのスタジオ仲間のデスクに押しピンで留められた、グレイビーボート（ソース入れ）のモノクロ写真だ。通りかかるたび、足を止めて見ずにいられなかった。

私はデザインスクールの一年目で、このオブジェがデザインの古典であることをまだ知らなかったのだが、それでもそれが特別なものだということはわかった。毎日少しの間それを見つめ、なぜ特別に感じられるのかを理解しようとした。

それはこれまでに見たどんなグレイビーボートとも違っていた。一枚の長い葉を丸くして両端を上で合わせたようなかたちをしていて、ソースを入れる丸いハンモックのようだ。てっぺんで合わさった両端は、かすかに反り返っていて、軽く閉じた唇のように見える。肉感的なかたちだが、クリーム色の陶器製のため、簡素でモダンに感じられた。何より、まるで生きていて、まだ成長しているように見えることに驚かされた。

こうして私はミッドセンチュリー・モダンデザインの偶像的存在（アイコン）、エヴァ・ザイゼルを初めて知った。

ザイゼルは1906年にハンガリーの上層中流階級の家に生まれた。幼いころはブダペストの家を囲む広大な庭園で長い時間を過ごし、暖かい夜には飼い犬と一緒に外で寝ることもあった。初めて創作の衝動を感じたのも、この庭だった。庭師の小屋を工房にして、ハンガリーの伝統工芸の様式で、丸い壺をつくった。自作の地下の窯(かま)で焼いたため、表面が黒かった。

当時はザイゼルほどの社会的地位にある女性が、職人の訓練を受けるのは適切でないとみなされていたが、彼女は17歳にして慣習を打ち破り、ギルドシステムの最後の陶芸マイスターの一人に弟子入りした。

その後まずドイツで、次にロシアで、量産品のデザインの経験を積んだが、29歳で突如人生に暗雲がたちこめる。ザイゼルはヨシフ・スターリンの暗殺計画に加担したとして不当に告発され、逮捕されたのだ。彼女はほぼ15か月間にわたって独房に監禁されたのち、釈放されウィーンに移送された。その後間もなくニューヨークへ渡った。

ザイゼルは丸みを帯びたフォルムと、日々の暮らしの実用性を融合したテーブルウェアのデザインで、たちまち全米で名声を博した。女性デザイナーとして初めてMoMAで個展を開き、20世紀半ばになるとその名は一般にも広く知られるようになった。2011年に105歳で亡くなる直前まで新しい作品を生み出し続け、そのデザインの多くがコレクターズアイテムになっている。

彼女の作品には、思わず触ってみたくなる魅力がある。その作品を評して、ある批評家が1946年にこう述べている。「すっきりした律動的な輪郭は、目に美しいだけでなく、思わず指で触って持ち上げたくなる引力を持っている」

私はザイゼルの娘ジーン・リチャーズの招きを受けて、ニューヨーク州北部のロックランド郡にあるザイゼルの隠れ家のスタジオを訪れたとき、何もかもを触りたいという欲求と、壊してしまったらどうしようという不安に引き裂かれそうになりながら、その場に立ち尽くしていた。

さいわいリチャーズはそれには気づかずに、ティーポットやマグ、シュガーボウルを次々と手渡してくれた。

「母はすべての作品を、触れられるべきものとしてデザインしていたの」と彼女はきっぱりと言った。私はまるで音楽作品を手にしているかのような、歓喜の戦慄を覚えた。

なぜ「フレンチカーブ」と重なるのか？

何がザイゼルの作品をこれほど喜ばしいものにしているのかを理解するために、晩年の12年にわたって彼女のアシスタントを務めた、オリヴィア・バリーに話を聞いた。老齢のデザイナーのラフスケッチをもとに下絵を起こし、その正確な基準に合うように精緻化し、生産可能な状態にしたのは、ほかでもないバリーだった。

ザイゼルと働くうちに、バリーは不思議なことに気づいたという。ザイゼルのスケッチのすべての曲線が、「フレンチカーブ」と呼ばれるテンプレートにぴったり一致したのだ。フレンチカーブとは、デザイナーがデザインの下絵で滑らかな曲線を描くために使う、雲形の定規のようなものだ。

横から見た壺やワイングラスの輪郭を考えてみよう。この曲線をちょうどよい位置で曲げ、でこぼこにならないように描くには、熟練以上のものが必要だ。正しいかたちを描くには、たいていの場合、さまざまなフレンチカーブの部分をつなぎ合わせる必要がある。だがザイゼルのデザインでは、バリーはつねに完全にマッチする一つのテンプレートを探すことができた。

「ある日言ったの。『エヴァ、おかしいのよ、いつでもあなたの画にぴったりのフレンチカーブがある』って」

ザイゼルはこう返したという。

「それはね、私があたりまえの曲線を描いているからよ」

ザイゼルの言う「あたりまえの曲線」とはどういう意味だろう？　バリーは少し考えて答えた。

「見て最も満足がいく、という意味だったんでしょう。自然由来の曲線だったのかもしれないし、何らかのかたちで数式に関係していたのかもしれない」と言って肩をすくめた。

「とにかく、あたりまえがいちばんいい」

とはいえ、当時のデザインに照らしてみると、ザイゼルの曲線はあたりまえとはほど遠い。実際、曲線を用いること自体が型破りだった。モダニズム全盛期の１９４０年代と１９５０年代のデザインは、直線と直角一辺倒で、有機的形状はアレルギーにも似た嫌悪感を持たれていた。

ザイゼルはモダニストの好む明瞭な輪郭と実用性を受け入れてはいたが、形状の制約に苛立ち、それが原因でデザインが冷たく魂のないものになっていると考えていた。

「モダニズム運動のせいで、感情表現が不可能になった」と彼女は語っている。「19世紀のデザインは、モダニズムの原理に従うことで感情的に訴えなくなった。デザインのプロセスは敏感（センシティブ）ではなく、分別くさく（センシブル）なってしまった」

モダニストはこのような非難に、おそらくぐうの音も出なかっただろう。感傷的な装飾を排した合理的なデザイン様式をめざした彼らにとって、直角は精密さと純粋さを体現するものだった。しかし、デザインは生気を宿し、変化に富み、感情を呼び覚ますものだと考えるザイゼルにとって、曲線はなくてはならないものだった。

小さなカーブが「生気」を生む

だが、曲線なら何でもよいというわけではない。第5の扉では、曲線に陽気で遊び心あふれる性質があることを見た。ビーチボールやぽっちゃりした赤ちゃんなどに見られるこうした曲線を、デザイナーは中立曲線と呼ぶ。曲率が曲線の長さにわたって一定だからだ。ザイゼルは（実際に赤ちゃんのおしりにヒントを得て）この種の楽しげな曲線も作品に用いたが、より長く、官能的な曲線を大多数の作品に取り入れた。ザイゼルはとくにある種の曲線を、最も重要で最も表情豊かなものとみなしていた。複合曲線、いわゆるS字カーブである。

ザイゼルのスタジオはS字カーブにあふれていた。木製の壁掛けに吊るされた3つの入れ子の陶製の風鈴や、水差しやコーヒーポットの優美な持ち手、そしてあのグレイビーボートの気品ある輪郭。

これらの曲線を見ているうちに、曲線が自然に由来しているというオリヴィア・バリーの推測が正しいことを知った。S字カーブは生けるもの、とくに植物のあちこちに見られるのだ。成長や芽吹き、変化を想起させるしなやかな曲線は、柏の葉の縁や、洋なしの輪郭、若木の新芽などにある。

ザイゼルも自身の作品と成長との関連性を認め、ミュージアムシリーズと名づけられた作品群について、「テーブルの上で成長しているように」見えることを狙ってデザインしたと語っている。

S字カーブは、風景が生きていてつねに変化しているという事実に、私たちの注意を引きつける。だから春は（アイルランドでも、どこでも）こんなにも感動に満ちているのだ。曲線によって、平坦でむき出しだった地面が生命の息吹を吹き込まれ、数日後には風景が一変するだろうと思わせる。

ザイゼルの作品はそのような曲線を用いることによって、自然界の動的性質を人工の世界に持ち込み、潜在性の感覚を日用品に吹き込んでいるのだ。

有機的形状を取り入れることによって、生物界の変わりやすい性質を空間に取り戻すことができる。植物や花はもちろん、S字カーブを用いたより抽象的なフォルムにも、この力がある。

たとえばろくろでつくった陶器や旋盤(せんばん)で挽いた木製テーブルの脚は、曲線的な輪郭を持っている。金属や木や針金を曲げてつくったものも同様だ。ひだ飾りやスカラップ飾りをつければ、衣服や織物にS字カーブ様の縁ができる。

花と同じでこうした形状も、空間に新鮮な感覚を与えるには、ほんの少しで十分だ。曲線状の背もたれや丸い持ち手などのさりげないアクセントが、生気があるかないかの違いを生む。

生命は「渦」を巻いている

ザイゼルがとくに重視していたのが、物体の縁や端である。彼女は著書『デザインについて』(未邦訳)の中で、クライスラー・ビルディングを例に引き、あの優雅な尖塔が平屋根に取り替えられたらどんな感じがするだろうと想像している。

「まるで部分が全体をつくるようにして多くのかたちが集まり、生気あふれる上部の輪郭をつくるとき、物体は貝殻や鞘、花のように、成長中のもののように感じられる」。一方で、「適当に切り取られたかのように見えるものは、不完全で未完成で物足りなく感じられる」とザイゼルは書いている。

有機的形状は、端が先細りになっていたり、広がっていたり、渦巻き状になっている。これに対し平らな端は唐突なできごと、おそらくは痛手になるようなできごとを想起させる。

私がそう指摘すると、オリヴィア・バリーはテーブルの横の、観賞用の草がもさもさと生えたプランターの方を向き、「この草の先を見て」と言った。「とても美しく、ちょうどいい具合に丸まっているでしょう」。そして草を何本か引き抜いてテーブルの上に並べ、指先でより分けながら「ほら、こんなふうに！」と叫び、繊細な三日月形の2本の草を指さした。「ただの曲線だけど、完璧なのよ」

草の先を見ているうちに、私は思い出した。植物の場合、細胞分裂を促すホルモンがある場所は、一般に茎の末端部だ。何かの物体の先端部を茎の切り口のように平らに切ると、動的な力が取り除かれ、物体はより静的に見える。植物がつねに成長し続ける方法を見出し、傷ついた箇所から新しい芽を出すのに対し、人工物はいったん切り取られると、永久にそのままの状態が続く。

単純な線に生命力を想起させる力があることにザイゼルが気づかせてくれたおかげで、動的性質や変化を表象する、ほかの美学が目に留まり始めた。

たとえば渦巻きも、成長と関係が深い。ダーウィンは、植物は成長するとき先端部が渦巻き状に振動し、上から見下ろすと円か楕円を描きながら運動していることを発見した。植物の80％が、葉も渦巻き状に成長する。

オウムガイなど一部の軟体動物や、オスのヒツジの角、人間の内耳の蝸牛（かぎゅう）も、渦を巻きながら成長する。渦巻き（2次元上の動き）やらせん（3次元上の動き）は、ゼンマイの新芽やアーティチョークのガク、パイナップルの小果、松ぼっくりの鱗片（りんぺん）にも見られる。

こうした渦巻きの多くは、フィボナッチ数列に関係のある比率で広がっていく。フィボナッチ数列とは、数学的に重要な一群の数で、各項が前の2項の和になっている数列（0、1、1、2、3、5、8、13、21、34、55……）をいい、この数列の連続する2項の比は、黄金比と呼ばれる数（1・61803……）に収束していく。

古代エジプト人が、ギザのピラミッドやギリシアのパルテノン神殿の設計に黄金比を用いたという説もある。黄金比がどう使われてきたかについては活発な議論が行われているが、黄金比と、それと関係の深い渦巻きは、少なくとも2000年もの間人々を魅了してきた。らせん階段であれ、紐づくりの壺であれ、編み込みラグであれ、渦巻きは強烈な動的性質を空間にもたらすのだ。

アントニ・ガウディが手がけたバルセロナの邸宅、カサ・バトリョにも、渦をイメージした天井に、手の込んだ奇抜ならせんが見られる。

だがおそらく建築における最も有名ならせんは、マンハッタンの5番街にあるグッゲンハイム美術館だろう。設計者のフランク・ロイド・ライトは、「新生の美学」の本質であるエネルギーの高まりを、「けっして途切れることのない曲線の波」と表現している。

破壊から「創造」を生み出す
――救いようのないことは一つもない

小さな花がコンクリートの歩道の割れ目から顔をのぞかせ、現代都市の頑丈な四角形から力を振り絞って出ようとしているのを見ると、私はいつも喜びを感じる。そうした花は、明らかに場違いな場所にひとりぼっちでいるのに、何の自意識も持たず、たまたま芽を出した場所にある障害物を気にもしていないように見える。

精いっぱい日光を取り入れ、雨水をとらえ、花びらを空に向かってにこやかに開こうと努めている。もしも踏みつぶされなければ、歩道のコンクリートの向こうに種をまき散らせるほど長生きできるかもしれないし、幸運とよい風に恵まれれば、そのうちのいくつかがどこかの割れ目に着地できるかもしれない。次の年には、もしかしたら息子や娘たちとともに、草原をつくり始めるかもしれない。

第3の扉で見たハイラインを、廃線から秘密の花園につくりかえたのも、そうしたプロセスだった。ハイラインは、もとはニューヨークのウエストサイド沿いの工場や倉庫に物資を輸送する貨物列車のためにつくられた高架鉄道で、1980年に廃線となった。

1990年代には荒廃が進み、住民が撤去を求める運動を起こした。景観設計家のジェームズ・コーナーはこう語る。

「ほとんどの人は、ハイラインの下側しか見たことがなかった。下から見ると、ただの大きくて邪魔な鉄屑のある、さびて雨漏りがする暗くて湿っぽい場所でしかなかった。上側に、

こんなに美しい自生の草のカーペットがあるなんて、誰も知らなかった」

風で飛ばされたのか、鳥によって運ばれたのかはわからないが、種が線路の朽ちた枕木の中に落ち、根を下ろした。

「蔓が伸び、芝や、多年生の花や、変わった低木が生えていた」とコーナーは言う。「ただもう魔法みたいだった。自然のレジリエンスに心を打たれたよ。わびしい景観にこれほどすばらしい生命の遊び場をつくりだしたんだからね」

この自然に生み出されたエデンの園に感銘を受けた人たちにより、ハイラインを都会の公園にすることをめざす基金が設立され、世界中の建築家から設計のアイデアが寄せられた。多くの設計者がこの用地を、ほかの開発用地と同じ、白紙のキャンバスとして扱った。しかし、すでに進行していた新生のプロセスに魅了されていたコーナーには、できるだけ手を加えないのが正解のように思えた。

もちろん、安全な往来を確保し、植栽と集水のシステムを整え、植生の生物多様性を高めるための、さまざまな小さな変化が導入されたが、いまもハイラインは、自然が自力で開始したプロセスの延長線上にある、回復途上の空間のように感じられる。

最も基本的な要素と時間さえ与えられれば、自然は人間が関心を失った空間をみずからの手に取り戻し、動植物の豊かな取り合わせで満たそうとする。

カンボジアのアンコールワットに近いジャングルに12世紀に建造された、ベンメリアとタプロームの寺院は、巨大な木の陰に隠れるようにして立っている。丁寧に積み重ねられた石造りの建物に、木の根がまるで蜘蛛の巣のように絡みついている。

1986年のチェルノブイリ原子力発電所事故によって荒廃した土地は、いまも人間が安全に住める状態にはないが、雑草の伸びた大地にはオオカミやオオヤマネコなどの動物が生息している。

新生は、終わりから始まりを、破壊から創造を生み出す。この世界には、救いようのないことは一つもないことを、何の望みも持てないほど損なわれたものは一つもないことを、「新生の美学」は思い出させてくれる。

喜びを「伝染」させる

新生の美学には、すべての喜びの美学の根底にある一つの真理が、おそらく最も明白に表れている。

その真理とは、喜びへの衝動は、すなわち生への衝動だということだ。

祖先が初めて発見した果実の鮮やかな色と完熟度とのつながりから、S字カーブの美しさに至るまでのすべてに、喜びと生とのこの相互関係が見られる。

喜びを感じ取る能力は、私たちを繁栄に役立つ条件に誘導するという特別な目的を持って進化した。喜びは、活力と刺激、繁栄をもたらすものごとに向かって私たちを導く、心の中の案内役なのだ。簡単にいえば、喜びとは生きがいである。

それでもなぜか、喜びは付け足し──ケーキの本体ではなく、トッピング──のようなものとみなされている。生活は「必要なもの」と「欲しいもの」とに手際よく分類され、喜びが生存に不可欠なものごとを引き立たせるためにあることは忘れられ、すべての必要が満たされて初めて許される、とっておきの贅沢とみなされている。

問題なのは、喜びがなくても生存は可能かもしれないが、繁栄はあり得ない、ということだ。

もしもめったに笑ったり遊んだりすることがなければ、もしも魔法の瞬間や、超越のひらめき、祝いの爆発を経験することがなければ、どんなに栄養が行き届き、どんなに安楽な生活をしていても、本当の意味で生きているとはいえない。

喜びなど取るに足りないという考えに立てば、それは生活の中心からたちまちこぼれ落ちてしまう。

そうして仕事は何かをつくりだす喜びではなくなり、生産性を高めるためだけの果てしのない取り組みになってしまった。学校は探究や冒険ではなく、成績向上だけをめざす場になってしまった。喜びは私たちがほとんどの時間を過ごす場所から組織的に締め出されてしまった。

同じことが物理的環境についてもいえる。建物は喜びを育む場所ではなく、ステータスやイデオロギー、ブランドアイデンティティを表出する場になってしまった。喜びは遊び場や海辺、自然保護区、お菓子屋など、世界の縁に追いやられ、残りの世界では活力が失われつつある。

環境を新生すべきという考え方が、最近広く受け入れられている。人間が脆弱(ぜいじゃく)な生態系に与えた損害を修復する方法については議論の分かれるところだが、人間が地球上で生存し繁栄し続けるためには、環境の新生が避けて通れないということは衆目の一致するところだ。

同じように、いま、人間がつくった世界も新生することが必要だ。すでに進行している自然の新生と並行して、人工の世界の新生を進めるのだ。喜びを生活の中心に取り戻すこと、私たちの生活を生き返らせることが必要である。

新生のすばらしい点は、生存と繁栄をがむしゃらに求める生命の推進力に後押しされた、独自の勢いを持っていることだ。

生命が増殖するのと同じで、喜びも増殖する。喜びには伝染性があり、繁殖力の強い雑草にも負けないほど効率よく拡散する。

壁を塗る、パーキングメーターを編みくるむ、一本の花を飾るといった小さな取り組みが、上昇スパイラルを生み出し、地域社会や近隣、生活全体を変えていく。

世界を救うことは大変な難題だが、新生は気の遠くなるような取り組みではない。

小さな種が大きな実になることを、新生は教えてくれる。そしてこの本を書き始めた8年前には思ってもいなかったことだが、私たち自身の喜びの種が世界全体を生まれ変わらせる、という考えは、夢物語ではないのだ。

謝辞

この本の執筆には何年もの歳月を要したが、その間多くの方々のご協力をいただいたおかげで、計り知れないほどよい本になっただけでなく、私の生活も大きな喜びに満たされた。エージェントのリチャード・パインは、陽気さと、世界に新しい考えを紹介することへのひたむきな献身をもって、喜びという大義をたゆまず応援してくれた。私の心のなかにあった本を、ときには私自身よりもはっきりとらえ、私がそれを文章に起こすのを助けてくれた。リチャードと、イライザ・ロススタイン、リンジー・ブレッシング、ウィリアム・キャラハンをはじめ、インクウェルのみなさんに感謝申し上げる。

比類なき編集者のトレイシー・ベアールも、このプロジェクトに終始一貫熱い思いをもって取り組んでくれた。トレイシーはこの本に魔法をかけ、一つひとつの言葉が明快で鮮やかに感じられるようエネルギーを注入してくれた。本に息吹を吹き込んでくれる仲間として、トレイシーほどの人はいない。

リトルブラウンで出会ったみなさんは温かさと見識、寛大な精神をもってこの本に一緒に取り組んでくれた。このプロジェクトを信じ、情熱を傾けてくれたレーガン・アーサーと、この本をかたちにし、世界とシェアするのを助けてくれたリトルブラウンのみなさん、とくにペギー・フロイデンタール、マリオ・プリーチェ、キャリー・ニール、イアン・ストラウス、ローレン・ハームス、スーザン・ベッツ、ジェシカ・チュンに感謝したい。

プラット・インスティテュートの指導教官フレッド・ブルムラインは、プロジェクトの初期段階を寛大にも熱心に後押ししてくれた。アシュリー・ソマー、カイリー・リード、イアン・シャピラは初期の原稿を読んで鋭い意見をくれ、アイデアを出し合い、精神的な支えにもなってくれた。ダニエル・スタンカートは目の細かい「クシ」で原稿を精査し、科学的根拠について貴重な意見をくれた。ジネヴラ・ドリンカは調査と情報収集を辛抱強く行ってくれた。ゲイブリエル・ウィルソンはこの本にぴったりのカバーをデザインし、デブ・ウッドは優雅で遊び心あふれるページにしてくれた。ケイティ・レヴィとマイク・マクヴィカーは本にぴったりのブランドをデザインしてくれた。

こんなにすばらしい本になったのは、次に挙げるみなさんのご指導と励まし、ご意見のおかげである。アン・クリーマー、カート・アンダーセン、ダッチャー・ケルトナー、アラン・チョチノフ、ティナ・ロス・アイゼンバーグ、ヴァージニア・ポストレル、ロブ・ウォーカー、アダム・グラントのみなさんに感謝申し上げる。

ＩＤＥＯは初期からこのプロジェクトを熱心にサポートしてくれた。ＩＤＥＯのみなさん、また惜しみなく助けの手を差し伸べてくれたフレッド・ダスト、トム・アイク、ポール・ベネット、ホイットニー・モーティマー、デビー・スターン、ティム・ブラウン、デイヴィッドとトムのケリー兄弟、ジェイン・フルトン・スーリ、ミッチ・シンクレア、ダン・ディランツ、クラーク・シェフィー、マイケル・ヘンドリックス、ブレンダン・ボイル、マイケル・ペン、アンナ・ムーア・シルヴァースタイン、アネッタ・フェラーラ、エリカ・リー、ワリット・タルヤソーン、キャリン・スーカップ、アレックス・ガラフェント、ジェイソン・ベイカー、ベン・スワイヤー、モリー・ウエスト・ダッフィーのみなさん、ありがとう。

私のために寛大にも時間をつくり、スタジオや家への扉を開いてくれた、きら星のようなみなさんに、言葉で表せないほど感謝している。物語と創造性、そして喜びをありがとう。また惜しみなく知識を共有し、人を紹介し、いろいろな場所で私を迎え入れてくれた方々に感謝申し上げる。

オリヴィア・バリー、ブレント・ブローリン、ゲイブリエル・キアーヴェ、ロバート・コント、ジェームズ・コーナー、メラニー・デモア、シルヴィ・ディクリスト、アンドリュー・エヴァンズ、ボビー・ジョージ、トゥウィッグ・ジョージ、マギー・ハートニック、ジャン＝パスカル・ヘッセ、ヨナス・ヨルト、ソフィ・ユール・ヨルト、本間桃世、マシュー・ハトソン、マーガレット・ヤンコフスキー、ガヤトリ・ケスカー、松田剛佳、エマニュエル・ムホー、メアリー・アン・ペットウェイ、ジェニー＝セイヤー・ランバーグ、ジーン・リチャーズ、シモーヌ・ルードナット、サラ・ライハネン、アン・ショールダー、ルース・ランド・シューマン、スダ・フジコ、ジャスティナ・ヴァン・バケル、ギズレーン・ヴィニャス、ベス・ヴァイナー、マリョレイン・ウィントエス、ジハン・ゼンジルリのみなさん、ありがとう。

もちろん、家族と友人がいなければ、何も実現できなかった。私の好奇心の炎を燃え立たせ、いつでもあふれんばかりの愛情を注いでくれ、揺るぎなく信じてくれた両親のマイケルとジル。愛に満ちた励ましと才気あふれる会話で楽しませてくれたキャシー。夏の間、図画工作や遠出、その他の喜びと楽しみでいっぱいの日々を過ごさせてくれ、この本の種をまいてくれた祖母のナナと祖父。本を書き自然を愛でることを教えてくれたジーン。みんなをまとめる接着剤になってくれたローラ。そして言葉を紙に記しながら過ごした長く静かな年月の間、優しく辛抱強く私を支え、変わらぬ愛情と励ましを惜しみなく与えてくれた友人と親戚にお礼を言いたい。

いちばんの感謝を私の最愛の人、心の支えのアルバートに贈る。このプロジェクトにかける私の深い献身をわかってくれ、やり通そうとする決意を支えてくれてありがとう。この経験を通して、何事もけっして途中であきらめないパートナーがいることのしあわせを思い知った。アルバートほど鋭い批評と、元気の出る励まし、心からの笑い、固いハグを与えてくれる人はいない。彼がいるから、どんなにつらい日々も喜びになった。私がこの世界でつくるものは、あなたが私を愛してくれ、あなたを愛させてくれるおかげで、ますますよいものになる。

最後に私のブログ、「喜びの美学（The Aesthetics of Joy）」の読者のみなさんに感謝したい。２００９年の開設以来、みなさんはインスピレーションやアイデア、祝いの瞬間、さりげない喜びをシェアしてくれた。世界を喜びで満たしてくれてありがとう。

訳者あとがき

本書の著者イングリッド・フェテル・リーの名を世に知らしめたのは、2018年のTEDトークである。

「喜びは、ものに備わった光や色、かたちなどの特性によって、自在に引き起こすことができる」という、本書の強力なアイデアを紹介したこのトークはセンセーションを呼び、現在まで世界累計1700万回を超える視聴回数を記録している。

リーは世界的デザインファームIDEOのデザインディレクターとして十数年の間、第一線で活躍したあと、大学院でデザインの研究をしていたが、ひょんなことから喜びに関心を持つようになり、現在は喜びとデザインに関する研究の第一人者として、IDEOのフェローを務めながら、各種メディアや自身のブログ「喜びの美学」を通して情報発信し、コンサルティングを行っている。

そして世界全体が想像もしなかった災厄に見舞われ、閉塞感に満ち、しあわせを見つけにくいこの時代に、その発想が大きな支持を集めているのだ。

そもそも喜びとは何だろう？　喜びはしあわせと混同されることが多い概念だが、二つを区別することが大切だと、リーは強調する。

「しあわせ」とは持続的によい状態でいることをいい、家庭や仕事、人間関係、人生の目的などの多くの側面がからんでいるため、簡単には手に入らず、努力してめざすべきものと考えられることが多い。

これに対し「喜び」はもっとシンプルな、瞬間的で強烈な感情体験である。だがそうした単純な喜びにも、心身に大きな影響をおよぼす力があり、しかもそれは簡単に生み出せるというのが、本書の主旨である。

喜びには「生物学的な理由」がある

リーはあるとき、喜びが内面的な体験だけでなく、かたちのあるものによっても引き起こされることに気がついた。たとえば虹や花火、ツリーハウス、気球……。興味をそそられ、友人や知人、地元ニューヨークの街中の人々にまで、「どんなものに喜びを感じますか」と聞いてまわった。

それらの写真を集め、一覧してみると、大きな発見があった。

第一に、喜びの感情は、ものに備わった色や形状、触感といった、ある種の「美的特性」によって引き起こすことができるということ。第二に、そうした特性のなかには、年齢や性別、文化や民族を超えて、多くの人の感性に訴え、普遍的に喜びを感じさせるものがあるということ。

そのような喜びは、普遍的であるからには何らかの重要な意味を持つにちがいないと、リーは考えた。

そこで、人が普遍的に喜びを感じる美的特性を10のパターンに分類した――エネルギー、豊かさ、自由、調和、遊び、驚き、超越、魔法、祝い、新生。

これらを「喜びの美学」と名づけ、なぜ強い喜びを生む力があるのか、私たちの感情とどのように関係しているのか、それを利用して積極的に喜びを生み出すにはどうすればよいのかを掘り下げていったのが、この本である。

最新の学術研究に裏づけられた納得できる議論と、世界中の喜びの源に実際に足を運び、喜びを生み出している人たちに直接話を聞いて得た体験から、リーは喜びというのは、生存と繁栄に必要なものに私たちの注意を向けるために進化の過程で備わった、自然な心の働きであると示している。

私たち人間には、周囲の世界との感覚的な経験に喜びを見つけたいという、強力な衝動が備わっているのだ。それを活用しない手はない。

はかないしあわせを追い求める代わりに、喜びの美学という「レバー」を引くことで、いつでも心のなかにある喜びの泉にアクセスすることができるのだ。

喜びは、自然によって人間に「報酬」として与えられた感情である。喜びを感じるとき、私たちは気分がよくなり、不安やストレスが和らぎ、生産性や記憶力が高まり、人との絆が深まることが、多くの研究によって示されている。

喜びはただその場の幸福感を高めるだけでなく、心身の健康を保つうえで欠かせないものである。

しあわせを見つけにくい時期にも、喜びの感性を磨くことによって、悲しみやつらさから逃避するどころか、それと向き合い、乗り越えていく力を高めることができるのだ。

本書はデザインの本でも、いわゆる自己啓発書でもない、世界に一つしかない不思議な本である。宝石箱のような逸話の数々と、知的に楽しい議論。そして日本のものや人が多く登場するのも、喜びがより身近に感じられてうれしい。

五感を研ぎ澄まし、目の前に無限に広がっているさまざまな喜びを楽しみながらお読みいただければさいわいである。

最後に、この美しい本を訳す機会を与えてくださり、丹念な編集によりこの本のポテンシャルを最大限に引き出してくださった、ダイヤモンド社編集部の三浦岳氏に、この場をお借りして感謝申し上げたい。

2020年9月

櫻井祐子

魔法	祝い	新生
発光／この世のものとは思えない／とらえどころのない／プリズム状	きらめき／お祭り気分／快活／温かい歓迎	育む／動的／旬／生きている
目の錯覚／遊色効果／謎めいた光や動き／半透明色／自然法則に反する	きらめきと輝き／閃光／はじけるようなかたち／特大のもの／音楽と踊り	花／広がるかたち／S字形と渦巻き／季節のもの
日当たりのよい窓にプリズムを吊るす／釣り糸で装飾物を吊るして浮かんでいるように見せる／遊色素材（マザーオブパール、雲母など）を使った塗料や布地／錯視効果のある壁紙／鏡の反射効果を利用する／多面的なカットを施した照明器具／風車や吹き流し、風鈴を庭に／縦樋の代わりに鎖樋を使う	人々を引き寄せる照明や家具を使って親密な空間をつくる／全員がお互いの顔を見られるような座席の配置／特大のもの（風船、大きなケーキ、たき火、クリスマスツリーなど）を置いて祝いの中心点をつくる／強烈でリズミカルな音楽を流してみんなで歌い、手を叩き、踊る／小さな光（ロウソク、電飾など）を使ってきらめく効果を演出／メタリックのグリッターやティンセルをアクセントにする／はじけるかたちのもの（タッセルやポンポンなど）を使う／ミラーボールを吊るす	切り花を部屋に生ける／花木や低木、生き生きとした季節の植物を植える／花のモチーフを使った壁紙、アート、生地／広がるかたちや開いた花のようなかたちの家具やアクセント（花形のイスやペンダントライトなど）を選ぶ／S字カーブや渦巻き状のかたち、波打つような縁やカーブした縁／渦巻きのアクセント（編み込みラグや紐づくりの壺など）／クリスマスや季節の飾りつけをする
変わった気象現象（風、霧、地熱徴候など）が見られる場所	広すぎず、露出しすぎない親密な空間	らせん階段／曲面状の壁やくぼみ
錯視効果のある柄／遊色やホログラフィ風の素材や布地	きらめく素材（シークインやラメなど）や輝くアクセント／はじけるかたち（放射状に広がる襟など）／おそろい、または同じテーマの服やアクセサリー	曲線状のシルエット（ペプラムスカートやフレアスカート、大きく丸い襟など）／フリルや波状のアクセント
見えない力が働く野生の地（プエルトリコの聖域の岬、イエローストーンの間欠泉など）	市庁舎／地域の祭り／クリスマスシーズンのショーウィンドウ	植物園
水の入ったグラスや水たまりに虹を探す／夏はホタルをつかまえる／マジックショーを見たりカードトリックを習って友人を驚かせる／流星群や日食を見る	ピニャータを叩いて割る／線香花火やかんしゃく玉を使う／コンサートやカラオケ／グループで歌ったり踊ったりする機会を見つける（合唱、ダンスレッスンなど）／近所の用事によそ行きの格好をする／とくに理由もなくパーティをする	日の出や日の入り、満月を見る／季節の楽しみの予定を立てる／ファームトゥテーブル・レストランで食べる／地域支援型農業（CSA）に参加する／庭に植物を植える、植物園を訪れる／押し花や押し葉をつくって飾る
怖い、または不気味なマジック	広すぎる空間や明るすぎる空間	静的で切り取られた形状

	驚き	超越
見かけと感じ	大胆／ミスマッチ／目を引く／不完全	軽い（重くない）／高揚／ふわふわした／浮かぶような感じ
特徴的な要素	コントラスト／突然の喜びの爆発／隠して明かす／比率や規模をいじる	高み／上向きのジェスチャー／空を思わせる明るい色とグラデーション／軽いものや素材
装飾と雰囲気	鮮やかな色や柄を見えない場所（引き出しやクローゼットの中など）に隠す／色のコントラスト（たとえばタイルや皿）を取り入れる／不ぞろいな柄（イモの押し判でつくった水玉など）をつくる／規模や比率をいじった家具／風変わりで不思議なデザインの装飾物／壊れたものをカラフルなテープや糊で補修／大事な人宛てのメモやものを隠す	部屋の天井と壁を明るい色に塗って、天井を高く見せる／空間を青に塗るかグラデーションを利用して、空のような感じを出す／吊り下げ式照明やその他の装飾物で視線を上に集める／吊り下げ式の照明は軽量のものを／重い家具の代わりに軽く脚の長い家具を／軽量で透け感のある素材で装飾する／空気で膨らんだもの（プールの浮き具や風船）をアクセントに
構造上の特徴	移動住宅／秘密基地や隠れ家	高い場所／ロフト、踊り場、広角の窓がある展望台／高い天井／天窓や高窓
ファッション	カラフルな裏地のついた服／楽しい下着や靴下／ポケットにお土産を隠す	軽くふわふわした布地や輪郭
場所	100円ショップやヴィンテージストア／市街地（徒歩圏内）	ツリーハウスや塔／バルコニー、屋根、丘／インフレータブル構造
アクティビティ	友人や家族に行き先を知らせずに旅行や遠足を計画する／サプライズパーティを開く／行き先を決めずに心のおもむくままに街を歩く／喜びあふれるインスタレーションを誰にも知らせずに近所に展示する	上階に上って高みから見晴らしたり窓の外を見る／雲や星を見上げる／飛行機では窓側の席に／気球、パラグライダー、スキー、登山／トランポリン
避けるべきもの	脅かしたり不快な驚きを与える	重い家具や建築構造／地下空間

自由	調和	遊び
自然／開けた／広々とした／野生／抑制されない	秩序正しい／シンメトリー／パターン／バランス／流れ	丸い／曲線状／かわいい
オープンスペース／空きスペース／見晴らしと隠れ家／緑地／自然のモチーフと質感	パターン（反復的、幾何学的）／左右対称、放射対称、フラクタル／反復／リズム	円と球／泡状のかたち／くねった線、ループ、波／水玉
大きすぎる家具を小さなものに替える／室内ブランコや滑り台／室内に観葉植物を置く／自然のものを飾る（貝殻、石、松ぼっくりなど）／野生の花や葉を飾る（生でも乾燥でも）／自然のイメージや質感を取り入れる（植物や動物）／ディフューザーでエッセンシャルオイルの香りを拡散／鳥の歌など自然の音を流す／多年草や草花を庭に植える／鳥の餌箱を吊るす	類似のものを取り合わせる／シンメトリーをつくる／鏡を使ってシンメトリーを強調する／ものを格子状に配列する／色を合わせて空間を橋渡しする／そろいのハンガーやマグネット、押しピンを使って統一感を出す／パターンの柄でアクセントをつける／モビールを吊るす／コレクションを飾る／本を色分けする／片づける（とくに玄関）	円形や球形の家具やラグ、照明／角の丸い家具／ボールや風船、フラフープを身近に置いていつでも遊べるようにする／ポンポンのアクセント／目のシールで遊び心を演出
オープンな間取り（改築するなら壁を撤去）／ピクチャーウィンドウ／外に向かって開くガラスのドア	対称性の強い間取り／窓とドア、トリムをうまく配置して対称感を強調する	環状の間取り／アーチ形天井や円天井、ドーム形天井／丸窓
流れるようなゆったりとした服／ナチュラル系の布地	パターンの柄の布地／対称的な輪郭	バブルスカート／水玉模様の生地／ポンポンをアクセサリーに使う
草原や海岸などの開けた自然空間／国立公園や野生生物保護区	対称性の高い伝統的な建造物（教会、寺院など）	遊園地、フェア、遊び場／曲線状の建物
裸足で歩きまわる／散歩する（とくに自然の中）／ハイキング、キャンプ、カヤック／戸外での運動／野生の食物の採集方法を学ぶ	ダンスのパフォーマンスやクラス／自転車、アイススケート、ローラースケート、サーフィンなどのバランス感覚の必要な活動	いつでも遊べるようにデスクの近くか車の中にボールを入れておく／曲線状の動きを伴う活動（ヨガ、水泳、フラフープ、フラダンスなど）／子どもやペットと遊ぶ
人工的な質感（プラスチック、コンクリートなど）／大きすぎる家具	散らかった場所や無秩序な場所／乱雑	尖った角や鋭角

	エネルギー	豊かさ
見かけと感じ	活気がある／カラフル／暖かい／明るい	めいっぱい／重なり／変化に富む／陰影のある／万華鏡のよう
特徴的な要素	飽和色／ネオンカラー、蛍光色／黄色／日光／ものを生き生きと見せる動的な照明	虹／多色／水玉やストライプ／紙吹雪／模様や質感の重ねづけ
装飾と雰囲気	鮮やかでポップな色使いと蛍光色をアクセントとして少々加える／フルスペクトルの電球（職場の場合）や暖色電球（家庭の場合）を使う／壁を白や明るい色に塗る／古い家具の塗り直しや張り替え／壁に鮮やかな模様を描くか剥がせるシールを貼る／ネオンサインなどの装飾照明をアクセントに	パターンの柄のある生地、壁紙、タイル／ハンドメイドの織物（スザニ、カンタ、モロッコのラグ、マッドクロス、キリム、フラサーダなど）／空間に複数の柄を重ねる／多色や虹色のパレットを使う／アートや装飾品をたくさん飾る／ペンキやテラゾなどの素材を使って紙吹雪のような質感を加える
構造上の特徴	十分な日光を取り入れる窓／空間に多様なレベルの光を届ける照明器具	装飾用トリムやモールディングを多用する
ファッション	カラフルな服やアクセサリー（コート、フィットネスウェア、レインブーツ、スカーフ、靴など）	アクセサリーや宝石の重ねづけ／プリント柄の組み合わせ／ストライプと水玉のアクセント
場所	南国／美術館や画廊	ノミの市やアンティークショップ／お菓子屋さんやビュッフェ
アクティビティ	カラーランに参加する／ペイント銃で遊ぶ／ストリートアートを見て歩く	五感を刺激するような場所に行く（香水店、スパイス店、市場など）
避けるべきもの	灰色／ベージュ／その他のくすんだ色／薄暗い照明や平板な照明	ミニマルなインテリア

ジョイフル・パレット

「なんてすばらしいんでしょう、世界をよくすることを始めるのに、誰も一瞬たりとも待つ必要がないの」とアンネ・フランクは書いた。

何かを生み出すことは、本質的に楽観的な行為だ。喜びを生み出すとくれば、なおさらだ。あなたは身のまわりの世界に喜びを取り入れることによって、明日を今日よりもよい日にできるという希望を、またそれを試みることに価値があるという信念を表明しているのだ。

あなたには知識とツールがあり、それにあなたを支えてくれる喜びづくりの仲間はますます増えている。次に何が起こるかは、あなた次第だ。

喜びの美学を周りの世界に取り入れるとき、このパレットを参考にしてほしい。

「ジョイフル・プロジェクト」イベントの例

ジョイフル・プロジェクト：	ジェイニーの50歳の誕生日パーティ		
STEP1 主な要素	美学1：超越 ・高み ・目を上に引き寄せるもの ・明るい、空を思わせる色とグラデーション ・軽い素材	美学2：祝い ・きらめき ・点滅する光 ・親密な空間 ・特大のもの ・はじけるようなかたち ・音楽と踊り	美学3：
STEP2 補助要素	・自然の質感（自由） ・丸いアクセント（遊び） ・謎めいた光（魔法）		
STEP3 組み合わせ	高み	＋ 親密な空間	＝ ツリーハウスパーティ！
	目を上に引き寄せるもの	＋ 謎めいた光	＝ 枝から吊るしたランタン
	目を上に引き寄せるもの	＋ きらめき＋踊り	＝ ミラーボール
	特大のもの	＋ 軽い素材	＝ マシュマロで飾った何段ものケーキ
		＋	＝
STEP4 まとめ	テーマ： 超越的ツリーハウスディスコ 説明 ダンスと自然を愛するジェイニーのために15人の親しい友人が集うツリーハウスディスコパーティで、特別な日を迎えるジェイニーに空中に浮かんでいるような気分を味わってもらう。		
STEP5 計画	加える ・ランタン ・ケーキ ・ミラーボール	変える ・ツリーハウス内の家具を動かしてダンスのスペースをつくる	取り除く ・なし

「ジョイフル・プロジェクト」場所の例

ジョイフル・プロジェクト： リビングルームの再デザイン

STEP1 **主な要素**	美学1：豊かさ ・壁紙 ・質感の重ね合わせ ・ハンドメイドの織物 ・たくさんのアート作品	美学2：自由 ・自然のモチーフ ・観葉植物 ・オープンスペース ・室内ブランコ	美学3：調和 ・シンメトリー ・鏡 ・類似のものの取り合わせ ・強いパターン
STEP2 **補助要素**	・丸いコーヒーテーブル（遊び） ・ポップな色使い（エネルギー） ・明るい暖色の照明（エネルギー）		
STEP3 **組み合わせ**	壁紙	＋自然のモチーフ	＝ジャングルの壁紙
	たくさんのアート作品	＋類似のものの取り合わせ	＝ギャラリーウォール
	観葉植物	＋シンメトリー＋鏡	＝大きな鏡の両脇に観葉植物を配置する
	強いパターン	＋ハンドメイドの織物	＝柄入りの装飾用枕
	ポップな色使い	＋室内ブランコ	＝壁紙に映えるようにブランコのイスを赤く塗る
STEP4 **まとめ**	テーマ：ジャングルの喜び 説明　ジャングルにインスパイアされた部屋。野生味に調和を加えてバランスを図る。強い対称性によって、自然のモチーフと質感の豊かさに落ち着きを与える。		
STEP5 **計画**	加える ・装飾用枕 ・観葉植物 ・室内ブランコ	変える ・白いソファの張り替え ・ギャラリーウォール用のアート作品を集める ・大きな鏡を動かす	取り除く ・大きすぎる四角いコーヒーテーブル ・ベージュの肘掛けイス

「ジョイフル・プロジェクト」ワークシート

ジョイフル・プロジェクト：

STEP1 **主な要素**	美学1：	美学2：	美学3：
STEP2 **補助要素**			
STEP3 **組み合わせ**		＋	＝
		＋	＝
		＋	＝
		＋	＝
		＋	＝
STEP4 **まとめ**	テーマ： 説明		
STEP5 **計画**	加える	変える	取り除く

STEP 4 〉まとめ

「組み合わせ」を書き終わったら、そろそろテーマが浮かんでくるはずだ。プロジェクトのテーマとその簡単な説明を1〜2文で書こう。

このサマリーは、誰かにあなたのプロジェクトを理解してもらうのに役立つし、プロジェクトを実行するときの自分の覚え書きとしても使える。

STEP 5 〉計画

プロジェクトを実行に移すための計画を立てよう。

「加える」の欄には、プロジェクトのためにつくる／借りる／買う必要があるものをリストアップする。

「変える」の欄には、新しいデザインに合わせて配置換え／塗り替え／調整しなくてはならないことを書く。

「取り除く」の欄には、売りたい／寄付したい／捨てたいものを列挙しよう。

ジョイフル・プロジェクト

このワークシートでは一連のステップを通して、あなたが選んだ美学のインスピレーションを現実に落とし込んでいこう。書き方を説明する。

STEP 1 〉 主な要素

プロジェクトのインスピレーションとして、最大で3つまでの美学を選ぼう。437～434ページの「ジョイフル・パレット」を参考にして、あなたが選んだそれぞれの美学に取り込みたい要素をこの欄にリストアップしよう。

やりやすい方法として、まずパレットの「特徴的な要素」を見てから、あなたのプロジェクトに関係のあるセクション（たとえば部屋の模様替えなら「装飾と雰囲気」、イベントなら「アクティビティ」など）を見るといいだろう。

STEP 2 〉 補助要素

プロジェクトに取り込みたい喜びの要素がほかの美学にもあれば、ここに書いておこう。この欄にはそのほか、あなたがつくろうとしている空間／ものにすでに含まれている要素を書いてもいい（たとえばすでに天井が高い、備えつけの鏡があるなどの場合、ここに指摘しておくといい）。

STEP 3 〉 組み合わせ

ここが楽しい部分だ！　上にリストアップした喜びあふれる要素を組み合わせて、あなたなりに喜びを表現する方法を考えよう。あなたが喜びを感じられるように美学を組み合わせる方法を、できれば4～5つ考えよう。440～439ページの例を参考にしてほしい。

生気がない わびしい 消耗 冷たい **エネルギー**	がらんとした 荒涼とした 味気ない 質素 **豊かさ**	抑圧的 硬直的 人工的 限定的 **自由**	不安定 まとまりがない 混沌とした 圧倒される **調和**	陰気 抑え込まれた いかめしい ストレスの多い **遊び**
退屈 単調 予測可能 ワンパターン **驚き**	重苦しい 陰鬱 面倒 隙がない **超越**	どこにでもある 地味 平凡 普通 **魔法**	孤立 孤独 重苦しい くすんだ **祝い**	静的 生気のない 行き詰まった だらけた **新生**

感じる

あなたは、つくろうとしている場所／もの／イベントを、どんな感じにしたいだろう？　プロジェクトが完了したとき、あなたが感じたい気持ちを最もよく表す言葉を丸で囲もう。

それぞれの欄のいちばん下に、その選んだ気持ちに合う美学が書いてある。ジョイフル・プロジェクトのインスピレーションとして、2つか3つの美学に絞り込もう。

生気あふれる 活性化 元気づける 熱狂的 **エネルギー**	刺激的 豪華 多面的 緑豊か **豊かさ**	ゆるい 無制限 広々とした 青々とした **自由**	バランスの取れた 地に足の着いた 平和 リズミカル **調和**	自発的 楽しい おかしい 創造的 **遊び**
大胆 風変わり 予想外 気まぐれ **驚き**	軽やか 高み ふわふわした 畏怖を感じさせる **超越**	この世のものとは 思えない 驚異的 好奇心をそそる 魅了される **魔法**	陽気な みんな一緒 まばゆい うれしそう **祝い**	動的 五感に訴える 育む 生きている **新生**

・もの（ポスターやウェブサイトのデザイン／贈り物選び／キルトなどの工芸品づくり）
・コレクション（ワードローブの更新／ギャラリーウォールをつくる／特別な衣装を用意する）
・催し（結婚式／パーティ／夕食会）
・かたちのないもの（旅行を計画する／運動メニューをつくる）

美学を見つける

プロジェクトに取り入れたい美学がもうわかっている人は、このプロセスを飛ばして443ページの「ジョイフル・プロジェクト」に直行してもかまわない。

それ以外の人は、次の「修正する」と「感じる」のエクササイズを通して、プロジェクトで得たい喜びを生み出すのに、どんな美学が使えるかを考えてみよう。

あなたのプロジェクトが、いますでにあるものに手を加えるものなら、次の「修正する」のセクションから始めよう。まったく新しい何かをつくろうとしている人は、その次の「感じる」のセクションに飛んでほしい。

修正する

あなたがその場所やものに感じている気持ちを表す言葉は、次の表の中のどれだろう？　あなたがプロジェクトの対象に感じていて、修正したいと思っている気持ちを表す言葉を丸で囲もう。

それぞれの欄のいちばん下に、その場合に必要な美学が書いてある。どんな変化を取り入れるかを決めるには、2つか3つの美学に絞るといい。

「増やしたいもの、減らしたいもの」ワークシートがとくに役に立つのは、生活を変えようとしているときだ。新しいアパートや新しい街に引っ越すとき、新しい仕事を探すとき、新しい服を買うときなど。

そういうときは、何が自分に喜びをもたらすのか、それを生活の中心に据えるにはどうしたらよいかを改めて考える機会になる。

ルームメイトやパートナーと一緒にワークシートを書いて、優先したい喜びの中から二人に共通するものを探し、それを錨（いかり）のようにして、共有空間をデザインしてもいい。

・ボーナスエクササイズ1：「増やしたいもの」の写真や画像を集めて、生活にもっと取り入れたいことを視覚化してみよう。
・ボーナスエクササイズ2：「行きたい場所」や「会いたい人」、「やりたいこと」のリストをつくっておき、旅行を計画しているときや自由時間ができたときに見るといい。

STEP 2 喜びをつくろう

ここまで来たら、あなたに喜びをもたらす「もの」や「美学」がわかってきたはずだ。でも実際にそれを取り入れるにはどうしたらいいだろう？

このセクションでは、ひらめきを行動に移し、日常生活でどんどん喜びを生み出すためのエクササイズをやってみよう。

このエクササイズは、何か決まった「プロジェクト」を念頭に置くとやりやすい。プロジェクトにはたとえばこんなものがある。

・物理的空間（寝室の模様替え／家の改装／オフィスの個人スペースの整頓）

「増やしたいもの」「減らしたいもの」を知る

「ジョイ・ディスカバリー」ワークシートを見返して、その中でもっと生活に取り入れたいものを下の表に書き込もう。次に「喜びをダメにするもの」のリストを見て、生活から減らしたいものも書き込もう。この表はただ書き出すだけのリストで、どんなものがあなたの生活に喜びをもたらすかを一覧するためのものだ。

「増やしたいもの、減らしたいもの」ワークシート

増やしたいもの	減らしたいもの
・	・
・	・
・	・
・	・
・	・
・	・

「増やしたいもの、減らしたいもの」書き方の例

増やしたいもの	減らしたいもの
・ポップな色使い	・灰色
・歌と音	・暗い木の家具
・きらめき	・散らかり
・トロピカルな雰囲気	・テレビ（機械と観る時間の両方）
・日光と暖色の光	・モノクロの絵画
・自然	・暗い照明

「喜びをダメにするもの」を知る

これは、「ジョイ・ディスカバリー」ほどは楽しくない。でも何があなたの喜びを奪うのかを知っておくのはよいことだ。

「喜びをダメにするもの」ワークシート

場所	
いちばん喜びを感じない場所は?	その場所のどんなところが喜びをダメにする?
もの	
わが家でいちばん喜びを感じないものは?	そのもののどんなところが喜びをダメにする?
活動	
いちばん喜びを感じない活動は?	その活動のどんなところが喜びをダメにする?

「ジョイ・ディスカバリー」書き方の例

場所 〉 近くでも遠くでもいいし、いまの生活でよく行く場所でも、過去によく行った場所でもいい。

あなたがいちばん喜びを感じる場所はどこ?	その場所のどんなところに喜びを感じる?	その場所を特徴づける喜びの美学は?
ハワイ/ブルックリンブリッジパークの草地/通りの向かい側のコーヒーショップ/ケイティの家	太陽の光、暖かさ、熱帯/野生、バードウォッチング/壁紙、ポップな色使い/植物と広々とした場所	エネルギー、自由/自由、新生/豊かさ、エネルギー/自由

人 〉 いま知っている人でも、昔知っていた人でも、有名人や憧れの人でもいい。

あなたの知る中でいちばん喜びに満ちた人は誰?	その人のどんなところに喜びを感じる?	その人を特徴づける喜びの美学は?
アルバート/ジーン/シェリー/アイリス・アプフェル	心の中に活発な子どもがいる/自然への情熱/会うたび違うことを計画している/元気をくれるものを身のまわりに置いている	遊び/自由、エネルギー/驚き/豊かさ、エネルギー

もの 〉 昔持っていたがいまは持っていないものでもいい。

わが家でいちばん喜びに満ちたものは?	そのどんなところに喜びを感じる?	そのものを特徴づける喜びの美学は?
水玉のマグ/黄色いイス/メロンのポスター/色分けした本/グリッターシューズ	柄と質感/黄色!/明るくて元気が出るところ/活気があるがきちんとしているところ/普段着をよそ行きに見せてくれる	豊かさ/エネルギー/エネルギー/エネルギー、調和、祝い

活動 〉 いまやっていることでも、昔やっていたことでもいい。

いちばん喜びをくれる活動は?	その活動のどんなところに喜びを感じる?	その活動を特徴づける喜びの美学は?
歌を歌う/水に入る(泳ぐ、カヤック、ダイビング)/旅行/絵を描く	メロディとリズム/元気で自由になれる/新しい刺激/たくさんの色!	調和、自由/超越/豊かさ/エネルギー

「ジョイ・ディスカバリー」ワークシート

場所 〉 近くでも遠くでもいいし、いまの生活でよく行く場所でも、過去によく行った場所でもいい。

あなたがいちばん喜びを感じる場所はどこ?	その場所のどんなところに喜びを感じる?	その場所を特徴づける喜びの美学は?

人 〉 いま知っている人でも、昔知っていた人でも、有名人や憧れの人でもいい。

あなたの知る中でいちばん喜びに満ちた人は誰?	その人のどんなところに喜びを感じる?	その人を特徴づける喜びの美学は?

もの 〉 昔持っていたがいまは持っていないものでもいい。

わが家でいちばん喜びに満ちたものは?	そのどんなところに喜びを感じる?	そのものを特徴づける喜びの美学は?

活動 〉 いまやっていることでも、昔やっていたことでもいい。

いちばん喜びをくれる活動は?	その活動のどんなところに喜びを感じる?	その活動を特徴づける喜びの美学は?

いるということなのだから！

注意

このエクササイズをすると、その瞬間は喜びを感じても、長い目で見ると喜びに悪影響を与えるようなものに気がつくかもしれない。たとえば「クッキーを食べる」ことは喜びでも、いつもやっていたら喜びではなくなるかもしれない。そのほかの例に、「お酒を飲む」「テレビを観る」「タバコを吸う」「散財する」「元カレと過ごす」などもあるだろう。

ほどほどにしておいた方がよいものには、うしろにマイナス記号（—）をつけ、完全に避けた方がいいと思うものには×印をつけておくといい。

またこうした活動にどの美学が関係しているかを知れば、同じ美学の中で、より建設的で心地よく感じることを見つけられるかもしれない。

「ジョイフル・ダイヤリー」をつける

今週1週間を過ごす間、「ジョイフル・ダイヤリー」をつけてみよう。喜びを感じたらいつでもメモに取ってほしい。ほほえんだり笑ったりしたとき、「やった！」や「すごい！」と言いたくなったとき、かすかな心地よい感覚に気づいたときに注意を払おう。喜びあふれる思い出がよみがえったときでもいい。

そうした瞬間について、次のことをメモしよう。

・あなたがいる場所
・一緒にいる人
・あなたがしていること
・あなたの喜びと関係のある光景、音、香り、質感、味など

週の終わりにダイヤリーを見返して、何かパターンを見つけたら、450ページの「ジョイ・ディスカバリー」ワークシートに書き込もう。

「ジョイ・ディスカバリー」をする

このエクササイズの目的は、あなたの生活の喜びがどこから来るのかを発見し、なぜそれが喜びをくれるのかをよりよく理解することにある。「ジョイフル・ダイヤリー」を見ながら考えよう。

449ページに示したのは簡単な例だが、好きなだけ紙面を使って、自由に書き込んでほしい。

ワークシートが完成したら、右側の列に書いた喜びの美学を数えてみよう。どの美学がいちばん多いだろう？　はっきりしたパターンがなくてもかまわない——その場合、多くの美学から喜びを得て

付録

ジョイフル・ツールキット

―― 世界の魅力を見つける方法 ――

アイルランドの哲学者ジョン・オドノヒューは、「私たち一人ひとりが芸術家である」と言った。なぜなら、「誰もが好むと好まざるとにかかわらず、自分の世界の建設に関わっているからだ」。

本書では、生まれも育ちも異なる人たちが、ペンキやマーカー、毛糸や花を使って、喜びに満ちた世界を建設する様子を見てきた。今度はあなたの番だ。

この章は、本書で紹介したアイデアをあなた自身の生活に取り入れるのに役立ててほしい。喜びを軸にして生活を全面的に見直したい人も、何かのプロジェクト（部屋の模様替え、パーティの開催など）に取り組みたい人も、あちこちに喜びをちりばめたい人も、これから紹介するエクササイズをすれば、自分の世界にどんどん喜びを取り入れることができる。

この章に掲載したワークシートは、コピーすれば何度でも使える。

このツールを開発しながら私自身気づいたのだが、生活の状況や、そのときどきの必要に応じて、ワークシートに記入する内容が変わっていくことが多い。

とくに決まったやり方はないから、あなたの必要に合わせてエクササイズを自由につくりかえ、楽しみながらやってほしい！

STEP 1 喜びを見つけよう

STEP 1 のエクササイズでは、あなたにとって喜びとは何か、またあなたがどの喜びの美学に自然に引き寄せられるのかを考えよう。

イングリッド・フェテル・リー Ingrid Fetell Lee

プリンストン大学で英語とクリエイティブ・ライティングの学士号、ニューヨークの名門芸術大学プラット・インスティテュートでインダストリアル・デザインの修士号を取得。「喜びの美学」サイト創設者。世界的イノベーションファームIDEOのニューヨークオフィスのデザインディレクターを務め、ターゲット、コンデナスト、アメリカン・エキスプレス、ペプシコなど世界の名だたる企業や米政府のデザイン、ブランド戦略に携わった。デザインと喜びのエキスパートとして、ニューヨークタイムズ紙、ワイアード誌、ファストカンパニー誌などで取り上げられてきた。現在はIDEOフェロー。8年を投じて書き上げた本書は、アダム・グラント（『GIVE & TAKE』著者）、アリアナ・ハフィントン（ハフポスト創設者）、デイヴィッド・ケリー（IDEO創設者）らに絶賛を受けたほか、ダニエル・ピンク、マルコム・グラッドウェルらによる「ネクスト・ビッグアイデア・クラブ・セレクション」に選出されるなど大きな話題となり、20カ国での刊行が決まっている。また本書の内容をテーマとしたTEDトークは、スタンディングオベーションの絶賛を受け、世界で1700万回以上視聴されている。

櫻井祐子 さくらい・ゆうこ

翻訳家。京都大学経済学部経済学科卒、大手都市銀行在籍中にオックスフォード大学大学院で経営学修士号を取得。訳書に『1兆ドルコーチ』『時間術大全』（ともにダイヤモンド社）、『選択の科学』（文藝春秋）、『OPTION B 逆境、レジリエンス、そして喜び』（日本経済新聞出版）、『イノベーション・オブ・ライフ』（翔泳社）などがある。

本書の原注は、
以下のURLからPDFファイルをダウンロードできます。

---

https://www.diamond.co.jp/go/pb/joyful_notes.pdf

Joyful 感性を磨く本

2020年 9 月28日　第 1 刷発行

著　者——イングリッド・フェテル・リー
訳　者——櫻井祐子
発行所——ダイヤモンド社
〒150-8409　東京都渋谷区神宮前6-12-17
https://www.diamond.co.jp/
電話／03·5778·7233（編集）　03·5778·7240（販売）

カバーデザイン—小口翔平＋加瀬梓(tobufune)
本文デザイン—喜來詩織(tobufune)
本文イラスト—イングリッド・フェテル・リー
章見出し図柄—デブ・ウッド
校正————円水社
製作進行——ダイヤモンド・グラフィック社
印刷————三松堂
製本————ブックアート
編集担当——三浦岳

ISBN 978-4-478-10367-8